30の戦いからよむ世界史 上

関 眞興

nbb
日経ビジネス人文庫

はじめに

はっきりとは覚えていないのですが、今から50年ほど前になるでしょうか、大学の入試問題で世界史にも「論述問題」が出題されるようになり、話題になりはじめました。初期の問題のひとつに、これまたうろ覚えなのですが「黄巣《こうそう》の乱、趙匡胤《ちょうきょういん》、耶《や》律阿保機《りつあぼき》、王建、南昌、丁部領《ディンボリン》、天慶の乱」といったような用語が与えられて、それらを使って３００字の文章を作らせるというものがありました。

どれも9〜10世紀の東アジアに関係のある用語です。この時代を中心に、中国、雲南方面、北アジア、ヴェトナム、朝鮮、日本でどのような事件が起きていたかを並べれば、8割ほどの得点にはなったでしょう。

しかし、私がこの問題の本当の意図に気づいたのは、大学卒業後、予備校講師を数年つとめて、やっとのことでした。恥ずかしさもあり、いまだに忘れられません。この問題は、もう一歩進んで、この時代が東アジア世界の大変革期であることを指摘させようという意図があったのではないかと、やっと思いいたったのです。それ以降、私は歴史の「変革」とか「変化」を考えることが癖になりました。

歴史の「変化」はそうそう簡単には起こりません。日本の選挙制度の改革がそのよい例ではないでしょうか。権力を握った政党が、自分たちに都合が悪くなるような「改革」はやりっこありません。時間だけが過ぎていくものです。戦後の日本では、中選挙区から小選挙区への変更は行われましたが、このような制度ひとつをとってみても、人間はいかに「変化」を嫌うものであるかがわかります。

しかし、それでも歴史は変化します。もちろん、ひとりの人間が生きている間でははっきりわからないことはあります。しかし長い時間を考えてみると、人間の2世代・3世代、あるいはそれ以上をかけて、すこしずつではあっても世の中は確実に変わっていくものです。

そして残念で悲しいことなのですが、その契機になるのは多くの場合、戦争や革命になります。本書では、こういった、歴史を「変えた」できごとを、戦いを軸にして解説していきます。

「歴史を学ぶ意味は何か」というのは、歴史に多少なりとも関わりをもつ者にとって、魅力的な問いかけです。学ぶことによって、いろいろな教訓を引き出すことができるところに意味がある、という意見がいちばん多いのではないでしょうか。

歴史の転機となった戦いについて学び、皆様なりのさまざまな教訓を引き出してこの本を読んでいただければ、著者にとってたいへんな幸いです。

関　眞興

目次 Contents 上

目次 Contents 下

本文デザイン　新井大輔
地図製作　品川幸人
イラスト　伊野孝行

カディシュの戦い

Battle of Kadesh

３０００年もの間続く古代オリエントの歴史の出発点は、メソポタミアのシュメール人の都市国家建設と、エジプトの統一王朝の成立である。この両地域に小アジアの国家も加え、これらの中心で、かつ交通・商業の要衝になるシリアをめぐって争いが熾烈化する。前１２８６年、対外政策を積極化させた新王国時代のエジプトと、小アジア（今のトルコ）から南下し、勢力を拡大していたヒッタイトがカディシュで衝突した。

戦いは双方ともに決定的な勝利の無いまま終わったが、初めて成文化された平和条約が結ばれ、講和条約の基本的なパターンが成立した。

B.C.1286

なぜ、メソポタミアとエジプトで古代文明が誕生したのか

エジプト・メソポタミア・インド・中国で成立した古代文明を、文字が成立したという観点から考えて、まとめて四大文明と評価しても問題はないと思われます。これらの文明圏はそれぞれの特徴を持ちます。とくにエジプトとメソポタミアの場合、キーワードを探すとすれば**「大河の洪水」**になるかもしれません。

メソポタミアにはティグリス・ユーフラテス、エジプトにはナイルという巨大河川が流れています。前者では上流の雪解け水が、後者ではアビシニア高原に降った雨が下流域に大洪水をもたらしました。溉漑《かんがい》施設の整備によって農業は可能になったのですが、メソポタミアの場合、地形が平坦なため、水分が蒸発した後の塩分の堆積による塩害に悩まされ、排水も悪く、しばしば洪水にみまわれました。一方のエジプトも洪水にはなるのですが土地に傾斜があったため塩分が流され、さらに運ばれてきた豊かな土壌が沈澱し、それが**高い農業生産力の基盤**になりました。

メソポタミアには、周辺の遊牧民が侵入してきます。そのために国家の興亡が続きますが、最初の文明を築いたシュメール人の文字は継承され、その**楔形文字**《くさびがたもじ》は2500年以上も使用されました。前6世紀に始まるアケメネス朝ペルシア帝国時代、ダリウス1世が残したベヒスタン碑文は、そこに同時に記されたエラム語、バビロニア語とともに、楔形文字の解読に大きく貢献しています。

エジプトは、砂漠とナイルの急な瀑布《ばくふ》、それに海という「天然の要害」に守られていました。このため、メソポタミアとは違って異民族の侵入が少なく、エジプト人自身も対外政策を行うことは少なく、エジプト人の王朝が長期にわたって維持されました。前27世紀ごろから始まる古王国時代にピラミッドが建設されます。前16世紀ごろから始まる新王国時代になると、そのころ、エジプトにも馬と戦車が伝えられたこともあり、シリア方面への拡大政策がとられるようになります。これに合わせるかのように、古代オリエントの各地で大きな戦争も行われるようになります。

メソポタミアの都市国家は、こうして大領域国家になった

　今から5000年ほど前、今日のイラク、歴史的にはメソポタミアの名で知られる地域には、シュメール人によって建てられた多くの都市国家がありました。これらの国家間では、食料や領土をめぐってしばしば戦争が起こりました。また周辺の遊牧民の侵入も脅威でした。そのようなくり返しの中で、都市国家は統合され、より大きな領域を持った国家が出現します。その最初が前2300年ごろに建設された**アッカド王国**です。王国の建設者サルゴンの名前はこの地域で語り伝えられていきます。

　アッカド王国はサルゴンの孫のナラム・シンの時代、北西ではシリア方面、南東ではイランのエラム地方にまで領土を拡大し、中央集権的な支配を行いますが、それに反抗する都市国家なども多く、ナラム・シンの時代は戦争の連続でもありました。また、都市国家の範疇《はんちゅう》を超えた統一国家の出現は、オリエント文化に新しい事態をもたらします。アッカド語が国際語になったのです。アッカドに続く古バビロニアやアッ

古代オリエント世界

シリアなどの言葉はこのアッカド語から派生したものになります。

アッカド王国が滅亡した後、シュメール人が一時的に復活しましたが、その後成立するのが、**古バビロニア王国**です。前18世紀初め、第6代の王ハムラビの時代、メソポタミアからシリアにかけての大領域国家を建設しました。「目には目を、歯には歯を」で有名なハムラビ法典の作成は、対立の調停に普遍性を求めた結果ともいえます。

この古バビロニアは小アジアから強大化した**ヒッタイト**のために弱体化していきますが、その土地の南部にはカッシートが、北部からシリアにかけてはミタンニが成立します。そして、このミタンニとヒッタイトが戦い、鉄製武器の使用で知られるヒッタイトが優勢となり、シリア地方に進出していくのです。ところが、これと時を同じく、南方からはエジプトが拡大してきており、両者の間で戦われるのがメギドの戦い、そしてカディシュの戦いになります。

このヒッタイトにとっても、エジプトにとっても大きな試練になったのが前1200年ごろの**「海の民」によるオリエント世界席捲《せっけん》**です。

ハムラビ法典
――3800年前の社会がリアルによみがえる、超一級史料

ハムラビ法典について、すこし説明しましょう。先ほども述べたように**「目には目を、歯には歯を**（目をつぶされたら罰として相手の目をつぶす、歯を折られたら罰として相手の歯を折る）」で有名なこの法典は、全部で282の条文からなります。

これらの条文からは、さまざまなものに囲まれ、非常に豊かなものであった当時の人々の暮らしがうかがわれます。現代社会でも、「もの」があることが豊かさの証明といった一面があります。断捨離《だんしゃり》という言葉が一時はやったりしましたが、その一方でいろいろな「もの」を生産し売らない限り経済が発展しないことは、皆が承知しています。

そして、人間の欲望は、その「もの」が、希少なものであればあるほど大きくなるという厄介な一面も持っています。それゆえに商業活動が行われるようになるのですが、欲望が大きくなると対立や犯罪を引き起こします。為政者《いせいしゃ》の義務はそれを防ぐことにあるので社会の規範・法律は不可欠です。ハムラビ法典は、それに先立つシュメール時代の法典を受け継いだものですが、さらにはのちの諸民族の法典にも影響を与えていった、大きな意味合いを持つものになります。

なお、この法典も戦争絡みで数奇な運命を持っています。当然この碑文はバビロンにあったのですが、ペルシア北西部にいたエラム人がバビロンを攻撃した時、戦利品として持ち帰りました。それが1902年にフランスの調査隊によって発見され、現在はパリのルーヴル美術館に展示されています。一部に欠損部分があるのですが、この条文を筆写した文献が発見されており、ほぼ全文が明らかにされています。

エジプト――ヘロドトスが「ナイルのたまもの」といった国家

都市国家の群立が続いたメソポタミアとは異なり、**エジプトでは、前3000年ごろ早くも統一国家が形成されます。**ナイル川の治水・灌漑《かんがい》そして農民の平等などのためには強大な権力が必要であったことが統一を進め、ファラオ（古代エジプトの君主の称号）権力を生み出したといえるでしょう。実際エジプトの歴史は、地勢にも助けられて、外圧が少なかったことが長期安定政権を可能にしたといえます。もちろん、政権内の権力闘争はありますが。

3000年間に30あまりを数えるエジプトの王朝ですが、初期王朝・古王国・第一中間期・中王国・第二中間期・新王国・後期王朝の7つに区分するのが普通です。古王国（3～6王朝、前27～22世紀）、中王国（11・12王朝、前21～17世紀）、新王国（18～21王朝、前16～11世紀）が繁栄期です。

古王国時代はピラミッドが建設され、燦然《さんぜん》と輝く遺産として今も残っています。中王国の末期に**ヒクソス**が侵入してきて、エジプトに馬や戦車を伝えました。それを受けて新王国時代は帝国主義時代ともいわれる対外発展が盛んな時代になります。ピラミッドは作られなくなりますが、ルクソールに見られる壮大な葬祭殿などが建設されていますし、アメノフィス4世の宗教改革（従来の多神教を禁じ、唯一神アトンの一神崇拝を定めた）もこの時代になります。

後期王朝の22～24王朝は隣国リビア人が、25王朝はヌビア（スーダン）人が、さらに7世紀になるとアッシリアが、前6世紀にはアケメネス朝がエジプトを支配することになりました。そして最後はアレクサンドロス大王が占領してプトレマイオス朝が興り、これが滅ぼされてローマの支配を受けるにいたり、古代エジプトの歴史は一区切りになります。

エジプトの**ヒエログリフ**も楔形文字と並び、長く解読ができませんでした。ナポレオンのエジプト遠征の時に発見されたロゼッタ・ストーンが解読に大きく貢献しました。ここに書かれていたギリシア文字に注目したフランス人研究者、シャンポリオンによって解読が進められます。プトレマイオス朝の時代に作られたものになりますが、ギリシア文字が書かれているというのはヒエログリフが３００年も使われ続けてきた文字であるという証拠にもなっています。

メギドの戦いとカディシュの戦い
——古代エジプトの〝帝国主義〟時代

エジプトは国土そのものが天然の要害であり異民族の侵入を受けることが少なかったと述べましたが、決して何もなかったわけではありません。前18世紀にはヒクソスという異民族の侵入を受けました。この時代はインド・ヨーロッパ語族の民族が各地で動いており、ヒクソスの動きもその一環と考えられます。彼らはエジプトに馬と戦車、さらに複合弓などの新しい軍事技術を伝えました。このために新王国時代になると、それまで対外政策には消極的であったエジプトも積極的な軍事遠征を始めることになります。

エジプトの新王国時代、第18王朝のころに、第6代のファラオ、トトメス3世は義母にあたるハトシェプストの対外消極策を捨てて、シリア方面に軍隊を進めました。

これにはエジプトの国威高揚という目的もありました。この時の戦いで有名なものが前1470年ごろの**メギドの戦い**です。このころ、シリアやカナン（パレスチナ）地域の諸勢力をまとめカナン同盟の盟主になっていたのはカディシュの王といわれます。両者はメギドで対決し、カナン同盟側は7か月の籠城戦《ろうじょうせん》の後に降伏して、エジプトの支配を受け入れました。トトメス3世はこの遠征を含め17回の遠征を行ったといわれ、「エジプトのナポレオン」の異名もあります。彼の時代、古代エジプトの最盛期ともいえる時代を現出させました。

ところで、このメギドの戦いの時、カナン同盟の背後にはミタンニ王国がいたともいわれます。前15～14世紀のミタンニ王は、娘をトトメス4世やアメノフィス3世と結婚させるなどエジプトと政略結婚を行い、外交関係を安定させました。こうしてエジプトとの関係は良好になったのですが、ミタンニの敵は北方からやってきます。アナトリア（小アジア）から台頭してきた**ヒッタイト**です。ミタンニは彼らに滅ぼされました。

前14世紀の後半、エジプトの第18王朝にはアメノフィス4世が君臨します。このファラオが、古代世界で一神教革命を行ったことで知られる人物で、アトン神を信仰し、

ヒッタイトとエジプトの戦い

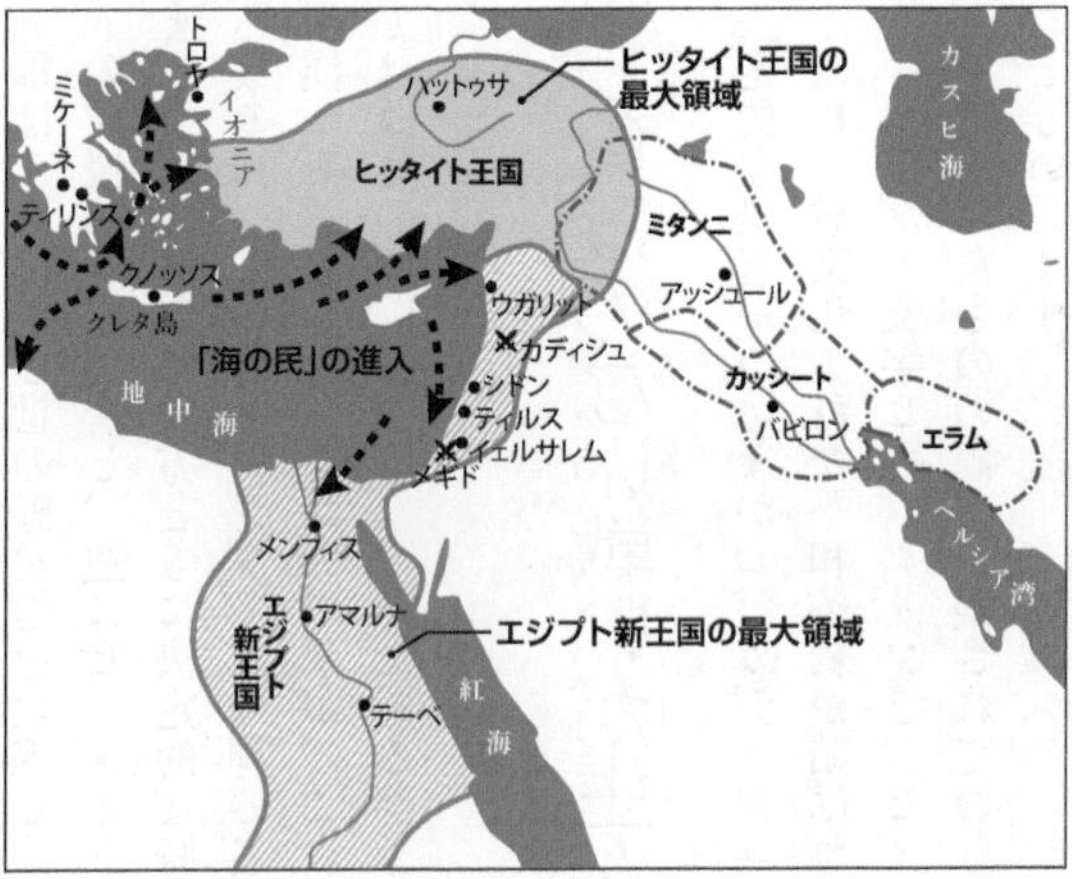

自らも「イクナートン（アトンに愛されし者）」と名乗りました。

第19王朝でもエジプトの対外発展は続きます。ラムセス2世は前1286年ごろ、南下してくるヒッタイトに対して軍を派遣しました。このころ、シリアの都市カディシュはエジプトの支配からは離れて両者の勢力圏の境目のような状態になっており、ここで両者の戦いが準備されることになります。

ヒッタイトが放ったスパイの言葉を信じたラムセス2世は、カディシュに向け軍を進める途中、ムワタリの戦車部隊の急襲を受け一軍団が壊滅的な打撃を受けました。勢いに乗ったヒッタイト軍はラムセス2世の野営地を攻撃し、ラムセス2世自身も苦戦しましたが、エジプトの支援部隊も到着し、逆にヒッタイト軍を敗走させます。ムワタリも援軍を派遣しましたが、戦いは双方ともに決定的な勝利のないまま終わりました。

ちなみに、この時のエジプト軍は神の名前を冠してラー、セト、プタハ、アメンの4軍団から編成されていたのですが、これらが統一行動をとれなかったことがある部分では敗北の原因にもなり、またある部分ではエジプト軍に勝利をもたらしたことにもなりました。

勝ち負けのない戦いが生んだ、偉大なもの

決定的な決着がつかなかったカディシュの戦いですが、だからこそ、再びの戦争を防ぐため、**成文化された平和条約が結ばれて終結した**ことでも注目される戦争になります。エジプト文字ヒエログリフと、ヒッタイトが使用していたアッカド語の楔形文字とで書かれたものの両方が残されており、講和条約の基本的パターンはここに成立したともいえます。

内容は平和についての約束、国境線の規定、相互不可侵の約束などですが、ヒッタイト側の文献には「エジプトが請うて」、エジプト側の文献には「ヒッタイトが請うて」、「条約に調印するにいたった」とあり、ともに自国のプライドを傷つけないような配慮がなされています。

エジプトとヒッタイトがともに強勢を誇った前13世紀ですが、この世紀の末、地中海東海岸一帯で「海の民」といわれる民族が略奪の限りをつくします。「海の民」は小アジアやエーゲ海の島々に居住する住民の総称で、このころ起きた大飢饉《ききん》のため各地を荒らしまわりましたが、エジプトはこの襲撃を防ぎ、捕虜にした海の民を軍団に編成したという記録も残っています。この海の民の動きは、古代オリエントの歴史の大きな画期になりました。

全オリエントを初めて統一したアッシリア

前1200年ごろ、「海の民」による混乱が収まったころから、オリエントの歴史の新しい段階が始まります。

メソポタミア北部では、**アッシリア**が新しく台頭してきます。この民族の歴史も古いのですが、この時代になると騎兵（鐙《あぶみ》は使っていない）も出現し、歩兵や戦車とともに、強力な軍団を組織しました。前8世紀後半になると、**バビロニアからシリア、エジプトまでを含む全オリエントを初めて統一**し、「古代帝国」といわれる国家を建設するにいたりました。

前8世紀の後半に出たアッシリアのティグラト・ピレセル3世はバビロニアを滅ぼしメソポタミアを併合するなど、征服事業を精力的に進めました。続くサルゴン2世もその政策を継承し、前722年にイスラエル王国を滅ぼしました。前7世紀になるとエジプトまでもその支配下に入り、同世紀後半、アッシュール・バニパル王はイラン北西部のエラムまでを滅ぼしました。なお、この王は歴代の王の中でも教養豊かな人物として知られ、首都ニネヴェに建設した図書館に多くの文献を集めたことでも知られています。

アッシリアの支配は武断政治で、被支配者に対し非常に厳しい対応をしたことで知られています。強制的に被征服民を集団移住させるのは、その政策のひとつです。これは、反乱の芽を摘むという意味合いもありますが、新しい土地の開拓のための労働

古代オリエント――ローマ略年譜

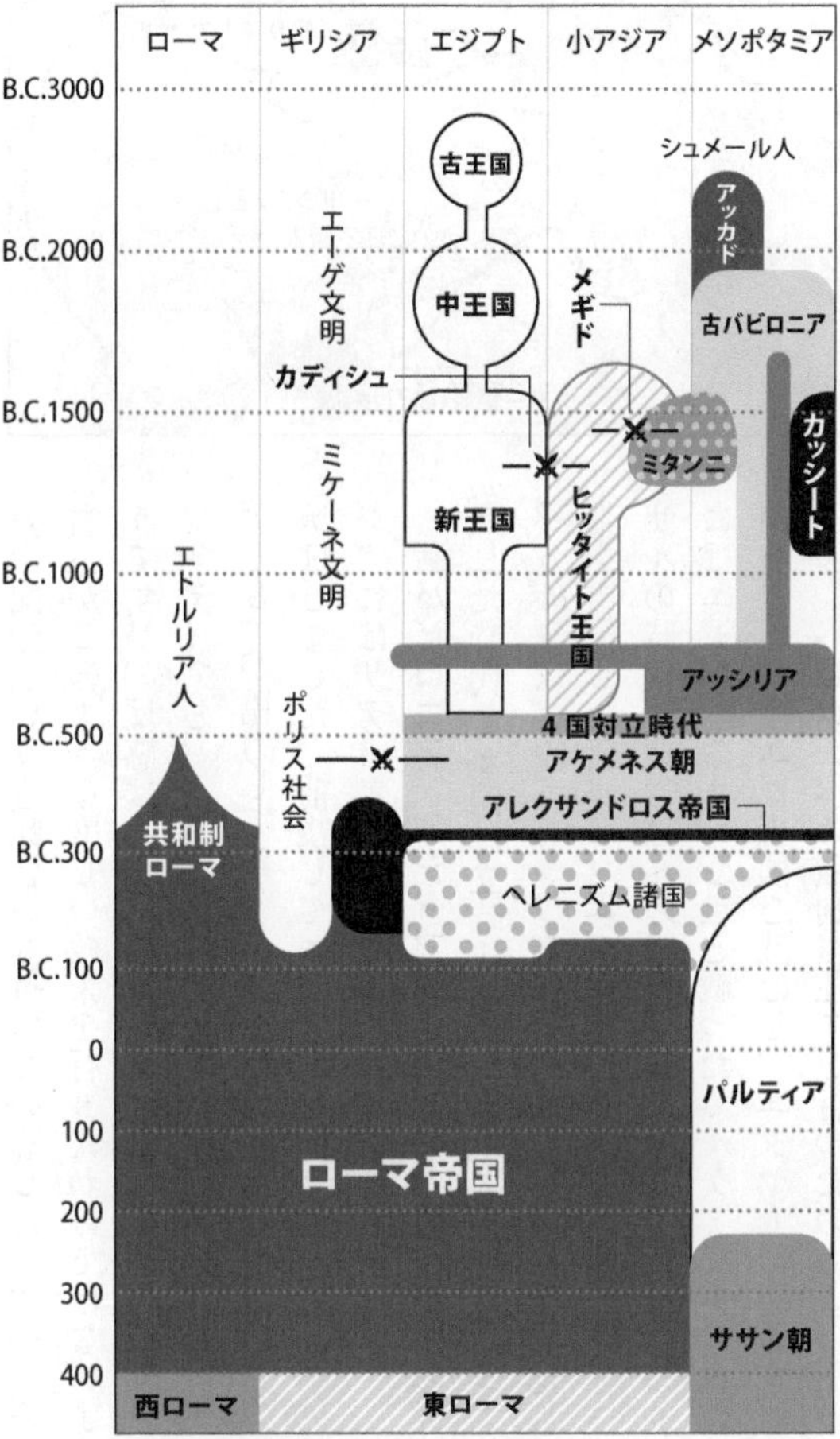

アッシリア・4王国・アケメネス朝の領域

力の配分という意味合いも持っていました。すべての君主がこのような厳しい政策を行ったわけではないようですが、反感は大きく、やがてイラン高原に成立したメディアと、メソポタミアの新バビロニア（カルデアとも）が協力してアッシリアを攻撃し、前612年、滅ぼしました。前後してエジプトが独立し、また小アジアにはリディアが独立します。

新バビロニア・メディア・リディア・エジプトの群立した時代を4国対立時代といいますが、この中で、メソポタミアからはシリア・パレスチナの経済先進地帯を支配した新バビロニアが強勢を誇り、ネブカドネザルの時代がいちばんの隆盛期になりました。対外的にはエジプトのネコ2世と戦ったカルケミシュの戦いが有名です。ユダ王国を滅ぼし、ユダヤ人のバビロン捕囚（バビロンへの強制移住）を行ったのもこの王の時代で、都のバビロンも空前の繁栄期を迎え、古代の七不思議のひとつ「空中庭園」といわれる建造物も作られました。

寛大な政策で実現した大帝国、アケメネス朝

イラン高原の南西部、ペルシア湾の北部地域をファールス地方といいますが、この地域にいたイラン人がメディアの支配から独立を果たして建設したのが**アケメネス（ハカーマニシュ）朝**です。建設者キュロス2世はリディアやメディア、新バビロニアを滅ぼし、さらにカンビセス1世がエジプトを併合して、アッシリアに続き**2度目の全オリエント統一に成功**したのです。第3代のダリウス（ダレイオス）1世の時代には東はインダス川北岸、西はエーゲ海にいたる大領域国家になりました。

アケメネス朝は、アッシリアと対照的に被支配民族に寛大な方針を採用したことで知られます。ユダヤ人がバビロン捕囚から解放されたのもこの時代でした。

ダリウス1世は中央集権体制を目指し、全国を20あまりの州（サトラピー）に分け、それぞれにサトラップと呼ばれる長官を派遣します。都のスサから小アジアのサルデ

スまで大幹線道路（王の道）を建設し、駅伝《えきでん》制度（一定区間に宿駅を設け、そこに馬や食料を準備する制度）も整備しました。さらに、これらのサトラップを監視するため「王の目」「王の耳」といわれるスパイを派遣し、中央集権をより強固なものにしました。

シリア地方にはフェニキア人やアラム人という商業民がいましたが、彼らを保護して地中海や内陸アジア貿易を盛んにし、貨幣制度や税制も整備しました。これらは、オリエント世界で行われてきたことの集大成になります。アケメネス朝は前5世紀を中心に繁栄を謳歌《おうか》しました。

Column

人類最初の文明には、すでに城壁があった
――人類の歴史は戦争の歴史

人類がまだ農耕を始める前から、おそらく食料をはじめとして生活上の縄張りをめぐった戦いは行われていたことでしょう。今から1万年ほど前、農耕が始まって定住生活をするようになると、その対立はますます激しくなったことと考えられます。そのひとつの証拠がメソポタミアで初めて、文字を含めた高度な文明を作りあげたシュメール時代の都市国家の建設です。その都市国家は城壁で囲まれています。これは外敵から住民を守る最初の防具になります。

しかし、人間はそのような壁を打ち破ってしまう工夫をします。兵糧攻《ひょうろうぜ》めや攻城の櫓《やぐら》はいうまでもありません。時代はくだり1世紀の半ばになり

ますが、死海のほとりに、ユダヤ人がローマの攻撃に抵抗したマサダの砦があります。400メートルもある峻厳な岩山の上に建設されたこの砦にさえ、ローマ軍は人工の坂道を作り、ユダヤ人捕虜を先頭に立てることで砦のユダヤ人の抵抗をそぎ、2年をかけて陥落させました。中国では一足先に、前3世紀、巧みな騎馬戦術をもつ匈奴《きょうど》に対抗するため、天下統一を果たした秦《しん》の始皇帝《しこうてい》が万里の長城を建設します。

また、砦や城壁だけではなく、人類は戦闘のためさまざまな道具も工夫してきました。たとえば、馬に乗るためには鞍《くら》や鐙が不可欠です。これを工夫したのは遊牧民で、それがヨーロッパに伝えられたのは7世紀以降のことでした。

メソポタミアの北西方、ユーフラテス川の中流域に位置する「歴史的なシリア」といわれた地域は、今日のレバノンやイスラエル、ヨルダンも含めた地域を指し、メソポタミアやエジプト、地中海やトルコ（アナトリア）に囲まれています。そのため、商業・交通の中心になり、この地域の支配をめぐって周辺の強国がしばしば侵入し、戦場になりました。メギドの戦いやカディシュの戦いはその典型になりますが、3000年の歴史を経てもなお、この地域は不安定な政情が続いています。

サラミスの海戦

Battle of Salamis

前6世紀になると、エジプトやシリア・メソポタミアを制圧し、大帝国を実現したアケメネス朝ペルシア帝国が、小アジアやバルカン半島のギリシア人のポリスの大きな脅威になっていた。前４９０年のマラトンの戦いで敗北してから10年後、ペルシアのクセルクセス1世は海陸の大軍をギリシアに派遣した。陸軍はスパルタやアテネを陥落させたが、海軍はサラミス湾で、テミストクレスの指導するアテネを中心にした艦隊に敗れた。

ペルシア帝国のギリシア本土制圧はならず、逆に勝利したアテネは、ポリスの民主政を完成させるとともに、ギリシアの諸ポリスに君臨することとなる。

B.C.480

エーゲ文明——クレタ・ミケーネ・トロイの3つの文明

前3000年ごろ、青銅器文明をもった人々が小アジアからクレタ島に移住し、いくつかの都市を建設します。前2000年ごろになると、クノッソスがクレタ島を統一、地中海の各地と交易を盛んに行い、繁栄しました。これが**クレタ文明**（王にちなんでミノア文明とも）といわれるものです。その王宮の壁画には海洋生物の絵が描かれ、都市に城壁がないことと相まって開放的な雰囲気をもっていました。さらにこの文明では、まだ解読されてはいませんが、線文字Aと呼ばれる文字が使われており、文明の程度の高さを示しています。

前2000年ごろからギリシア人がバルカン半島に南下してきます。そのひとつ、アカイア人はバルカン半島のミケーネなどに城砦《じょうさい》で囲まれた拠点を建設し、クレタ島にも進出、そこでクレタ文明を学び、線文字Bを作りました。この文字はギリシア語であるという見当をつけて、解読にイギリス人のヴェントリスが活躍しました。彼らの文明を**ミケーネ文明**と呼びます。

ほかに発掘された遺物や解読された文字から、ミケーネ文明にはバルト海域やブリテン島などとの交易の跡もみられ、王やそれを取りまく貴族勢力は、奴隷や農民を隷《れい》属《ぞく》させる、専制的支配を行っていた様子がうかがえます。またクレタ文明のような開放性はなく、北方的・閉鎖的要素が強いことが知られています。

ミケーネ文明の人々はエーゲ海にも進出し、トロイとも交渉をもっていたようです。トロイは小アジア半島の北西部にあり、前3000年紀からエーゲ海貿易で栄えていました。前13世紀の中ごろ、ミケーネはトロイを攻撃します。これはエーゲ海での交易をめぐる戦いと説明されていますが、これがトロイ戦争の原形になっているのかもしれません。

前1200年ごろからミケーネ文明も衰退していきます。同じころバルカン半島などで起きたのがギリシア人の第2次南下で、今度はドーリア人が中心でした。しかし、その後500年あまり、エーゲ海を中心にした地域は暗黒時代といわれる混乱期に入ります。ギリシアの新しい時代が始まったのは、前8世紀ごろからでした。

なお、ここでは線文字AとBを紹介しましたが、今日のギリシア文字は、彼らがフェニキア人との交流の中で学んだフェニキア文字をもとに作られたものです。フェニキア文字はエジプト文字に由来するシナイ文字を改良したもので、母音表記がないのですが、母音を工夫して、ギリシア文字が作られました。これはやがて西方のローマに伝えられ、ラテン（ローマ）文字になります。

アケメネス朝とササン朝——栄光の古代ペルシア帝国

ササン朝ペルシア帝国で作られた品物が、はるばるシルク・ロード（絹の道）をラクダの背にゆられて運ばれ、極東の国家日本の正倉院の御物の中にあるというのはなんとも歴史のロマンをかきたててくれます。しかし、そのペルシア帝国が、現在の中東問題のひとつの焦点であるイランと同一の国家であるというのは、すこし意外に思う方もいるのではないでしょうか。

イランとは「アーリア人の国」を意味する言葉であり、ペルシア人はイランという言葉を使ってきました。これは彼らの本拠地であるアケメネス朝興起《こうき》の地、イラン南部の「ファールス」地方の名が「ペルシア」と一般化し、西方に伝わったものです。

アーリア人という言葉は実にいろいろな定義があります。いちばん大きなものでは

「インド・ヨーロッパ語族」のすべてを指すとされてきましたが、現在この学説は否定されています。比較的厳密に定義したのがインド人とイラン人の祖先を指すものですが、彼らから派生したアフガニスタンのパシュトゥン人などを含める場合もあります。使用方法としては、インドに侵入した民族を指し「アーリア人」と呼ぶ場合や、「イランがアーリア人の国である」というように使うのがいちばん妥当なようです。

前置きが長くなってしまいましたが、**アケメネス朝ペルシア帝国**は前6世紀の中ごろ、キュロスによって建国されます。第3代がダリウス（ダレイオス）1世、次にクセルクセスと続きます。

ダリウス1世の時代、ペルシア帝国は、古代オリエント世界で作りあげてきたさまざまな制度を集大成したといえます。「大王の道」やサトラップについては先に紹介しましたが、まさしく**強大な中央集権国家**を建設したのです。そして**この国家が小アジア半島西部、イオニア地方のギリシア人に圧力をかけはじめ**、これを機にギリシアの歴史も大きく変わることになります。

民主主義の原点、ギリシアのポリスとは

バルカン半島はオリエント世界とは対照的な地理的環境にあります。まず巨大な河川がないうえ、そもそも平野が狭く、**オリエントや中国のような有力者による大土地所有というような形態ができにくかった**ことが注目されます。穀物生産に適した土地でもなく、オリーブやブドウ、イチジクの果樹栽培が盛んで、それをもとにして生産したオリーブオイルやワインを輸出する商業が発達し、そのために海岸沿いの港が作りやすい場所に**ポリス（都市国家）**が建設されることになりました。

これは前8世紀ごろから始まり、このポリス建設の動きを集住《しゅうじゅう》（シュノイキスモス）といいます。どのポリスにも共通するのは中央に守護神を祭る祭祀《さいし》の場所（アテネの場合はアクロポリスの丘）があり、その下に、政治の集会などが行われるアゴラ（広場）があったことです。人々が居住する地域は城壁で囲まれ、周辺に農地が広がっています。アテネのような比較的大きなポリスでも、日本の小さな県程度で、人口も20万人くらいと推計されています。これよりもっと小規模なものが普通で、ポリスの数

は1500くらいと考えられています。

ポリスは都市国家と訳されます。都市国家は洋の東西を問わず、歴史時代の始まりとともに建設されていますが、多くの場合、これらのひとつが他の都市国家を統一して領域国家になっていきます。しかし**古代ギリシアでは、地理的環境もあり、それらが統一されなかった**ことが最大の特色でしょう。ポリスの理想は自由・自治・自給自足といわれ、都市でありながら、ひとつの国家を形成していたことになります。

では、ポリスに共通するものがなかったかというとそうでもありません。彼らはギリシア人としての共通意識を持っていました。それが自分たちを指す「**ヘレネス**」という言葉で、彼ら以外の周辺の民は「**バルバロイ**」と呼んで区別していました。バルバロイとは「わかりにくい言葉を話す人々」といった意味で、排他的なギリシア人中心主義のようなものを彷彿《ほうふつ》とさせられます。

ギリシア人意識を高めるとともに、ポリスの栄誉のためにオリンピア競技会も開かれますが、この行事以外の時のポリスは自由と自治、つまり独立を守るため、それぞれが対立関係にあり、実際、貿易の利権その他をめぐる対立はしばしば起きていました。そのためにもポリスの市民はいつでも戦闘に出られる用意をしていなければなりません。つまり、古代の市民はまず何をおいても「兵士・軍人」なのです。だから市民には、ポリスの方針を決める民会に出席できる権利のほか、民衆裁判などポリスの運営に関わることにはすべて参加する権利が認められています。

ポリスは自由・自治を原則にすると述べましたが、時には同盟や友好的な団結をすることもあります。そのようなものを隣《りん》保《ぽ》同盟《どうめい》（アンフィクティオニア）といい、有名なものにデルフォイのアポロン神殿への信仰があります、ここの神託はスパルタをのぞくほとんどのポリスに支持されました。また、ポリス間ではオリンピア競技会の開催中は休戦する約束もできていました。

ポリスについてもうひとつ、つけ加えておきます。ポリスの人口が増えてくると、ギリシア人は地中海周辺に新しいポリスを作って移住するようになります。今日のイスタンブルはビザンティウム、ナポリはネアポリス、マルセイユはマッシリアなどと呼ばれ、いずれもこの時代のギリシア人の植民によって建設された都市です。もちろんそのような新しいポリスもヘレネスとしての一体感を持ち、オリンピア競技会に参加しますが、利害の対立から母市と戦争になることもありました。統一こそされなかったものの、ギリシア人は地中海周辺に拡大し、ギリシア文化が広がっていたのです。

スパルタ
——自由・自治・自給自足の理想が実現された閉鎖的ポリス

スパルタはバルカン半島の西部、ラコニア地方にあり、この地域は穀物生産に適していたため、自給自足が可能となり、ポリスの理想を実現していました。

スパルタの支配階級は貴族（スパルティアタイ）と呼ばれ、彼らの政治的立場は平等で、経済的にもクレーロスという土地が平等に与えられていました。その土地を耕作するのはもちろん奴隷（ヘロット）です。彼らは厳しく監視された生活をしていました。なお、この両者の間にペリオイコイといわれる身分があり、彼らは商工業に従事していました。参政権は認められていませんでしたが、軍役は課せられました。

自給自足が可能だったゆえに、**全体として閉鎖的なポリス**になり、奴隷もスパルタ内で補充されました。奴隷には結婚が許されましたが、その生まれた子どもは同じく奴隷になります。また、奴隷の家族は集落を作って住むことが認められていましたが、スパルタ人の支配階級にとっていちばん恐ろしいのは彼らの反乱であり、スパルタ人はこのような反乱は容赦なく鎮圧しましたし、その反乱の芽を摘みとるためには非情ともいえる策略を講じています。

スパルタといえばすぐに連想されるのが、いわゆるスパルタ教育です。子どもたちを健全なスパルティアタイに育てるため、小さいうちから集団生活を強制し、徹底的な軍事訓練を行います。このようなスパルタの体制を、作りあげた人物の名にちなみリュクルゴス体制といいます。どのような環境でも生きぬけるための訓練なのか、時に盗みも奨励される社会であったとも伝えられます。肉体的に壮建でない人間にとっては厳しい試練であり、その試練に耐えぬいていった者が優れたスパルタ市民ということになったのです。

アテネ——ギリシア文明のゆりかごとなった開放的ポリス

スパルタを閉鎖的軍国主義国家としますとアテネは自由主義開放国家という言葉が

当てはまるかもしれません。もちろんアテネも市民は戦士であることは変わりありません。女性・子どもの権利が認められていないし奴隷も存在します。しかしそれぞれがすべて違っています。たとえば奴隷ですが、スパルタのような戦争捕虜よりも購買奴隷が中心で、また仕事も家内労働が中心であり、（ラウレイオン銀山での労働というような例外もありますが）奴隷が集落を作って住むというようなことはありませんでした。

アテネで重要なのは市民のあり方です。最初に、基本的な言葉の使い方を説明しておきます。まず、「奴隷」に対して「自由民」がいます。その中には男子も女子も子どもも含まれます。アテネでは**自由民のうち成人男子しか「市民」になれない**ことはスパルタと同じなのですが、アテネでは**平民と貴族**に分けて考えなければなりません。この時代、市民は自分で武装しなければなりませんが、それにはお金がかかり、有産者しか武装できませんでした。このような人を貴族と呼び、平民と区分します。

ところが、商工業が発達したアテネでは平民の中にも富を蓄え、武装できる者が出てきます。さらに、このころ戦法が変わりました。それまでの戦闘は、貴族による一騎打ちが多かったのですが、このころから武器が軽くなり、購入しやすくなったこともあって、兜《かぶと》や脛当《すねあ》て、盾や柄《え》の長い槍《やり》で武装した重装歩兵による密集戦術が一般化してきます。このためたくさんの兵士が必要になり、有産平民が戦闘に参加するようになったのです。戦闘に参加した有産平民を中心に、参政権を要求する声が大きくなり、ここで**身分闘争**が展開されるようになりました。

身分闘争は、必ず調停者が出てきて妥協がはかられます。アテネの場合もそれは同じです。まず、前7世紀末に出たドラコンは、それまで行われていた法を明文化しました（**ドラコンの成文法**）。これによって貴族が勝手に解釈していた法が公正なものになりましたが、これではまだ本質的な改革にはなりません。

続いて前6世紀初め、**ソロン**が改革に着手しました。彼は当時問題になっていた市民の債務奴隷化（借金のカタに、市民が奴隷になること）を防ぐため、身体を抵当にした借金を禁止し、あわせて借財の帳消しという強引な改革を行い、さらに、所有する財産によってつくことのできる公職を区分するという財産政治（ティモクラシー）を行いました。これには一定の評価もあったのですが、貧民には民会に参加する権利が与えられないなど問題もあり、本質的な解決にはなりませんでした。

前6世紀の中ごろ、**ペイシストラトス**が不満平民の力を背景にして、独裁権力を樹立しました。ここに成立した政体を僭主政(せんしゅせい)といいますが、ペイシストラトスは、農民への土地分配、新しい銀山の開発による国庫の安定などをはかり、多くの市民の支持を集めて、30年あまりその体制が続きました。しかし、その息子ヒッピアスは暴政を行い、アテネ市民は彼を追放しました。アテネ市民は、独裁はやはり危険であるという認識を共有することになります。

前508年、貴族のひとりクレイステネスはアテネの政治体制の抜本的改革に取りくみました。まず、オストラキスモス（陶片追放《とうへんついほう》）の制度を定め、僭主の出現を防止します。これは独裁者になりそうな人物を陶器の破片に書いて投票させ、票が一定数になるとアテネから追放するというものでした。

さらに彼は部族制度の再編成を断行しました。それまで血縁関係を軸に行われていた部族制度を廃止し、地縁的な30のグループ（一つひとつをデーモスという）を組織して、それを組み合わせることで民主的な決定ができるような体制を作りあげたのです。これによって古代の民主政は一応の完成をみました。さて、このような時に起きたのがペルシア戦争です。

ペルシア戦争——ギリシア世界とオリエント世界の衝突

オリエントの統一を進めるアケメネス朝ペルシア帝国は、前6世紀後半になると小アジアのリディア王国を滅ぼし、西海岸イオニア地方のギリシア人ポリスへの圧迫も強化しはじめました。前499年、ミレトスが中心になってイオニアの諸ポリスが反乱を起こしましたが鎮圧され、バルカン半島への脅威はさらに大きなものになっていきました。

前492年、ペルシアのダリウス1世は遠征軍を送りましたがこの時は嵐のため失敗、改めて前490年、第2回目の遠征軍が送られました。アッティカ地方の東海岸に上陸したペルシア軍2万はマラトンでアテネの重装歩兵9000あまりと対時《たいじ》します。この時、司令官のミルティアデスは数の上での劣勢を、奇襲《きしゅう》戦法ではねのけてペルシア軍を打ち破り、大勝利を収めました。このアテネの勢いに、続くペルシアの軍団は上陸をあきらめたといいます。余談ですが、この時の勝利の知らせを伝えた兵士を記念して、1896年、ギリシアで行われた第1回近代オリンピックでマラソン

ペルシア戦争の経過

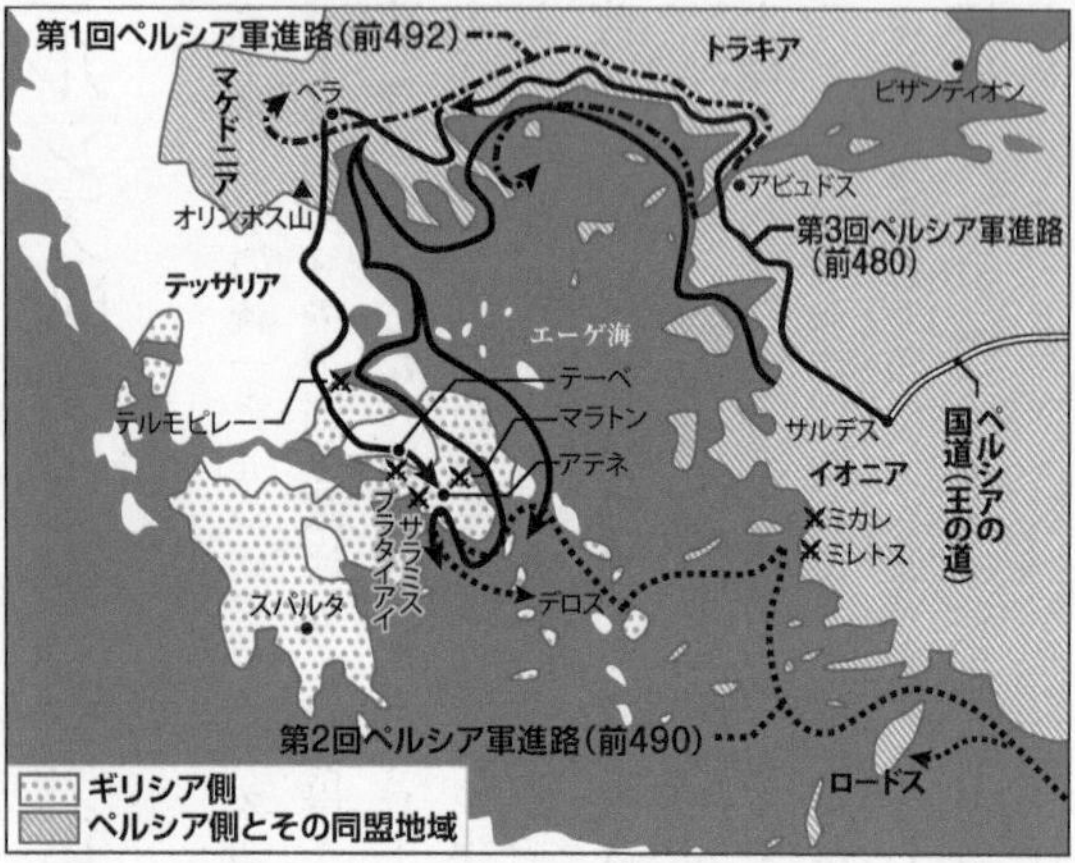

競技が始まります。

それから10年後の前480年、ダリウス1世の跡を継承したクセルクセス1世が第3回目の遠征を行い、海陸の大軍を派遣します。陸軍はバルカン半島東岸を南下、テルモピレーの隘路《あいろ》でスパルタ王レオニダスの防衛戦を突破します。この戦場は、当初地の利を生かしたスパルタ軍が有利でペルシア軍は苦戦したのですが、味方についたポリスに間道を教えられたペルシア軍が背後からスパルタを攻撃、スパルタ軍は全員戦死という悲惨な結果になりました。勢いづいたペルシア軍はそのままアテネに向かいます。

マラトンの戦いはペルシア戦争を終結

させたかにみえましたが、アテネの軍人テミストクレスは、まだまだ戦闘は続くと考えていました。そのような時、次のペルシアとの戦いをどうすべきかについて、「木によって戦え」というデルフォイの神託が出ました。この文言をめぐり、「アクロポリスに柵を作れ」ということだとする解釈と、テミストクレスの主張する「軍艦を建造し、海上で戦え」ということだとする解釈が対立しましたが、彼は強引に軍艦を建造させます。この結果、前480年に行われた**サラミスの海戦でギリシア艦隊が大勝利、ペルシア戦争の大勢は決定しました。**

両者の戦闘は、サラミスの海戦の翌年・翌々年にも続きましたが、事態を大きく変えるほどのものにはなりませんでした。問題は、敗れたとはいえペルシア帝国が依然として強大な勢力を保ったままで、ギリシアの諸ポリスにとっては大きな脅威であり続けたことです。このため、ギリシアの諸ポリスは、アテネを盟主にして**デロス同盟**を結成し、ペルシアの再攻に備えます。ところが、このデロス同盟が、のちにギリシアの諸ポリスを巻き込む大戦争の要因になっていったのでした。

ギリシア（デロス同盟）とペルシア帝国の戦争はその後も続きましたが、前445年に行われたキプロス遠征後、前449年にカリアスの和約が結ばれ、ペルシア艦隊はエーゲ海に入らないこと、小アジアのギリシア人植民地に自治を認めること、ギリシアはキプロスやエジプトに干渉しないことなどが確認されました。これでペルシア戦争は終結したことになります。

戦いで完成したアテネの民主政

サラミスの海戦でギリシア側は大勝利を収めました。その後もペルシア帝国の脅威が続いたことから考えると単純にはいえないものの、少なくとも民主政治という、ギリシア伝統の政治体制は守ることができました。

さらに、**この戦争により、アテネの政治体制は前進し、無産平民にも平等な政治的権利が保障されました。**要因はサラミスの海戦で無産平民が、軍艦の漕《こ》ぎ手《て》として活躍したことにあります。アテネは彼らの活躍によって守られたことになり、差別する理由がなくなったのです。サラミスの海戦を指導したテミストクレスは、無産平民に武器を与えて重装歩兵として訓練するよりも、軍艦の漕ぎ手にした方が簡単に訓練できると目をつけ、海上の戦いでの勝利をもくろんだのです。このことが、はからずも民主政完成への道を開いたことになります。

もちろん当時のアテネの政治家の中には参政権の拡大に反対する人々もいましたが、彼らは抑えられ、前443年からの**ペリクレス**の時代になると、最高官職であるアルコン職も抽選で選ばれるようになりました。民会の権限が強化され、貴族の牙城であったアレオパゴス会議の権限も縮小されます。公職に従事した時は手当てが支払われるようにもなりました。

古代アテネの民主政は現代の民主主義とは大きく異なっています。市民権はポリスを守る戦士だけが行使できるもので、それゆえ成人男子、それも武器を自分で用意できる有産者に限られました。有産市民以外もポリスの守り手の役割を果たすようになり、身分闘争が行われたのですが、はからずも**サラミスの海戦が無産市民にも公職を開放**することになりました。

現代の民主政治との大きな違いとして、婦人参政権の問題があります。ですが、近代の市民革命の時代になっても、婦人参政権はなかなか実現しませんでした。現代の婦人参政権の実現が、第一次世界大戦で婦人が軍需産業に従事するようになったことが契機であったことを考えると、歴史はくり返していると感じられてしまいます。そして、もうひとつの問題が奴隷制度です。これは人格を否定され、道具としてしか考えられなかった人間ですが（当時は、哲学者のアリストテレスも奴隷制度を認めていました）、解放されるまでにはこの後も長い時間が必要になります。

ペロポネソス戦争
——ギリシアの衰退と、マケドニアの台頭

ペルシア戦争に勝利して、アテネでは民主政が完成しましたが、スパルタでは深刻な問題が進行していました。貧富の差が拡大し、貴族（スパルティアタイ）の間の平等が崩れ、伝統のリュクルゴス体制が維持できなくなってきていたのです。また奴隷（ヘロット）の反乱も頻発して不穏な状況が広まっていました。このようなスパルタにとって、デロス同盟の盟主として勢力を拡大しているアテネは大きな脅威になっていました。

デロス同盟の盟主のアテネですが、ペルシアの脅威がなくなっても解散されること

はなく、アテネの覇権はますます大きなものになっていきました。デロス同盟への貢納金をアテネが流用することも、だんだんと常態化していきます。アテネはこのお金でパルテノン神殿の改装を行ったりするのですが、それだけでなくアテネの度量衡《どりょうこう》を同盟ポリスにも強制するようになり、さながらアテネ帝国の観を呈するようになっていました。

アテネとスパルタの戦争のきっかけは、アテネとコリントの経済的対立でした。コリントはデロス同盟には加わらず、スパルタを中心とした**ペロポネソス同盟**の一員であったため、両者の対立はデロス同盟対ペロポネソス同盟の対立に拡大し、前431年、スパルタによるアテネ攻撃から**ペロポネソス戦争**が始まりました。

最初はアテネが優勢でしたが、アテネのペリクレスが採用したアクロポリスへの籠《ろう》城《じょう》戦の途中疫病がはやり、ペリクレスをはじめ、多くの市民が亡くなりました。それ以降デマゴーグといわれる煽動家《せんどうか》たちがいたずらに戦争を長引かせ、さすがのアテネも徐々に疲弊し、前421年ニキアスの和約が結ばれ、いったん休戦しました。

しかしこの条約は効果を持たず、打開のためアテネが行った前415年のシチリア島遠征は失敗、前405年のアイゴスポタモイの戦いでも敗戦を重ね、前403年、最後はアテネが占領されて、デロス同盟側の敗北で戦争は終結しました。

しかし、ギリシア世界の混乱はこれだけでは終わりません。スパルタが強大化し、全ギリシアに君臨するようになると、今度はスパルタへの不満が高まります。ここで、ペルシアがアテネの復興を支援し、アテネは勢力を回復しはじめました。時を同じくしてスパルタがコリントにそむかれると、今度はスパルタがペルシアに接近、前386年のアンタルキダスの和約（大王の和約）を結び、ペルシアの威を借りてギリシアに君臨しようとしました。

ギリシアとスパルタが勢力争いをくり広げる中、急速に強大化してきたのが**テーベ**というポリスです。エパメイノンダスという軍人が軍制改革を行い、強大になったテーベがスパルタを打ち破り、一時的ですがギリシアに君臨しました。このような中、**バルカン半島の北方でマケドニアが、これまた急速に台頭しはじめます**。このころ混乱するギリシア本土から、招かれてマケドニアに行く学者も多かったのですが、アレクサンドロスの教育を担当したアリストテレスもそのひとりです。

ギリシアでは、このマケドニアをめぐって汎《はん》ギリシア主義とマケドニア主義が出てきます。前者はマケドニアも同じギリシア人だから、協力してペルシアと戦おうという立場で、その論客がイソクラテスです。後者はデモステネスが中心で、マケドニアはバルバロイであるとして最後まで戦う姿勢を説き、アテネとテーベの連合を実現させました。

この連合軍は前338年、**ケーロネーア（カイロネイア）**で戦い、マケドニアのフィリッポス2世に惨敗しました。ここで古代ギリシアの時代は一区切りとなり、フィリッポス2世の子、**アレクサンドロス**によって、**新しいヘレニズム時代が始まります。**

Column

ギリシアの偉大な歴史家・ヘロドトスとトゥキディデス

ここで扱ったペルシア戦争とペロポネソス戦争について、その記録を残した偉大な歴史家が、ヘロドトスとトゥキディデスです。メソポタミアやエジプト、中国でも古い時代の記録は残されていますが、それらの目的は税金の記録といった実用的なものにとどまっています。しかし、ギリシアの時代にいたると、人間に対する深い考察までが単なる「記録」に加えられるようになってきています。

ヘロドトスは、小アジアの都市ハリカルナッソスで、ペルシア戦争がほぼ決着した年に生まれました。アテネの民主政治を見て育ってきた彼にとって、巨大な軍隊を動かせるペルシア帝国の専制体制はどのように映ったのでしょうか。彼は自ら相手国の現地に赴き、その見聞を交えて『ペルシア戦争史』を著しました。これは物語的な歴史記述の最初になります。彼が残した「エジプトはナイルのたまもの」という言葉は彼の観察眼の鋭さを示しています。

トゥキディデスはペロポネソス戦争が始まった時に、これは大変な戦争になると直観して記述を決意し、『ペロポネソス戦争史』を著しました。彼自身も参戦し、前422年の戦いで敗れ、このために責任を問われてアテネを追放されました。その亡命生活中にスパルタでも生活したことから、アテネとスパルタの双方を観察することができたといわれます。ヘロドトスが、見聞したことを批判することなくすべて記述したのとは異なり、彼は厳密な史料批判を行いながら記述した姿勢が、高く評価されています。

長《ちょう》平《へい》の戦い

Battle of ChāngPing

前770年の周の東遷《とうせん》以降、中国では春秋《しゅんじゅう》の五覇《ごは》、戦国《せんごく》の七雄《しちゆう》といわれる強国が、天下統一を争ってきた。戦国時代末期の前260年、七雄のひとつ、秦《しん》は隣国の趙《ちょう》を攻撃、山西省の長平で雌雄を決する戦いが行われた。この2年前、秦は韓を攻撃したが、このとき韓が趙に頼ったため、ここに秦と趙が相まみえたのである。

戦いはお互いに譲らず持久戦になるが、最後は秦の将軍白起《はっき》の作戦が当たり、趙の趙括《ちょうかつ》を破り、投降した40万を超す趙兵は生き埋めにされたという。天下統一に向け、秦の優勢は決定的となった。

B.C.260

三皇五帝から夏《か》王朝へ
――いちばん最初の国家は、どのように生まれたのか

中国で「天」といえば、ほかの宗教でいう神のような存在か、ひょっとしたらそれ以上の存在かもしれません。**「天」はすべての統括者です。**中国の思想家、孔子は「我、五十にして天命を知る」という言葉を残しています。この場合の天命を、運命と考えるか天の使命とするか、解釈が分かれているようですが、いずれにしても天が自分にとって大きな意味を持つものとしてとらえられていることはわかります。

天は、努力する人間には恵みを与え、それに努めない人間には災厄を与えます。とくに為政者に対しては、政治を正しく行わない時に天災などを起こしてそれを示し、逆に聖天子が現れる時は、さまざまな瑞兆《ずいちょう》でそれを示すといわれます。

前2000年ごろ、竜山文化の時代になると、農村の集落が発展した邑《ゆう》といわれる都市国家が各地に誕生します。これらの邑が対立する中で、有力な邑が多くの邑を従えるようになり、原始的な国家が生まれてきます。そして、そのような国家の建国伝

説が作られます。中国では三皇五帝伝説《さんこうごていでんせつ》として知られるものがそれです。

三皇五帝は中国の神話伝説上の帝王たちのことで、解説書によってすこし違っていたりするのですが、多くの場合、三皇は燧人《すいじん》・伏羲《ふくぎ》・神農《じんのう》、五帝は黄帝《こうてい》・顓頊《せんぎょく》・帝《てい》嚳《こく》・堯《ぎょう》・舜《しゅん》になります。堯と舜は儒教で聖人と讃えられるようになりますが、この舜から位を禅譲《ぜんじょう》（有徳の人物に地位を譲ること）されたのが、黄河の治水に功績のあったとされる禹《う》で、禹の死後、彼の子どもが位を継承したので、ここに**夏《か》王朝**が始まります。夏王朝の最後の王、桀《けつ》は、有名な酒池肉林の暴君として知られます。この桀王を倒したのが湯王《とう》で、彼によって**殷《いん》王朝**（商ともいいます）が始められました。

殷墟の遺跡は、漢方薬がきっかけで発見された

今日の中国では、殷王朝やそれに先立つ夏王朝の実在を疑う人は、よほどのへそ曲がりという状況になっています。しかし今から１００年すこし前、清朝《しんちょう》末期の中国人は、知識人でさえも夏はおろか殷も伝説上の王朝とし、その実在など信じていませんでした。それどころか、当時の中国人は、やがて殷の時代の存在を証明することに

なる「考古学的遺物」を漢方薬のひとつ「竜骨《りゅうこつ》」として服用していたのです。

当時の官職名で国子監祭酒《こくしかんさいしゅ》、今の日本でいうと国立大学学長といった位にあった学者、王懿栄《おういえい》と、彼のところに顔を出していた劉鉄雲《りゅうてつうん》（劉鶚《りゅうがく》）という2人の人物が、この「竜骨」に文字らしきものを認め、これは殷の時代のものではないかと思い立ったことで研究は始まります。これが、有名な甲骨文字の発見でした。

北京の漢方薬店から竜骨を集め、そこに書かれている文字を研究する一方で、その出土地をたどり、河南《かなん》省安陽《あんよう》県（現在は市）小屯《しょうとん》に行きつきます。この本格的発掘は、清が崩壊して中華民国が成立し、まだ国内が安定していない1920年代から始まりました。そしてこの殷墟《いんきょ》の発掘によって巨大な墳墓《ふんぼ》と青銅器を含めたさまざまな副葬品、犠牲に供されたとも思われる人骨など、多くの遺物が発見され、殷の実在が明らかにされていったのです。

殷の時代の政治は、占いで行われた

前17世紀ごろからおよそ600年続いた殷王朝の政治は、すべて占卜《せんぼく》（占いで神からのお告げを聞くこと）によって行われていました。このような政治を神権政治といいます。この結果を亀の甲羅《こうら》や牛の肩甲骨《けんこうこつ》に記したものが甲骨文字で、それを解読することにより、殷の歴史が現代によみがえってきました。この中で注目されたことのひとつは、王位継承が兄弟相続から長子《ちょうし》相続に変化したことです。これだけで王権が強化されたというのは無理がありますが、血縁的秩序が徐々に確立されていったことは読みとれます。

殷の王は、数千とも考えられる邑の上に君臨したと考えられますが、今でいう中央集権的な統一国家はまだ成立していません。殷の時代は、おそらく数百程度の有力者や王族が複数の邑を支配し、王はそのような有力者たちによって選ばれていたものと考えられます（このような体制を邑制国家《ゆうせいこっか》といいます）。

殷の王一族はなんらかの権威を持ってその世界に君臨しました。権威の証として利用されたのが青銅器です。この青銅器は殷に続く周の時代も同じように利用され、祖先を敬ったり豊作を祈願したりする儀式（祭祀）などの時の祭具として使われました。

前11世紀ごろになると殷の権威も揺らいできます。そのような状況の中で、西方で台頭してきた周によって倒される殷の最後の王が紂《ちゅう》です。彼も酒池肉林などの悪業で知られますが、おそらく周の時代に悪いイメージを強調されたのかもしれません。周が殷を倒した戦いが牧野《ぼくや》の戦いで、これが中国史でいう殷周革命《いんしゅうかくめい》になります。勝利した周は、**封建制《ほうけんせい》**という新しい政治秩序を作りあげました。

殷周革命によって生まれた封建制とは

「革命」という言葉を聞くと、フランス革命やロシア革命を連想される方が多いことでしょう。しかし、中国の革命は西欧の革命とは異なり、社会制度のあり方や政治の担《にな》い手《て》などが根底的に変更されるものではなく、あくまでも**易姓革命《えきせいかくめい》**、つまり、王朝の交替でしかありません。しかし、周は制度を模索していた殷の時代に比べると、格段に整った体制を作ることに成功します。

先ほども述べた通り、新しく成立した周の政治秩序を封建制といいます。これは、同じ名前ではありますが、**個人的な契約関係を基盤にするヨーロッパ中世のそれとはまったく異なり、「血縁」関係が基軸**になります。周の王を支える官僚にあたる卿《けい》・大夫《たいふ》・士《し》たちは、近縁・遠縁の差はありますが、いずれも血縁で結ばれています。そのため、同姓不婚、つまり同じ姓の者同士の結婚は禁止されますし、嫡男《ちゃくなん》（正室との間に生まれた子）を正統にする原則などを規定した宗法《そうほう》が作られました。ヨーロッパの封建制でも、結婚とそれによって形成される姻戚関係は重要な意味を持ちましたが、これはあくまでも付随的なもので、本質は契約による主従関係です。

血縁関係は、のちに成立する儒教の基本精神になります。実際、長幼《ちょうよう》の序《じょ》のような倫理観は感覚的にわかりやすいものがあります。しかし、長男が優遇される社会で、才能のある二男や三男は面白くありません。血縁のある諸侯の中にも、周王室に不満を持つ者も出てきます。さらに、政治的にだけではなく、経済的にもこの時代は新しいうねりが出てきていました。人口も増え、自由な活動を要求する人々の声が大きくなっていたのです。そして、前9～8世紀になると、社会は大きく動揺しはじめます。

前770年には西方の犬戎《けんじゅう》という異民族に圧迫されたため、周は都を鎬京《こうけい》（いまの西安）から洛邑《らくゆう》（いまの洛陽《らくよう》）に移しました。これを周の東遷《とうせん》といい、ここで諸侯たちが相争う春秋戦国時代が始まることになります。なお、「春秋」は孔子の著した魯《ろ》の国の年代記『春秋』に由来し、「戦国」は前漢の劉向《りゅうきょう》が、諸国の外交政策をまとめた『戦国策』の書名に由来します。

春秋の五覇——弱肉強食の時代に突入する中国

東遷後の周は、政治的実権はなくなりますが、権威はいまだ持っていました。このため混乱の中、「尊王攘夷《そんのうじょうい》」を掲げて周の権威を尊び、周辺民族の侵入を防ぐことを口実に、有力諸侯が呼びかけたのが「**会盟**《かいめい》」という集まりです。ここに集まった有力者の中で指導者となった者が**覇者**《はしゃ》といわれ、実質的な最高権力者になります。覇者は、参加した諸侯の序列や諸侯国間の関係の調整などを行いました。ちなみに、この集まりでは犠牲としてとくに牛が重んじられ、その切った耳の血を吸う儀式から「牛耳《ぎゅうじ》る」の言葉が生まれました。

前7世紀の前半、**斉**《せい》**の桓公**《かんこう》は鮑叔《ほうしゅく》や管仲《かんちゅう》の補佐を得て覇者になり、会盟をとりしきりはじめました。この時同じく出席していた**宋**《そう》**の襄公**《じょうこう》ものちに覇者といわれる人物ですが、理想に走りすぎた人物としても知られます。襄公は同世紀後半、南方の楚《そ》を攻撃しましたが、数において圧倒的に不利であったにもかかわらず、楚の軍隊が川を渡りきるまで待って開戦するという愚かな用兵を行い敗れます。「宋襄《そうじょう》の仁《じん》（無益の情

春秋時代の中国

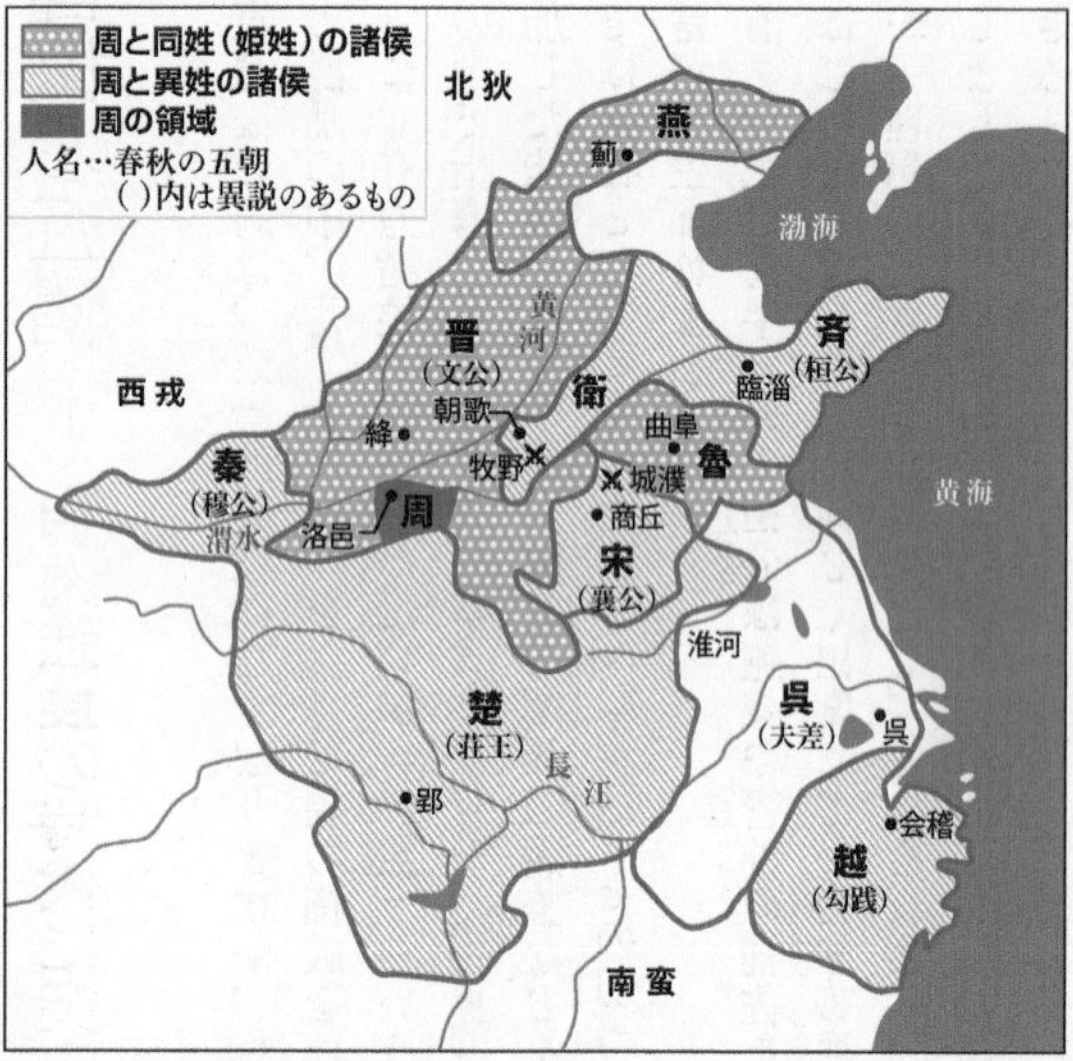

け）」という故事はこの戦争に由来します。

前7世紀中ごろ、晋《しん》で王位の継承問題が起きたとき、それに巻きこまれるのを嫌った**文公**《ぶんこう》（重耳《ちょうじ》）は亡命生活を始めます。この時、対立する恵公《けいこう》（夷吾《いご》）を支援していたのが秦《しん》の穆公《ぼくこう》でした。しかし恩を仇《あだ》で返すようなことばかりを続ける恵公に、ついに堪忍袋の緒が切れた穆公は、恵公と戦い彼を捕虜にし、のちに文公が晋の後継者になるのを支援することとなりました。亡命生活を送っている時期に、宋の襄公のもとを訪問したこともある晋の文公は、前632年、城濮《じょうぼく》の戦いで楚を破り、その後の会盟で覇者と認められました。

さらに続いて前7世紀末、楚に出た荘王《そうおう》は「王」を名乗り、新しい天下の支配者になる野望を持って周の使節と会見しますが、その野望を厳然と拒否されるという事件も起きています。これが「鼎《かなえ》の軽重《けいちょう》を問う」の故事（上位のものの力を軽んじ、地位を奪おうとすること。周の王室の象徴である九鼎の重さを問い、九鼎より大きな鼎を作って、周王に代わり自分が王になることを示唆したことから）です。

前6～5世紀になると長江下流域に**呉**《ご》や**越**《えつ》という国が成長してきます。この両国の戦いの中から生まれた故事成語が「臥薪嘗胆《がしんしょうたん》」です。越王勾践《こうせん》によって討たれた父、闔閭《こうりょ》の仇を討った呉王夫差《ふさ》が、今度は勾践によって反撃され、復讐をしあうのですが、お互い苦い胆を嘗《な》めたり、薪《まき》の上で臥《ふ》せたり（寝たり）して、復讐の念を忘れなかったという話です。これは前5世紀初めのころのことです。

文公などの有力者を生んだ華北の大国、晋も前5世紀になると、有力者の台頭で弱体化します。この晋が有力臣下によって**韓**《かん》**・魏**《ぎ》**・趙**《ちょう》**の三国に分裂した**前403年（453年とも）を境に、春秋時代と戦国時代が区分されます。**諸子百家**《しょしひゃっか》（春秋戦国時代に登場したさまざまな学者・学派の総称）の第一人者になる孔子《こうし》が、魯《ろ》において活躍するのは、前6世紀中ごろから前5世紀初めのころになります。

戦国の七雄――下剋上と弱肉強食の世界から秦が台頭した

時代がくだるに従い、弱肉強食や下剋上の傾向はさらに強くなっていきました。戦国時代は、**北方の燕《えん》・東方の斉《せい》・南方の楚《そ》・西方の秦《しん》**に加え、晋が分裂してできた**韓・魏・趙の3国**を交えた7つの国家＝**七雄《しちゆう》**の動きを中心に、**弱肉強食や下剋上がますます激しくなった**時代です。

この時代、そのような戦争状態を支えた経済的基盤にも注目しなければなりません。各国が富国強兵にはげんだ結果、耕地の拡大や運河の開削による灌漑施設の整備、鉄製農具の導入による農業生産力の上昇、鉱山の開発などによって、各国の経済力は大きなものになり、塩や鉄を扱う大商人も出現して、各国で刀銭《とうせん》や布銭《ふせん》、蟻鼻銭《ぎびせん》のような貨幣が鋳造《ちゅうぞう》されるようになりました。

前4世紀後半、秦の孝公《こうこう》は法家《ほうか》（諸子百家の学派のひとつ）の商鞅《しょうおう》を登用し、富国

戦国時代の中国（前4世紀末）

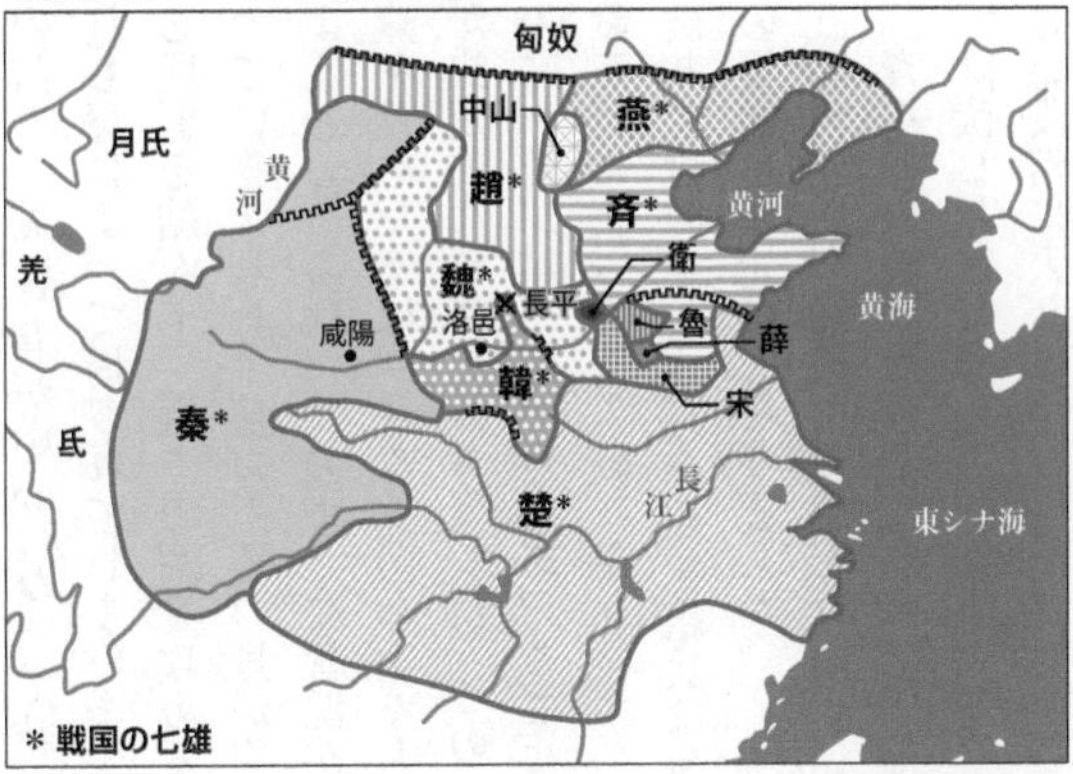

強兵をはかりました。これが成功し、**強大化した秦は東側へ拡大し（東進）、諸国の脅威になっていきます**。前4世紀後半、**蘇《そ》秦《しん》が合従《がっしょう》の策**を提唱、燕から楚まで南北の諸侯国をまとめ、秦に対抗しました。

この合従の策は崩され、代わって張儀《ちょうぎ》が説いたのが、秦と個別の盟約を結び、国家の安泰をはかっていくという**連衡《れんこう》の策**です。しかし、これも秦の強大化を防ぐものではありませんでした。このような中で、秦の脅威を説き、王をいさめたのが楚の屈原《くつげん》です。彼の説は聞き入れられず、彼は洞庭湖《どうていこ》のほとりで自殺したという伝説ができました。

ますます拡大していく秦に対し、前3世

紀の前半、孟嘗君《もうしょうくん》が中心になって結成したのが第2次ともいうべき合従の策ですが、これも秦によって崩されてしまいます。秦の宰相《さいしょう》になった范雎《はんしょ》の遠交近攻策《えんこうきんこう》（遠くの国と同盟を結んで、近くの国を攻めること）によって、秦の勢力はゆるぎないものになっていきました。燕の王子の丹《たん》が荊軻《けいか》に依頼し、秦王の政《せい》（のちの始皇帝《しこうてい》）を暗殺しようとしたのは、このような状況が背景になります。

燕を攻めた秦は、残る五国を次々と滅ぼしていきます。ここで趙との間の**長平の戦い**が決定的な意味を持ちました。この2年前、秦は遠交近攻策で韓を攻撃しましたが、この時、韓が趙に頼ったため、ここに秦と趙が相まみえることになったのです。戦いはお互いに譲らず持久戦になります。最後は秦の将軍白起の作戦が当たり、趙の趙括を破り、投降した40万を超す趙兵は生き埋めにされたといいます。天下統一に向け、秦の優勢は決定的となりました。

五国のうち、最後に攻撃したのが山東省《さんとうしょう》を中心にした斉です。しかし不思議なことに、斉を打ち破った戦争については細かなことが何もわかっていません。斉が戦わずして降伏したとも考えられます。前221年、**秦による中国統一**が完成し、中国史は新しい段階に入ります。

諸子百家——すべての中国思想の源流は、ここから生まれた

古代ギリシアでソクラテスやプラトン、アリストテレスのような賢人が続いたのは、ペロポネソス戦争などでアテネの民主政治が衆愚《しゅうぐ》政治に堕《だ》していた時代です。混乱する時代にこそ、将来を見据えた理想を説く学者たちが輩出されるというのは歴史の必然かもしれません。中国でも混乱の極《きわ》みの状況で学者たちが輩出されますが、これらをまとめて**諸子百家**といいます。そのはじめは**孔子**です。

前5世紀の中ごろ、現在の山東省にあった魯の曲阜《きょくふ》で生まれた孔子は、斉や晋などの圧迫で苦しむ魯の様子を見ながら、社会の安定を模索します。彼が示した立場は後に**儒教**《じゅきょう》といわれるものになりますが、その原点は家族道徳にあります。家族道徳に由来する普遍的な真理を「仁《じん》」として、それにいたる父母への孝行などの実践徳目を「礼《れい》」といいます。つまり、孔子は周の封建制の根幹、**血縁秩序の再興を目指した**のです。

この孔子の家族愛に対して、それは偏狭になり対立を生むとして、普遍的な人間愛

である「兼愛《けんあい》」を説いたのが**墨子《ぼくし》**（墨《ぼく》翟《てき》）です。なお墨家は、兼愛と並べて非攻《ひこう》（交利）、つまり平和主義も説き、大国に攻撃されている小国におもむき、防衛のための戦術を指導したことでも知られます。

孔子の努力にもかかわらず、世の中の混乱は続きます。孔子を継承する**孟子**は儒教の政治論を作りあげていきますが、その原点は人間の本性は善であると説く「性善説」でした。そして、王が徳をもって行う政治を王道政治《おうどうせいじ》とし、力に頼る政治を覇道《はどう》として批判しました。彼はまた**易姓革命《えきせいかくめい》**の理論を示します。これは、天の命による王朝

（支配者の一族）交代の正当性を説明したもので、その方法として禅譲《ぜんじょう》（有徳者に帝位を譲ること）と放伐《ほうばつ》（不徳な天子を武力で追放すること）があるとしました。

孟子の性善説を批判したのが**荀子**《じゅんし》です。彼は、人間は欲望のために悪事をはたらく存在であるという性悪説の立場を説き、「礼」の実践によってその悪を抑えるべきであるとしました。この「礼」を「法」に置き換えたのが法家です。法家の代表的な人物は、秦の孝公に仕えた商鞅《しょうおう》です。彼は秦の強大化を実現させました。しかし商鞅は秦の有力者に嫌われ、最後は処刑されてしまいます。商鞅の精神を継承した**李斯**《りし》が政を助けて、秦の天下統一を実現させたのです。

これらの他にも多彩な思想家が輩出します。先に紹介しましたが、外交を説いた縦《じゅう》横家《おうか》、戦術を指導した孫子《そんし》に代表される兵家《へいか》のように、現実的な政策を指導した人々のほか、儒教と並んで深遠な哲学的内容をもつ道家《どうか》の思想が出たのもこの時代です。人為的な行動を批判して「無為自然《むいしぜん》」を説いた**老子**《ろうし》や**荘子**《そうし》の思想は当時も大きな影響力を持ちましたが、のちには陰陽家《いんようか》などの思想や仏教なども取り入れ、道教が形成されていきます。

天体の動きから天文気象のことなどを予測した鄒衍《すうえん》に代表される陰陽家、「白馬非馬論」のような一種の論理学派を形成した、公孫竜に代表される名家など、まさしく思想上の百花繚乱《ひゃっかりょうらん》の時代でもあったのです。

中国史上初めての天下統一、秦帝国

天下統一を成しとげた秦王の政は、新しい国家体制にふさわしい称号として「皇帝」を採用し、自ら始皇帝を名乗りました。ここに、封建制という血縁支配に代わり、郡《ぐん》県制《けんせい》による中国支配、やや理念的な表現になりますが、**皇帝が中国の全人民を直接支配（個別人身支配）する専制体制**が成立したことになります。「支配」とは抽象的な言葉ですが、具体的には皇帝が一人ひとりの民衆から税金をとり、軍役に徴発できるということです。

もちろん、皇帝ひとりですべてが決裁できるわけではなく、多くの官僚が必要になります。中央に置かれ、皇帝を補佐したのが丞相《じょうしょう》（行政の長官）・大尉（軍事）・御士《ぎょし》大夫《たいふ》（基本は監督官）です。統一が実現された時、丞相の地位についたのが、先ほど紹介した法家の李斯《りし》でした。

ただし中国では、宦官《かんがん》という、皇帝を私的に支える補佐官がいます。本来は皇帝の私生活の場＝後宮《こうきゅう》の監督官なのですが、その立場上、皇帝の意向に大きな影響力を持つようになります。始皇帝に仕えた宦官が趙高《ちょうこう》で、始皇帝の死後、秦は彼によって滅亡に導かれることになります。

封建制に代わった**郡県制**の名は郡や県という行政区画に由来します。統一とともに、全国を大きく36（のちに48）の郡に区分し、さらにその下の行政単位として県を置きました。郡や県には中央の丞相に対応する郡守や県令が置かれましたが、封建制下における**ような血縁や世襲とは関係なく、中央から実力者が派遣された**ことが特色です。漢の時代に一時的に封建制が復活しますが、**このシステムは、20世紀にいたるまで中国の基本的な統治体制**になっていきます。

国家を維持するのは簡単なことではありません。中でも政治体制への批判はもっとも大きな脅威になります。この時代、とくに儒者は法家による厳格な法治主義を批判していました。このため、始皇帝は李斯の進言《しんげん》によって、農家その他の実用書をのぞき、すべての書物を焼き捨て、さらに批判的な儒者数百名を穴埋めにするという暴虐な政策を実行しました。これが世にいう焚書坑儒《ふんしょこうじゅ》です（最近は役所の書庫などには書物が保存されていたという評価も出てきています)。

始皇帝は、統一国家にふさわしく**文字・度量衡・貨幣**などを統一します。文字は隷《れい》書《しょ》という書体に統一されますが、これは中央からの命令が全国に等しく伝達されるという大きな意味があります。度量衡や貨幣(半両銭《はんりょうせん》)の統一は、全国規模の経済活動を容易にしました。なお車軌《しゃき》(轍《わだち》)の統一は、道路についた轍の跡が一定になることで、車の速度を早め、物流をしやすくするためという説や、異なった車軌の車を使っている異民族の侵入を難しくするという意味合いがあったともいわれます。

始皇帝の大土木工事、万里の長城

始皇帝は自身が国内を巡幸するための専用道路、馳道《ちどう》を建設し、それを使って全国をまわって自らの威光を示しました。また、自らの墳墓も建設させ、その近くに、その墓を守る意味合いか、都の咸陽《かんよう》の守備兵と考えたのか、**兵馬俑**《へいばよう》を造営しました。今日発掘され、8000体にもおよぶ兵士や軍馬が再現されていますが、その壮大さに圧倒されます。また都の咸陽には阿房宮《あぼうきゅう》という宮殿を建設しました。

そして始皇帝の最大の土木工事が**万里《ばんり》の長城《ちょうじょう》**の構築になります。当時、モンゴル高原では**匈奴《きょうど》**が勢力を拡大させていました。中国が統一されたのは、この北方遊牧民の脅威があったからだという評価もあるのですが、始皇帝の死に入れ代わるように、匈奴には冒頓単于《ぼくとつぜんう》が出て遊牧帝国を建設します。

遊牧民は農耕民にとって大きな脅威になっており、戦国時代から燕や魏などでは長城が作られていました。長城のような障害物の前ではいったん馬を降りざるを得ず、騎馬戦術の弱点を突けるのです。始皇帝の万里の長城は、こういった戦国時代の長城を連結したものでした。なお、今日普通に観光できる長城は、明の時代に建設されたものになります。

3代15年の栄光――秦はどのように滅亡に向かったのか

万里の長城に象徴される大土木工事は民衆に多くの犠牲を強制しました。徴用されたら逃亡は許されません。集合日時も厳格でした。農民の不満は大きく、始皇帝の死とともに起きた農民反乱である**陳勝《ちんしょう》・呉広《ごこう》の乱**は体制を大きく揺さぶりました。指導者の陳勝が「燕雀《えんじゃく》いずくんぞ鴻鵠《こうこく》の志《こころざし》を知らんや（小さな人物には、大人物の志や考えはわからないという意）」と一緒に働いている農民に憤った話や、陳勝と呉広の2人が「王侯将相《おうこうしょうしょう》いずくんぞ種《しゅ》あらんや（王や諸侯、将軍、宰相となるのに、決まった家柄などありはしないという意）」と農民たちを鼓舞したことが言い伝えられています。この混乱の中で出てきたのが、農民出身でありながら人望を集めた漢の**劉邦**《りゅうほう》と、名門貴族出身の冷徹な智将、楚の**項羽**《こうう》でした。

反乱は、秦の正規兵によって鎮圧されますが、丞相の李斯と宦官の趙高の対立など、**朝廷内の混乱も激化**します。この李斯と趙高の対立は、中国史でよくみられる表と裏の権力の対立の典型ともいえるものです。趙高は出身が不明で、フィクション仕立てでさまざまに語られる人物ですが、彼が仕組んで、「鹿」を朝廷に献上させ、それを自ら「馬」といい、それに反対・嘲笑した官僚たちを粛清した事件は「馬鹿」の語源とともに語り草になっています。権力を得た趙高は、李斯も粛清しました。

始皇帝の死後、始皇帝の末子胡亥《こがい》が2世皇帝になりましたが、宦官の趙高はこれを殺し、始皇帝の孫（胡亥の兄の子）、子嬰《しえい》を皇帝にしました。しかし子嬰は趙高を恐れて彼を殺害します。そのような中で咸陽に攻め入った劉邦に、子嬰は皇帝の璽《じ》（印章）などを差し出し、ここに秦は15年で崩壊することになりました。劉邦は子嬰などの安全を保障したのですが、遅れて咸陽に入った項羽は、子嬰をはじめ秦の一族を殺し、阿房宮を焼き払いました。

両者の対立の有名なお話が「鴻門《こうもん》の会」になります。劉邦のぬけがけに怒った項羽は劉邦を討とうとしますが、劉邦の部下張良《ちょうりょう》のはからいにより鴻門で非を詫び、彼は危機を脱しました。この時、劉邦の侮りがたい才覚を見た項羽の臣の范増《はんぞう》は、和解の宴で演じられた剣舞に乗じて劉邦を暗殺しようとしますが、劉邦の部下樊噲《はんかい》などが機転をきかせ、彼を救います。

鴻門の会の時の軍隊は、劉邦10万に対し項羽は40万と、圧倒的に項羽が優勢でした。しかし項羽の冷酷さに反発した韓信《かんしん》などが劉邦に寝返り、項羽の手の内を知ることになった劉邦軍は徐々に強大化し、積極策をとるようになります。

漢王となっていた劉邦は韓信のすすめで自らの領地から近辺の王国に侵入し、そこで漢の社稷《しゃしょく》をまつる儀式を行いました。社は土地の神、稷は五穀の神を表しますが、社稷になると「国」という意味になり、その儀式を行うというのは、その地域が漢の支配下になったことを意味します。このような劉邦の行動に対し、前２０５年、楚漢戦争が本格的に始まります。緒戦こそ楚の項羽が優勢でしたが、やがて漢の劉邦が圧倒するようになり、前203年、両者は垓下《がいか》で対峙《たいじ》しました。

この時、項羽が周りを囲む漢の劉邦軍の中から楚の歌を聞き、楚はすでに漢の手に落ちたのかと嘆いたという故事が残っています。「四面楚歌《しめんそか》」の由来となったものですが、劉邦の軍隊が項羽を動揺させるために歌ったという説と、劉邦の軍隊の中に多くの楚の兵士がくだっていて、彼らが歌ったという説で、解釈は分かれているようです。いずれにしても項羽は敗北を悟りました。楚に戻るよう勧める者もいましたが彼はそれを拒否し、自害して果てます。

長期政権、漢の成立

項羽との戦いに勝利した劉邦は、項羽から与えられていた領地の名前「漢」にちなみ漢王朝を樹立しました。彼は初代皇帝、高祖《こうそ》になります。まず彼が手をつけたことは社会の安定であり、秦の法治主義を改め、法は「殺すな、盗むな、傷つけるな」の三章をもってするとしました。

国家体制では、法家主義の象徴であった郡県制を改め、封建制を一部復活させて、**郡県・封建の両者を併用した郡国制を採用**します。封建制は、周の時代と同じく血縁関係に基づくものです。劉邦は、建国に協力した一族や功臣を諸侯とし、彼らに領地（国）を与えたのです。中央集権的な郡県制が行われたのは戦国時代の秦の領域程度で、皇帝権力は始皇帝の時代に比べて抑制されたものになりました。

しかし郡国制のもとで社会が安定すると、皇帝は徐々に諸侯たちへの抑圧を強化します。たとえば酎金《ちゅうきん》の律《りつ》で諸侯たちに献金を強制し、さらに景帝《けいてい》の時代になると推恩《すいおん》の令《れい》で、諸侯たちに「分割相続」を強制しました。このような抑圧策に対して起きたのが、**呉《ご》楚《そ》七国《しちこく》の乱**です。呉や楚など7つの国が決起したものですが、この反乱は鎮圧され、郡国制は実質的に崩壊しました。このような中で第7代皇帝として**武帝《ぶてい》**（劉《りゅう》徹《てつ》）が即位します。

漢の黄金時代——「東アジア世界」は、武帝の活躍で作られた？

秦帝国が滅亡したころ、モンゴル高原では、**匈奴の冒頓単于が最初の大遊牧帝国を建設し、中国にとって大きな脅威**になりました。漢を建国した劉邦は匈奴と戦いますが、白登山《はくとさん》の戦いで敗北し、以後の匈奴政策は消極的になっていました。

この方針を大きく展開させたのが武帝です。彼はモンゴル高原に衛青《えいせい》や霍去病《かくきょへい》などの武将を派遣し、匈奴に大きな打撃を与えました。討伐にあたり、西方の勢力との連携もはかり、匈奴に首長を殺され、中央アジア（西域）に追いやられた大月氏《だいげっし》との協力を実現させるため、**張騫《ちょうけん》を使者として大月氏に派遣**しています。

この作戦は失敗しましたが、張騫の報告により中国には西域の情報が入り、武帝は優れた脚力を持つ汗血馬《かんけつば》を求めて、武将の李広利《りこうり》を中央アジア西部のフェルガナ（大宛）地方に派遣しました。

李公利のフェルガナ遠征は苦戦しました。漢の軍隊の戦意が欠けていたこともあり、いったんは軍を引きあげますが、再度の遠征では、小国家フェルガナに対し数万の軍隊を派遣して屈服させ、多くの良馬を獲得しました。こうして、**西域にも漢の勢力が拡大されていく**のです。

周辺地域とのかかわりの中でも、多くの人物の人生が転変しました。囚《とら》われの身になりながら匈奴に屈せず帰国した蘇武《そぶ》や、はからずも匈奴捕虜になり、漢の朝廷内での讒言《ざんげん》(ウソの進言)のため帰国をあきらめ、匈奴に仕えることを決めた李陵《りりょう》など多くの人物の活動が知られています。ちなみにこの李陵の友人、**司馬遷**《しばせん》は、李陵を弁護したため武帝の不興をかい、宮刑《きゅうけい》(男性を去勢する重刑)に処せられますが、この屈辱の中で大著『史記《しき》』を完成させました。

武帝の攻撃の矛先はモンゴル高原だけではありませんでした。朝鮮半島にも軍隊を派遣し、当時朝鮮を支配していた**衛氏朝鮮**《えいしちょうせん》**を滅ぼし、楽浪郡**《らくろうぐん》**などの4郡を設置**します。これは、朝鮮北部が中国の支配下に入ったことを意味します。朝鮮民族の反攻が始まり、前1世紀中ごろ、**高句麗**《こうくり》が建国されますが、朝鮮民族が中国勢力を撃退するのは4世紀のことになります。

また南方ではヴェトナム北部にも軍を派遣しました。この結果、交趾郡《こうしぐん》や日南郡《にちなんぐん》などの9郡が置かれ、**ヴェトナムも北部が中国の支配下**に入りました。後漢の時代になってチュン・チャク（徴側）、チュン・ニ（徴弐）姉妹が中国に抵抗しますが、この反乱は鎮圧されます。以後ヴェトナムは10世紀まで中国の支配下に置かれることになります。しかし、このような交渉の中で、漢字や儒教、仏教などが伝えられ、これらを共通の文化基盤として、いわゆる**「東アジア世界」が形成されていく**ことになるのです。

武帝の国内政策と、その功罪

積極的な対外政策が行われた結果、中国の国威は周辺に拡大しましたが、一方で**漢の財政は窮乏**しました。このため武帝は財政再建のため桑弘羊《そうこうよう》を登用します。彼は法家的な政策を強力に推進しました。その**政策の基本が農本抑商**《のうほんよくしょう》（農民を保護し、大商人を抑圧すること）です。

漢の時代の農民も恵まれた環境にはありませんでした。税金や徭役《ようえき》（国により課される労働）が厳しく、農民は土地を失い、有力者のもとに隷属していきました。富を集めた有力者は「豪族」といわれ、彼らが官僚層を形成していたのです。桑弘羊の政策はこのような勢力を抑えようとする目的もありました。農本策は、普通の農民の立場を守ろうとするものです。大土地所有を厳しく抑制しようとしましたが、これは豪族の反対で実質的な効果は期待できませんでした。

しかし抑商策はのちの歴史にも大きな影響を与えるものでした。具体的には、**塩鉄の専売**と**平準《へいじゅん》・均輸《きんゆ》**です。塩と鉄は産地が限られているだけでなく、社会生活の必需品でもあり、その売買を独占することは大きな利益が保障されます。桑弘羊はさらに酒を加え、これらを政府の専売品にしたのです。

平準と均輸は物価安定策です。商人はものがたくさんある地域（時期）で安く買い、ものが少ない地域（時期）に高く売って利益をあげるわけですが、このため農民たちは安く買いたたかれ、一般の人々は高い品物を強制されることになります。桑弘羊は、妥当な値段で農民から穀物などを買いあげ、妥当な値段でそれを消費者に提供するという方針を打ち出しました。均輸官はそのために置かれた官職です。あわせて、秦の半両銭に代えて**五銖銭《ごしゅせん》を発行**しました。これにより政府が貨幣の鋳造権を握り、商人たちを抑圧することになりました。

桑弘羊はこれら塩鉄専売、平準・均輸を法家的な厳しさで行いました。その政策は効果をあげたのですが、当然反発も大きくなり、武帝亡き後、反対する儒者たちと桑弘羊との間で論争が行われました。この時の記録が『塩鉄論』として残されており、これは当時の法家と儒家の、政治や経済などに対する姿勢を知る基本的史料になっています。

ところで、この塩鉄論争はあまりに不釣り合いな地位の人物間で行われました。法家の代表はいうまでもなく大宰相の桑弘羊ですが、儒者の代表は若い学生だったのです。これが実現されたのは、儒者たちの背後に桑弘羊も無視できない実力者がいたからでした。それが霍光《かくこう》という政治家です。彼は宣帝《せんてい》の外戚《がいせき》で、匈奴討伐で名高い霍去病の異母弟でもあり、桑弘羊さえも動かす権力を持っていました。

宦官のことは秦ですこし触れましたが、**中国の政治史では、宦官と並んで外戚が大きな力を持ちます**。外戚とは皇后、つまり皇帝の妃の一族なのですが、皇帝が幼少だったりすると、皇帝に代わって大きな権力をふるいます。この霍光は時の皇帝、宣帝の妃の一族です。ただし、宦官と異なり、外戚は、皇帝一代しか権力を握れないのが普通です。漢は武帝以降、このような勢力が政治をほしいままにし、最後はやはり外戚のひとり、**王莽《おうもう》**が漢を倒し、紀元8年**新《しん》を建国**することになります。

復古主義の新の失敗と、漢の復興

王莽が建てた新は極端に復古主義的な王朝でした。周を理想としてその再現をはかったのですが、1000年も昔の王朝の規範では現実の社会とのギャップが大きく、農民にも豪族にも支持されません。即位から10年めに起きた**赤眉《せきび》の乱**は、反乱参加者が眉を赤く染めたことが名前の由来といわれますが、この「赤」は五行説に基づき、漢の火徳を象徴しているともいわれます。このような情勢の中で漢の一族の**劉秀《りゅうしゅう》が光《こう》武帝《ぶてい》として漢を復興**しました。復活した漢を、以前のものと区別して後漢《ごかん》と呼びます。

後漢の時代、皇帝は豪族と妥協したため、社会は概して安定したといえます。王莽の時代には中断した西域経営も復活、**班超《はんちょう》**が西域都護《せいいきとご》として中央アジアにおもむき、西域諸国は漢に朝貢《ちょうこう》(中国皇帝へ貢物を奉ること)しました。朝鮮半島では、高句麗が徐々に台頭し、前漢武帝が建設した4郡は縮小され、楽浪郡だけが残ります。また日本が中国の歴史書に登場するのもこのころで、倭王《わおう》が光武帝から金印を与えられたのは57年のことになります。

2世紀になると政治も混乱しはじめ、重税に苦しむ農民たちの間には、張角《ちょうかく》が始めた民間信仰、**太平道**《たいへいどう》が広まりました。彼は「蒼天すでに落つ、黄天まさに立つべし（蒼天とは漢帝国のこと。漢に代わって、黄帝を信仰する太平道が天下を治めるの意）」と叫んで**黄巾の乱**《こうきんのらん》を起こしましたが、この反乱は鎮圧されました。

さらにこの時代、目立ったのは宦官の専横です。166年、彼らは批判勢力を弾圧する**党錮の禁**《とうこのきん》を起こしました。宦官を批判する有力者たちは、宦官を粛清するとともに権力を握ろうとし、その中でひときわ目立った存在が曹操《そうそう》、その息子**曹丕**《そうひ》が漢を倒し、**魏**《ぎ》を建国します。

Column

中国の先史時代
――農耕と文明の隠れた関係

今日、中国研究の考古学的成果は目覚ましいものがあり、各地でさまざまなものが発掘されています。殷や周の時代の遺物、春秋戦国時代の文献もたくさん発見され、これまで『史記』や「四書・五経」など限られた文献でしかわからなかった時代のことが、多くの直接的史料で明らかにされてきています。さらに、都市文明が成立する以前の農耕遺跡などについても多岐多彩な発見があり、先史時代も含めて中国古代史はリアルに再現されつつあります。

その一端を紹介しておきます。1920年代から、黄河中流域の河南省《かなん》の仰韶《ぎょうしょう》や陝西省《せんせい》の半坡《はんぱ》で彩陶《さいとう》（彩色をほどこした陶器）や居住遺跡が、黄河下流域の山東省《さんとう》の竜山《りゅうざん》では、ろくろなどの進んだ技術で焼かれた黒陶が発見され、今から6000年ほど前に存在した、麦の栽培を基盤にする古代農耕文明の存在が明らかにされました。

彩陶に代表される**仰韶文化**は前6000年ごろから3000年ごろまで続き、石斧や彩陶の使用や製法から、西方文化の影響があったと推測されています。

仰韶文化に続いて前2000年ごろから黒陶に代表される**竜山文化**が隆盛したと考えられています。ここでは農具や農耕技術が進歩し、集落の規模も大きくなりのちの邑の原型が見られます。おそらくこの竜山文化から夏や殷の古代国家が成立してくるのでしょう。

また、華北で麦の栽培が始まったのとほぼ同じくらいのころ、長江流域でも稲作が行われていたことを示す**河姆渡《かぼと》遺跡**が発掘されています。日本に稲作が伝播したのはこの地域からだったとの見方もあり、さらに屈家《くつか》嶺《りょう》文化や良渚《りょうしょ》文化の遺跡が発掘され、より進んだ稲作社会の存在も明らかにされました。

相互の関係その他はまだ不明なことも多いのですが、興味深いものがたくさんあります。

ポエニ戦争

Bella Punica

前3世紀中ごろ、イタリア半島を統一したローマは、地中海の征服を目指しカルタゴと戦った。敗れたカルタゴでは、将軍ハンニバルがイベリア半島に移り、ここで態勢を立て直して逆にイタリア半島に進撃、カンネーの戦いなどでローマを圧倒した。ローマの将軍スキピオは、イタリア半島でのハンニバルとの直接対決を避け、イベリア半島からさらに敵の本拠アフリカへ上陸し、逆襲した。

前202年、スキピオは帰国したハンニバルとカルタゴで戦い、ザマの会戦で大勝利を収め、カルタゴを滅ぼした。続いてローマは東方のヘレニズム諸国とも戦い、前1世紀末には全地中海を擁する大版図《はんと》を実現した。

B.C.264

ローマの身分闘争――ローマの政治はなぜ安定したのか

ローマ建国の伝説は、前753年にさかのぼります。トロイの陥落後、生き延びたトロイの貴族、アエネイスの子孫であるロムルスとレムスの双子の兄弟が対立し、勝利したロムルスがローマの建国者になります。「ローマ」の名前は彼にちなんでつけられました。しかし実際のローマの歴史は、それから200年以上、半島で長い歴史を持っている**エトルリア人の大きな影響**を受けながら展開されてきました。

都市国家（キヴィタス）のローマは、前509年、エトルリア人の支配から独立するとともに、王政に代えて共和政を採用しました。すでにローマには**貴族**（**パトリキ**）と**平民**（**プレブス**）という身分が生まれていましたが、政治はこの貴族が行い、最高議決機関は貴族の中でも長老たちから構成される**元老院**《げんろういん》になります。

軍事と政治の最高司令官としては**コンスル**（**執政官**）がいますが、独裁化を防ぐため任期は1年で、2人がその任にあたりました。最高司令官が2人いるということは普通に考えるとあり得ないことなのですが、**それほどまでにしてローマは権力の独裁**

化を防いだのです。ただし、戦争などの緊急の場合ディクタトル（独裁官）が置かれます。もちろんこれはひとりで、任期は半年と限られていました。その他、国家を維持するために法務官や戸口調査官などの官職が置かれていて、彼らが執政官を補佐しました。

ローマの場合も、圧倒的多数が平民になりますが、彼らは同時にローマの市民軍団の中核になっていました。貴族と平民との間には当然差別があり、戦争によって自覚を高めた平民が、貴族の政治権力独占に抵抗します。その最初の事件が前494年の「聖山事件《せいざんじけん》」です。平民が貴族への協力を拒否して、聖山に立てこもったのです。この結果、元老院の議決に拒否権を持つ護民官《ごみんかん》と、彼を議長にした平民会《へいみんかい》が設置されました。ただし、この拒否権は「戦時」には行使できず、ローマは基本的に常時戦時だったというオチもあるのですが。

前451年、ローマ初の成文法、十二表法《じゅうにひょうほう》が作られます。この法律では、貴族と平民の通婚が禁止されるなどまだ差別も多かったのですが、徐々にそれらはなくなり、前367年のリキニウス法では公有地の専有面積を制限し、コンスルのひとりは平民から出すことが決められます。さらに前287年のホルテンシウス法では平民会の決定が元老院の承認を得なくとも、ローマの国法になるという事態にまでなったのです。

これはつまり、ローマに元老院と平民会の2つの立法府ができたことを意味するのですが、そうはいうものの、元老院が実質的な指導力を持ち続けました。後でも書きますが、**この元老院の存在がローマの政治に安定をもたらす**ことになるのです。

ローマの拡大と巧妙な支配策

エトルリア人から独立すると、ローマ人はだんだんと領域を広げ、その歴史が本格的に始まります。国内では先に述べたような身分闘争を行いながら、周辺諸民族との戦いを進めていたのです。いや、**戦いを通じて平民の意識が向上し、身分闘争になった**といった方が正しいかもしれません。

最初の大きな敵は、独立以前に支配を受けていたエトルリア人です。その中心であったウェイイとの戦いは前4世紀の初めにローマの勝利で終わります。ところがこのような時、ローマは意外な伏兵に襲われました。北方のガリア人の襲撃です。前

ローマの発展

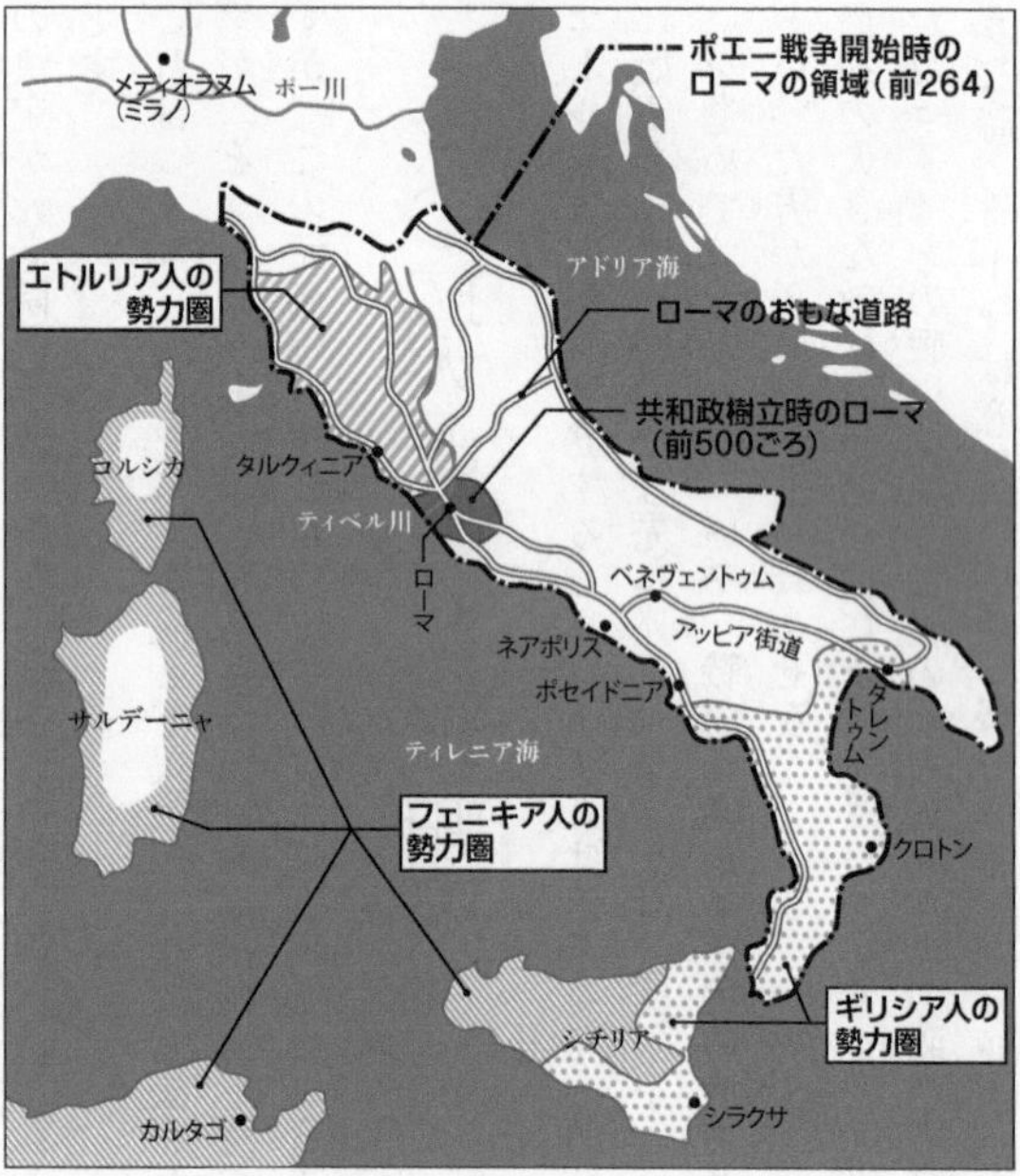

390年ごろ、ローマは占領され、無残な略奪を受けました。ガリア人は戦利品を得てローマから撤退しますが、この屈辱はローマ人の心に刻まれ、長く語り伝えられていきます。

しかし、ローマ人の回復も早く、前4世紀の半ばには周辺のラテン人を完全に制圧しました。これと並行して南方のサムニウム人との戦いにも勝利します。有名な軍道、アッピア街道はこの戦争中に建設されたものです。さらにイタリア半島南部にはギリシア人の植民市が存在していましたが、彼らとも戦って、前２７２年、タレントゥムの戦いに勝利して**半島の統一**を実現しました。

半島に君臨したローマですが、多くの都市国家を支配するにあたり、集権的な覇権主義はとらず、**分割統治**を採用しました。つまり、征服した都市国家と同盟を結び、その際ローマ人と同等に市民権を与えたり、単に友好的な関係を維持するだけにしたりと対応に差をつけ、都市がそれぞれに同盟することを厳しく禁じたのです。もちろん軍役義務が課せられたのはすべての都市国家に共通するのですが、これによってローマは、新しい戦争に向けての人的資源を保障されました。

支配地域が拡大される中、ローマの有力者の中には公有地を私的に拡大していく者が出てきます。彼らは高い役職を歴任しながら元老院の中で重要な役割を果たすようになり、旧来の貴族ではない、**新貴族（ノビレス）**といわれる支配勢力を形成していきます。

また、平民の中には巨大な富によって騎士身分（エクイテス）が与えられる者も出てきました。彼らは、本来はその文字が示すように騎兵として活躍したのですが、共和政の後半になると戦士ではなく、元老院議員を出していない富裕階級を指す言葉になってきます。実際、彼らは私有地化した土地で**奴隷を使った大土地経営（ラティフンディア）**を行ったり、徴税請負人《ちょうぜいうけおいにん》として活動したりして、富を蓄えていったのです。

共和政時代、このようにしてローマ社会は変化していたのですが、やがてポエニ戦争が始まり、ローマは地中海に進出します。そしてポエニ戦争が終わるころには、社会の変化も加わり、共和政の伝統は大きく揺らいでいくことになるのです。

ポエニ戦争──ローマの地中海進出が始まる

イタリア半島の南端からメッシナ海峡をはさんでシチリア島があります。さらにシチリア島の西方、北アフリカの中央部にはカルタゴがあり、シチリア島は地形的に見るとローマとカルタゴの中間にあります。両者がここをめぐっていずれ対立するのは必然だったといえましょう。

直接のきっかけは、シラクサの僭主《せんしゅ》が傭兵軍団に支配されていたメッシナの町を回復するためカルタゴと手を組み、傭兵軍団側がローマに支援を求めたことです。

ポエニ戦争のころの地中海

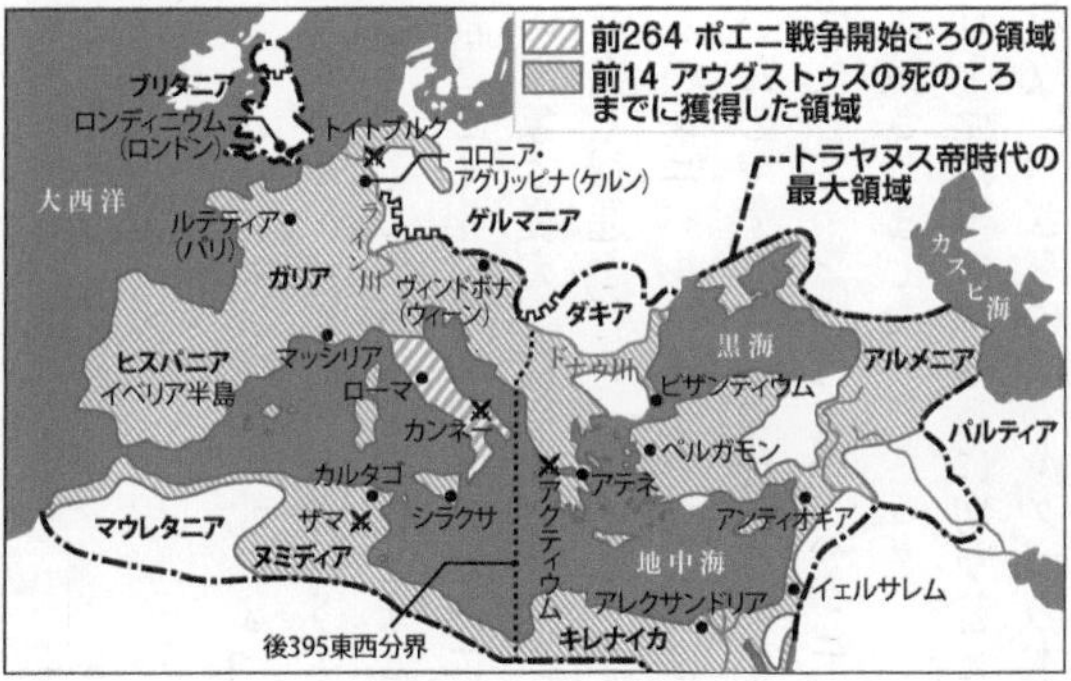

両者の戦いは前264年、シチリア島で始まりました。もともと陸戦には強いローマが、カルタゴ軍を圧倒しました。しかし、海軍力ではギリシアとも密な関係を持つカルタゴは、海戦に不慣れなローマを苦しめます。

そこでローマは軍船に工夫を加え、相手方の船に取りつける「カラス」と呼ばれる桟橋《さんばし》を開発しました。ローマ兵が相手方の軍艦に乗り移り、船上で戦えるようにする戦法を編み出したのです。軍艦がぶつかりあう海上の戦いを陸上の戦いにすることで、カルタゴを追いこみました。断続的に23年間も行われた戦争の結果、最終的にはローマが勝利し、**初の海外領土としてシチリア島を獲得しました**（第一次ポエニ戦争）。

ハンニバル戦争――ローマの歴史的敗北と、その反撃

第一次ポエニ戦争の敗北によってシチリア島を失ったカルタゴは、有力者のひとりハミルカル・バルカスがイベリア半島に渡り、カルタゴ・ノヴァ（新カルタゴ）を建設して、そこで軍隊を編成しました。

前221年、その息子のハンニバルはローマを討つべく行動を開始します。彼は多くの軍象も従え、前219年南フランスを東進し、北からアルプスを越えるという意表を突く行進を行い、イタリア半島に入りました。半島北部での戦いに勝利し、南下するハンニバルに対し、ローマはファビウスの指導で直接対決を避ける神経戦を行っていたのですが、その作戦への不満から勝ちを急ぎ、前216年に行われたカンネー（カンナエ）の戦いでは、ハンニバルの術中にはまり、6万ともいわれる軍団が包囲せん滅されました。

ローマは再び神経戦に切り替えましたが、その一方で海軍力を利用してイベリア半島を攻め、さらにはカルタゴの本拠を狙います。ここにいたり、カルタゴ本国はハン

ニバルを召喚します。最後の戦いがザマの会戦になりました。

この戦いに先立ち、ローマのスキピオ・アフリカヌスとハンニバルの会見が行われましたが和平への交渉は決裂、両者は開戦します。カンネーの戦いの逆手をとってローマ軍がカルタゴの作戦を封じ、大勝利しました（第二次ポエニ戦争）。

この結果、**カルタゴは全地中海での領土を失います**。莫大な賠償金を課せられたのですが、この難局を救ったのもハンニバルでした。カルタゴ内の反ハンニバル派が勢力を失ったため、彼が改革に着手し、賠償金の支払いも完遂します。ところがそのやり方に不満な勢力もおり、それに加え、ローマが急速なカルタゴの復興に危機感を持つようになったため、ハンニバルはセレウコス朝シリアに亡命しました。シリアはローマと戦い敗れますが、身の危険を感じたハンニバルは各地を転々とし、最後は自殺します。

第三次ポエニ戦争
――カルタゴを滅ぼし、地中海を征服するローマ

ハンニバル戦争で敗北した後、カルタゴはローマから、再起不可能とも思われるような厳しい講和条件を突きつけられました。しかしカルタゴはその義務を果たし、再び経済力をつけていきます。とくに農業生産力は侮りがたいものがあり、ここを視察した元老院議員で農学者でもあるカトーは、果物（いちじくといわれます）を食べ、その味のよさからカルタゴの豊かさを悟り、元老院での演説を「カルタゴは滅ぼされなければならない」という言葉で締めくくったという話が伝えられています。

そのような状況の中で、第二次ポエニ戦争後、カルタゴから独立した隣国のヌミディアが、カルタゴへの侵入をくり返すようになります。カルタゴはヌミディアとの戦争の許可をローマに求めますが、ローマはこれを認めませんでした。

カルタゴがついにしびれを切らし、ヌミディアと開戦したところで、ローマは第二次ポエニ戦争後の講和条約違反ということでカルタゴに宣戦、**カルタゴは足かけ3年**

にわたり抵抗しましたが、ついに陥落しました。ローマはその土地に塩をまき、農業もできないようにしたといわれます。生き残ったカルタゴ人が奴隷に売られたのはいうまでもありません。カルタゴは完全に滅亡しました。

この戦争のローマの指揮官はスキピオ・アエミリアヌス（小スキピオ）で、第二次ポエニ戦争でハンニバルと戦ったスキピオ・アフリカヌス（大スキピオ）の義理の甥《おい》になります。炎上するカルタゴを見ながら、随行していた歴史家のポリビオスに「ローマもいずれこのように滅びる日がくるのであろうか」という言葉を残したといわれていますが、カルタゴに対する対応は非常に厳しいものでありました。

ポリビオスは、スキピオと同じくカルタゴの炎上を見ながら『歴史（ローマ史）』を構想しましたが、この著作の中で、ローマの政体についても考察しています。一般に政治体制は王政・貴族政・民主政・衆愚《しゅうぐ》政と展開するという政体循環論《せいたいじゅんかんろん》を唱え、ローマは元老院（セナトゥス）・執政官（コンスル）・民会により貴族政・君主政・民主政の調和した混合政体であることを評価しています。この立場はのちの多くの政治学者にも影響を与えていきます。

ヘレニズム諸国への勝利とローマ帝政の始まり

ペロポネソス戦争後、ギリシアではマケドニアが台頭しました。そこに出たアレクサンドロス大王は前334年、ペルシアを討つため東方遠征に出発し、エジプトからシリア、ペルシア、インド北西部にいたるまで、広大な帝国を築きました。**アレクサンドロス大王の没後、その大統一が分裂してできた諸国家をヘレニズム諸国といいます**。バルカン半島には**アンティゴノス朝のマケドニア**、小アジア（今のトルコ）からシリア、さらにイランを越えて中央アジアにかけては**セレウコス朝のシリア**、エジプトには**プトレマイオス朝**、という3つの巨大な国家の他、ペルガモン王国やロードス島、それにユダヤ人の国家（ハスモン朝）などが存在していました。ローマはこれらの諸国を次々に併合していきます。

すでに、第二次ポエニ戦争のころからバルカン半島のマケドニアとの戦いは始まっていましたが、カルタゴから逃亡したハンニバルを追ってローマとマケドニアとの戦いは続き、第三次ポエニ戦争と同じころの4度目の戦争で、これを滅ぼしました。

アレクサンドロスの東方遠征とヘレニズム世界

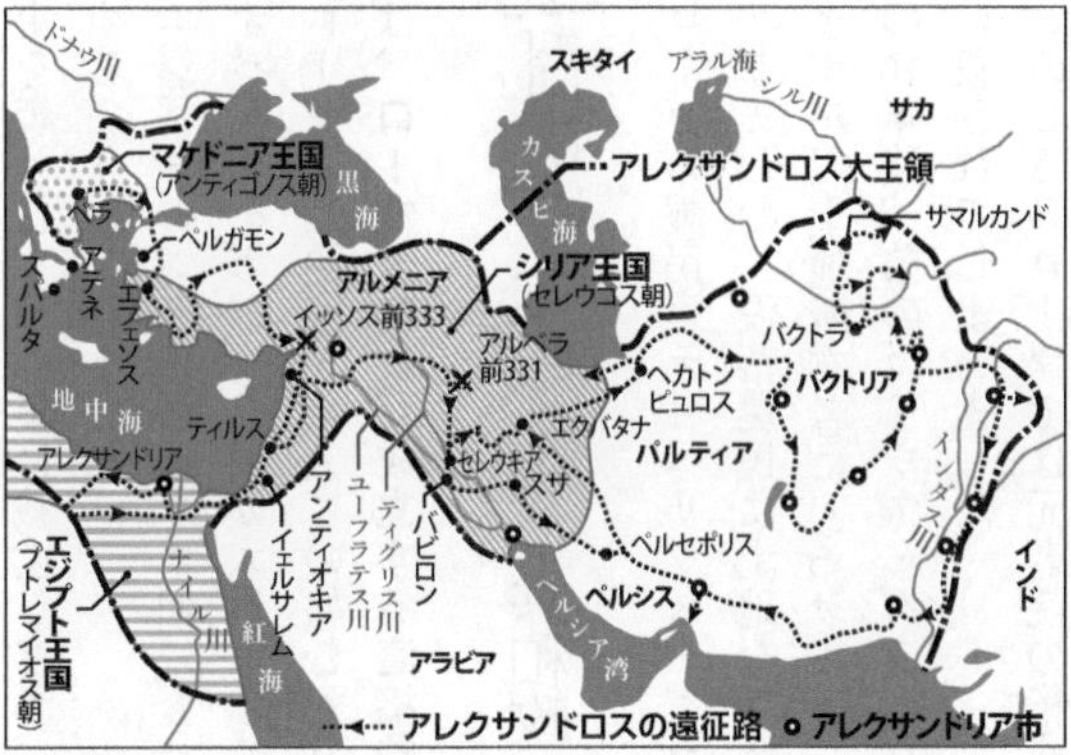

この過程で、マケドニアの支配下にあったギリシア人ポリスは解放されますが、代わってローマがそれらのポリスを支配することになりました。**ローマは徐々に帝国主義化していきます。**

ヘレニズム諸国の中で最大の国家はシリアでしたが、ここから、中央アジアではバクトリア、イラン高原ではアルサケス朝パルティアといった国々が独立します。小アジアではアッタロス朝のペルガモン王国、シリアではユダヤ人のハスモン朝も成立します。

ペルガモン王国は経済的にも文化的にも繁栄しましたが、アッタロス3世の死後、その遺言で領土はローマに譲渡されました。シリアは前2世紀からのローマとの戦いによって領土を奪われ、前63年に滅亡します。シリアの滅亡後、パルティアがローマと直接対立するようになりました。

エジプトのプトレマイオス朝にもローマの脅威がせまりますが、最後に君臨したクレオパトラをめぐって、カエサルとアントニウス、そしてオクタヴィアヌス（いずれもローマの政治家・軍人）の絡む対立の場となり、前30年、滅ぼされます。そしてそれは、**ローマで帝政が成立する直接的な前提**になりました。

混乱の一世紀——共和政から帝政への変革の時代

ローマの護民官ティベリウス・グラックスは、前133年にリキニウス法の復活をはかりました。没落農民に土地を与えたのです。どの程度まで行われたかは疑問もありますが、土地所有者にとってうれしいことではありません。結局は失敗に終わり、その10年後、弟のガイウス・グラックスも改革に取りくみましたが、兄弟ともに反対派に殺されてしまいました。

このころのローマでは元老院の権威に陰りが見えはじめていました。その証拠のひとつが、平民会を基盤にする**平民派（ポプラレス）**といわれる**政治勢力の台頭**にみられます。これに対するのは**閥族派（オプティマテス）**で元老院の権威を拠り所にする勢力ですが、彼らに比べ平民派の活躍が目立つようになってきたのです。

前2世紀の末ごろ、ローマはヘレニズム諸国のほか、北アフリカのヌミディア王ユグルタとも戦っていましたが、軍事力不足が問題になりました。このような時に出てきた平民派の**マリウス**は無産平民を私兵化し、その軍事力でヌミディア問題を解決し、さらに侵入してきたゲルマン人問題にも対応しました。

マリウスのように、自由な軍事力を持った有力者が政治権力を握ろうとして、混乱が混乱を呼びます。マリウスに反対したのが**閥族派《ばつぞくは》のスラ**ですが、彼は軍隊でローマを占領し、反対派を粛清するということまでやってのけるのです。

その混乱に乗じ、前91年、イタリア半島のローマの同盟市が平等な市民権を要求して反乱を起こしました（同盟市戦争）。また、**剣奴《けんど》スパルタクスが起こした反乱**に奴隷が呼応したのは前73年のことです。前者は平等な市民権を与えることで、後者は徹底的な弾圧で収拾されましたが、この後**ポンペイウス、クラッスス、カエサル**の3人が登場します。

3人は前60年、元老院に対抗して私的盟約を結びます。これを第1回三頭《さんとう》政治といいますが、クラッススはパルティアとの戦いで戦死、ポンペイウスはエジプトに逃れて暗殺され、ガリア（フランス）遠征で大成功をおさめた**カエサルが、前46年、独裁権力を樹立**しました。

ローマには独裁を嫌い共和政の伝統を重視する勢力が存在します。前44年、カエサルが終身ディクタトルに就任すると、ブルートゥスなど共和派勢力によって暗殺されました。ところが、共和派にローマを立て直す政治力はなく、カエサルの部下**アントニウスはカエサルの評判を利用しながら共和派を追放、レピズスとカエサルの養子オクタヴィアヌスの3人で、ローマ再建三人委員会を成立**させました。これが第2回三頭政治といわれるものです。

レピズスは三者の争いから失脚し、田舎に隠棲《いんせい》して生涯を終えました。本人の気持ちはいかばかりだったか、本当のところはよくわかりませんが、ローマの有力者で静かな晩年を送れた人物は少なかった時代、幸せな生涯だったといえるのかもしれません。

ローマ帝国の成立——全地中海を統一し、帝政が始まる

カエサルの養子オクタヴィアヌスと、カエサルの部下アントニウスの対立は、ローマとエジプトの対立に拡大されていきます。ほかのヘレニズム諸国同様、当時のエジプトもローマと対立していましたが、クレオパトラは親ローマの立場で、第1回三頭政治でカエサルとポンペイウスが対立した時は、元老院派ということでポンペイウスを援助しました。しかし、ポンペイウスはクレオパトラの弟プトレマイオス13世に殺され、そのプトレマイオス13世を倒したカエサルは、クレオパトラを伴いローマに戻りました。

カエサルが暗殺された後、クレオパトラはエジプトに戻りますが、カエサルの部下だったアントニウスを味方に取りこみエジプトの安定をはかります。クレオパトラとの仲を深めたアントニウスはオクタヴィアヌスの姉と離婚、オクタヴィアヌスにしてみれば、自分の姉と結婚していた父の部下が、エジプトと組んで裏切ったということになり、関係は悪化しはじめました。ローマ市民にもアントニウスの行動は反ローマ

的と映るようになり、オクタヴィアヌスがアントニウスに宣戦しますが、これは2人の私闘ではなく、ローマ対エジプトの戦いになっていました。

前31年、両国の海軍はバルカン半島の西海岸、アクティウムで激突しました。ローマ軍は苦戦していたのですが、クレオパトラはいち早くエジプト軍を撤退させ、それを見たアントニウスも後を追いました。アレクサンドリアでアントニウス、クレオパトラともに自殺、ここにプトレマイオス朝は滅亡し、**ローマの全地中海制覇が実現しました**。

ローマに戻ったオクタヴィアヌスには前27年、「アウグストゥス（尊厳者）」の称号が与えられます。これは**実質は帝政の始まり**といっていいのですが、オクタヴィアヌス自身は「**プリンケプス**」と自称し「ローマ第一の議員」「筆頭元老院議員」としてふるまい、あくまでも市民の代表であることにこだわりました。このため前27年に始まる政体を「**元首政**《げんしゅせい》（プリンキパトゥス）」といいます。

これに対し、3世紀の末に即位するディオクレティアヌスは「ドミヌス」（奴隷に対する主人）の称号を使うようになり、**名実ともに専制君主になります**。これは「ドミナトゥス（専制君主政）」といわれます。

ポエニ戦争がもたらしたもの

ローマはほぼ1000年の歴史を誇ります（東ローマ帝国などを含めたらもっと長くなりますが、ここでは前6世紀末の建国から、後476年の西ローマ帝国の滅亡までを考えています）。その1000年の歴史の前半の500年が共和政時代になります。ここで主題にしたポエニ戦争は、前264年から前146年、つまりそのちょうど真ん中から1世紀半ほどの間で3回にわたって戦われ、**地中海の大貿易国家カルタゴを滅ぼした戦争**になります。

ポエニ戦争を始める前にローマはイタリア半島を統一していました。その過程でも政治・社会のあり方は変わっていたのですが、**地中海に踏み出すことによって、その変化はさらに大きなものになりました**。元老院を中心にして保持されていたローマの体制が維持できなくなってしまったのです。100年間の試行錯誤の後にローマが選んだ体制が元首政になります。実質は皇帝専制体制に等しいにもかかわらず、市民のナンバーワンが行う政治としていたところに、共和政の伝統をなんとか維持しようという苦渋が垣間見えてしまいます。

話はすこし変わりますが、今日、世界には200を超える「国家」があります。その中にはヴァチカン市国のように、国民国家という範疇《はんちゅう》では理解できない国家もありますが、ほとんどの国家は、言語に代表される共通の文化基盤をもつ国民によって構成されているのが普通です。そしてこのような国民国家は、19世紀以降湧きあがってきたナショナリズム（国民主義）を背景に、建設されるようになったものです。

では、古代ローマの場合、ローマをひとつの国家にしていたものは何だったのでしょう。個人的な意見になりますが、**戦争がローマ人を団結させていた**、ローマ人意識を涵養《かんよう》していたということができるのではないでしょうか。

ローマを語る時しばしば出てくる言葉に「**パンとサーカス**」があります。ポエニ戦争後に没落した中小農民の要求を、象徴するとされている言葉です。人間は食べないと生きていけませんからパンは不可欠でしょうが、サーカスというのはどういうことでしょう。これは円形闘技場での競技など、為政者が市民に与えた見世物のことです。時に残酷な見世物になる剣奴の決闘ですが、見方を変えれば、雄々しく戦う人間の姿にローマ人は鼓舞されたということはできないでしょうか。

前6世紀末の「独立」以来、ローマの歴史は戦争の連続でした。戦争を積みあげた結果がローマ帝国ということもできるのです。そして、戦争では勝たねばなりません。おそらくローマの市民は、残酷さを求めていたというより、戦う勇気を得るためにそれに熱狂したのではないでしょうか。

ローマの軍団も時代がくだるにしたがってあり方を変えていきます。帝政も後期になると傭兵を使うことが多くなり、それに対応するかのように、ローマは領土拡大戦争をやらなくなってきます。もちろん、これ以上領土を広げても、支配しきれないという状況にはなっていきました。それより、ローマ領内に侵入してくる周辺民族からの防衛が主任務になり、市民軍団ではない、傭兵が軍隊の主流になったことがローマの衰退に連なっていったとも考えられます。

キリスト教――東方の辺境で生まれた世界宗教

普遍的な世界宗教に育っていくキリスト教が、**ローマ帝国の成立とほぼ同時期に誕生**するのは暗示的ともいえます。さてそのローマの宗教ですが、ローマ人は戦争はもちろんのこと、日常生活をさまざまな宗教儀礼とともに行ってきました。そのような多神教世界のローマ人にとって、キリスト教というのは不思議な宗教でした。おそらく、ユダヤ教とキリスト教の区別もつかない、奇妙な宗教として捉えられていたはずです。

使徒たちの布教が功を奏し、キリスト教はローマ社会の貧民や女性、奴隷など、現実の世界では救済を期待できない人々を中心に信者を増やしていきました。さらに時代がくだると、支配階級にも信仰する者が出てきます。

しかし、一神教のキリスト教は、ローマで神のように崇められる皇帝の存在との間に確執を引き起こします。ローマの神々の儀式には出席せず、皇帝崇拝を拒否するキリスト教徒は体制によって迫害されました。ネロからディオクレティアヌスまで、しばしば大規模な迫害が行われましたが、信者が多くなり、それ以上の迫害はかえってローマの分裂につながりかねないという状況が出てくると、4世紀初め、自らもキリスト教徒であった**コンスタンティヌス大帝はミラノ勅令を発布し、キリスト教を公認**します。さらに、4世紀の末にテオドシウスによって国教化されると、キリスト教は逆に他の宗教を排除しはじめます。

ここに成立したキリスト教共同体は、ローマ帝国が滅んだ後も維持されていきます。中世のヨーロッパがキリスト教世界になるのは、ローマの精神が継承されていったことが前提になるのはいうまでもありません。

Column

ローマの宿敵、フェニキア人は商業の達人だった

ポエニ戦争でローマの相手になるカルタゴ人＝フェニキア人は、ローマより早く地中海で活躍していました。登場するのは「フェニキア」人なのに、それがどんな曲折を経て「ポエニ」になるのか、最初は首をかしげてしまうのではないでしょうか。

フェニキア人の居住地は、ギリシア語で「Phoinike」といわれていました。これがラテン語になると「Phoenici」となり、「ポエニ」はここに由来しています。ちなみに、カルタゴはフェニキアの言葉で「Kart Hadasht（新しい町）」が語源だとする説が一般のようです。

前1200年ごろの「海の民」による東地中海沿岸での略奪活動が一段

落した後、フェニキア人は地中海各地に発展し、交易活動を始めます。本国レバノンの地は、やがてアッシリアによって支配され、フェニキア人の自由はなくなってしまうのですが、代表都市ティルスの人々はそのような状況を予感していたのか、拠点を今日のチュニジアに移していました。そこで建設された都市がカルタゴです。本国の衰退を横目に、カルタゴは長く繁栄します。

フェニキアの交易には、面白いところがあります。「沈黙交易」と呼ばれる方法なのですが、言葉の通じない相手との交易では、まずフェニキア人が品物を海岸に並べ、姿を消します。原住民がそれに見合うと考える金を並べ、これまたいったん姿を隠します。そこに戻ってきたフェニキア人が満足なら金を持ちかえり、不満足ならそのままにする。これを双方が満足するまでくり返すという方法です。フェニキア人に利があったようですが、彼らがもたらすものが魅力的だったからでしょう。

白村江《はくすきのえ》の戦い

Battle of Baijiangkou

7世紀初め、隋《ずい》に代わって唐《とう》が成立したが、これが高句麗《こうくり》・新羅《しらぎ》・百済《くだら》3国が鼎立していた朝鮮や日本の歴史にも大きな影響を与えることになった。新羅は唐に接近し、両国は660年百済を滅ぼす。日本は百済を支援して大軍を派遣し、663年、百済の残存勢力とともに唐・新羅連合軍と白村江で戦った。

日本軍は敗北して百済の再興はならず、またこれにより日本の大陸政策も破綻した。高句麗は、668年、唐と新羅に挟撃され滅亡、新羅が半島を統一した。日本でも国家体制の整備が進み、701年日本初の本格的な律令である大宝律令《たいほうりつりょう》が発布された。

663

「東アジア世界」「東アジア文明圏」という言葉が指すもの

比較的よく使われる歴史用語に「東アジア文明圏」とか「東アジア世界」があります。「**東アジア世界は中国文明の影響を受けながら形成され、中国を中心にして歴史が展開されていく世界（地域）である**」というように説明されます。実際、朝鮮半島の諸国や日本、それにヴェトナム、さらにはチベットやモンゴル高原に成立した国々は、直接的な戦争を行ったほか、政治体制や漢字、思想（儒教や仏教など）を中心に多くのものを中国から学んでいます。もちろん、中国が周辺諸国から学んだものもありますが、圧倒的に中国の影響力の方が大きかったことはたしかです。

中国と東アジア世界の諸国との関係で、**比較的関係が早かったのが朝鮮とヴェトナム**で、前2世紀中ごろ、中国では前漢の中ごろ、武帝が朝鮮半島の北部に楽浪郡《らくろうぐん》をはじめとした4郡を、中国の南部からヴェトナム北部に交趾郡《こうしぐん》など9郡をそれぞれ置いたことから始まります。日本は前1世紀、朝鮮半島を経由して中国の文化を学んでいたと推計されていますが、それは『漢書』の「地理志」に残されている、倭国の使節が楽浪郡を訪れているという記述からも裏づけられます。

2世紀末から6世紀末までのほぼ4世紀間、中国は、まとめて**魏晋南北朝《ぎしんなんぼくちょう》時代**といわれる**大分裂期**になります。4世紀からの朝鮮半島は新羅・百済・高句麗の3国の対立する時代になります。日本は3世紀の邪馬台国の卑弥呼《ひみこ》の時代から徐々に強大な権力者が出現し、渡来人によって朝鮮半島や中国との関係が緊密なものになっていました。

6世紀末~7世紀初め、中国では隋に続いて**唐が大帝国を建設し、律令を整備し、秦・漢帝国以来の皇帝専制体制を再編・強化**しました。これが朝鮮や日本にも大きな影響を与えたことはいうまでもありません。日本では大和政権のもとで中央集権化が急がれますし、朝鮮半島でも最終的には新羅による半島の統一が実現します。白村江の戦いは、そのような一連の動きの掉尾《ちょうび》を飾る大事件だったともいえるのです。

1〜3世紀の東アジア世界――小国家群立の混乱時代

王莽《おうもう》によって滅ぼされた漢は、西暦25年、劉秀（光武帝）によって復活します。この王朝は200年あまり、前漢の体制を継承しながらほぼ安定して維持されます。しかしここでは官僚になった豪族に対し、宦官や外戚などの反目が激しく、農民への収奪も厳しかったため、不満が渦巻いていました。

2世紀中ごろの党錮《とうこ》の禁《きん》（宦官による批判勢力弾圧事件）に続く、黄巾《こうきん》の乱（民間信仰の太平道の指導者、張角が指導した農民反乱）により大きく動揺し、曹操《そうそう》・劉《りゅう》備《び》・孫権《そんけん》による覇権を賭けた争いは、208年に行われた**赤壁《せきへき》の戦い**（曹操に対し劉備・孫権の連合が勝利）の結果、三国鼎立が決定しました。220年に曹操の息子の曹丕《そうひ》が**魏**を建国したのに続き、劉備が**蜀**、孫権が**呉**を建国し、**三国時代**が始まります。彼らを支えて諸葛亮（孔明）や司馬懿《しばい》（仲達）、関羽《かんう》、張飛《ちょうひ》などの英雄が活躍する時代です。

3世紀後半、魏が蜀を滅ぼした後、司馬懿の孫の司馬炎《しばえん》が**西晋《せいしん》**を建国し、南方の呉を滅ぼして、一時的に中国の統一に成功します。ところがすぐに一族の対立（八王《はちおう》の乱）が起こり、さらに**五胡**《ごこ》（**匈奴**《きょうど》・**羯**《けつ》・**氐**《てい》・**鮮卑**《せんぴ》・**羌**《きょう》）といわれる北方民族が侵入を開始、4世紀の初めには匈奴の劉淵《りゅうえん》による首都陥落（永嘉《えいか》の乱）によって滅亡して、華北は五胡が小国家を群立させる**五胡十六国時代**になります。

この時代、朝鮮半島では、楽浪郡に対抗して**高句麗が台頭**してきます。楽浪郡には遼東《リャオトン》地域の有力者、公孫氏《こうそんし》が出て体制の強化のため楽浪郡を二分し、南に帯方郡《たいほうぐん》を置きます。3世紀中ごろ、魏の武将の毌丘倹《かんきゅうけん》は高句麗を圧迫し、楽浪郡・帯方郡を魏の支配下に編入しました。魏に遣いした卑弥呼の使者がこの帯方郡を経由しているのは「魏志倭人伝《ぎしわじんでん》」からうかがい知ることができます。

後漢時代、倭国（日本）が後漢に朝貢した記録が『後漢書《ごかんじょ》』の「東夷伝《とういでん》」に残されています。有名な光武帝の末年である57年のことで、光武帝から「**漢委奴国王**《かんのわのなのこくおう》」を刻んだ「金印」が授けられています。2世紀の初めには倭の国王の帥升《すいしょう》が生口《せいこう》（奴隷）160人を献上したという記録もあります。当時の日本は、まとめて「倭」と呼ばれていましたが、小国が群立し、それぞれが覇を競いはじめていた時代です。『後漢書』にも大きな混乱があったことが記されています。

3世紀になると、2世紀以来の混乱を収拾し、邪馬台国を中心にした30国あまりの連合国家が成立します。その頂点に立ったのが**卑弥呼**で、彼女は魏に朝貢し、「**親魏《しんぎ》倭王《わおう》**」の称号や銅鏡を授けられました。卑弥呼の死の後、邪馬台国は混乱します。壱《い》与《よ》が位につき安定したという記録もあり、さらに266年、魏に代わった西晋に使節を送りましたが、それ以後150年あまり、中国の史料に倭の記録は出てきません。

この時代の日本では、巨大な墳墓が作られるようになります。これは巨大な権力者が出てきたことを意味しており、最近注目される箸墓《はしはか》古墳《こふん》（奈良県）を卑弥呼の墓所とする説も出てきています。巨大な古墳は大和地方に多く、ここを中心にしたヤマト政権の権力は、4世紀には、東北地方中部にまでおよびました。

4〜5世紀の東アジア世界
——朝鮮の三国対立と、倭国の進出

4世紀の中国は華北には五胡十六国、江南には西晋の一族、司馬睿《しばえい》が建国した**東晋**

があり、**南北に大きく分裂**していました。五胡十六国のひとつ、**前秦**は一時的に華北を統一し、苻堅《ふけん》が南下して東晋とも戦いますが、淝水《ひすい》で敗れます。東晋は体制を維持しましたが、五胡十六国への脅威から軍人の台頭が目立つようになりました。

５世紀の初め、劉裕《りゅうゆう》が**宋**を建国します。以後、斉《せい》・梁《りょう》・陳《ちん》と王朝が続きますが、**これらをまとめて南朝**《なんちょう》といいます。この宋の記録『宋書』に日本の「倭の五王」といわれる諸王が朝貢した記録が残されています。なお、三国の呉や西晋も含めて、江南に展開した王朝をまとめて六朝といいますが、とくに西晋から南朝の時代、華麗なる貴族文化が生まれたことで知られます。絵画や書において王羲之《おうぎし》や顧愷之《こがいし》などの作品、梁の昭明太子《しょうめいたいし》が古今の名文を集めて編纂《へんさん》した『文選《もんぜん》』などの珠玉の名品が残されています。

前秦が淝水の戦いで東晋に敗れ、弱体化しはじめた３８６年、鮮卑族の拓跋珪《たくばつけい》が**北魏**を建国します。この国で第３代に出た太武帝《たいぶてい》が４３９年に**華北を統一**しました。

４世紀の朝鮮半島は新しい発展の時代になります。半島南部では、馬韓《ばかん》、弁韓《べんかん》、辰《しん》韓《かん》の三韓がそれぞれ統一への動きを示しますが、そんな中、長く中国の支配下にあった楽浪郡は３１３年、高句麗や馬韓《ばかん》の攻撃で消滅、その土地は両者が併合します。このような動きの出てきた半島南部で、馬韓の地にあった小国がまとめられ百済《くだら》になりました。同じく辰韓《しんかん》の地では新羅《しらぎ》が成立します。

半島南部の中央部、馬韓と辰韓にはさまれた弁韓には伽羅《から》（伽耶、伽倻などの表記もあります。日本名では「任那《みまな》」と呼ばれました）の諸国がありました。この地域の小国は、新羅や高句麗の攻撃をよくかわしていたとされますが、この過程で伽羅の百済や倭との関係が緊密化したものと考えられます。この地域は鉄の鉱山があり、倭にとってはこの鉄が不可欠な物資になっていました。

4世紀の末に高句麗に出た好太王《こうたいおう》は、南方への拡大を精力的に行います。この過程で半島南部の鉄資源を求める倭との対立も深刻化し、倭と高句麗の間に戦いが起こりました。好太王碑文はこの時代のことを記す一級品の史料になりますがその解釈をめぐっては諸説が対立しています。倭は、高句麗との戦いの中で多くのものを学びました。そのひとつに騎馬戦術があります。これは5世紀になって、古墳に馬具が埋葬されるようになることなどからもわかります。

このような状況を受けて、5世紀になると倭に出た讃《さん》・珍《ちん》・済《せい》・興《こう》・武《ぶ》の5人の王は南朝の宋に朝貢して、朝鮮半島での立場を有利にするように要請します。この時、宋は、百済に関してはそれを認めません。その背後には宋にとって直接の脅威である北魏に対し、北方からけん制する勢力として百済を考えていたからとも解釈されます。この時代、半島をめぐり厳しい国際関係が存在したことがうかがえます。

6~7世紀の東アジア世界――❶隋唐帝国の成立

この世紀の末581年、文帝《ぶんてい》（楊堅《ようけん》）によって建国された**隋**《ずい》は、589年、南朝の陳を倒し中国の再統一を実現しました。後漢末の黄巾の乱の混乱以来、**ほぼ400年ぶりに強力な安定政権が成立**したことになります。

隋では、魏晋南北朝時代の王朝で行われた均田制（成人男子やその妻に耕地を支給する制度）や府兵制（均田制で土地を支給された農民を徴兵する制度）、租庸調《そようちょう》制（均田制に基づく税制）などを国家の基本にし、官吏登用のため九品中正法《きゅうひんちゅうせいほう》に代わり学科試験に基づく選挙（**科挙**《かきょ》）を実施しました。試験を採用することで、上級官吏を世襲してきた家柄（門閥《もんばつ》）にとらわれずに優秀な人材を集め、強力な集権国家の建設をはかったのです。

隋・唐時代のアジアと隋代の運河

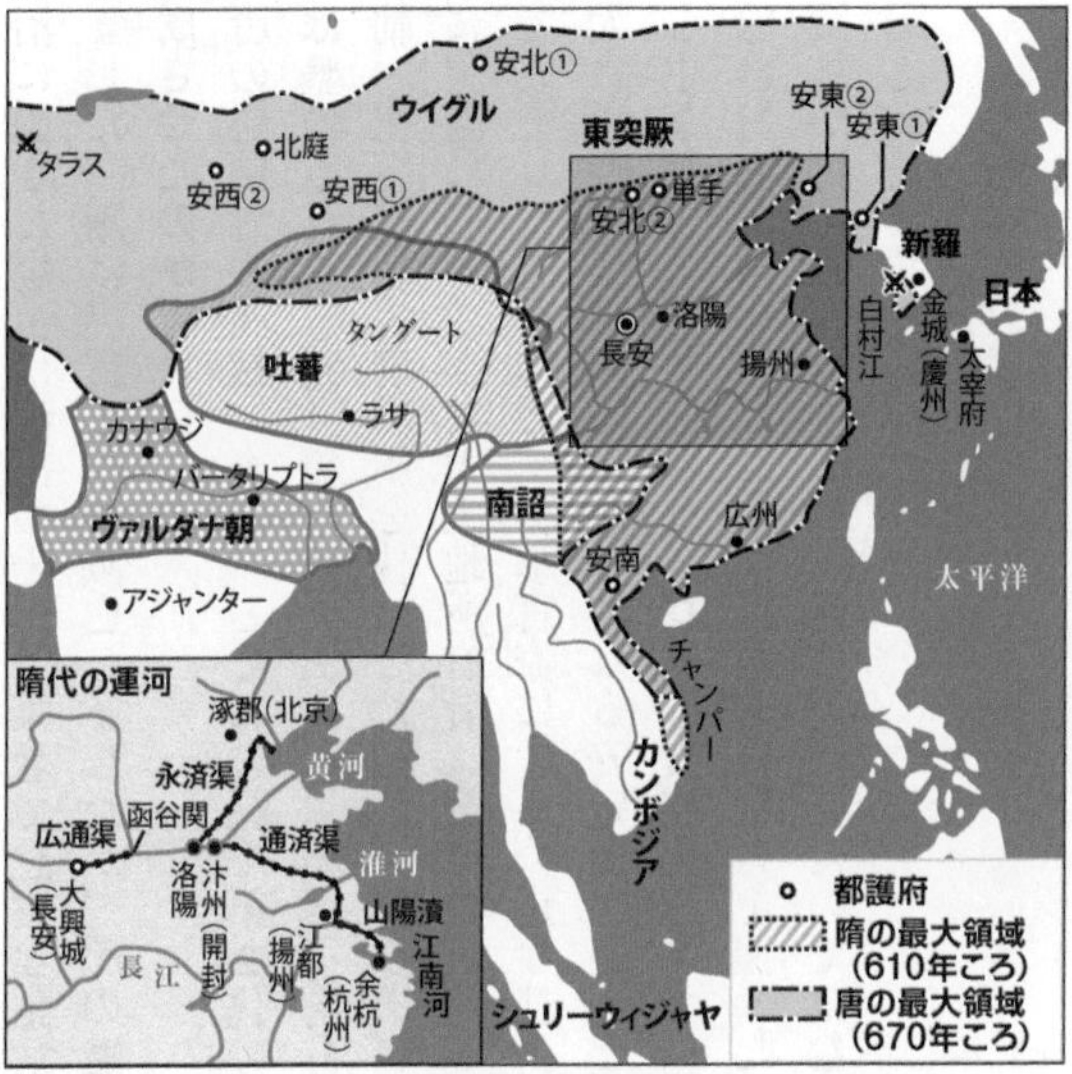

2代目の**煬帝**《ようだい》（楊広《ようこう》）は、都の大興城《だいこうじょう》と黄河、当時涿郡《たくぐん》といわれた北京から黄河、さらに黄河沿いの洛陽《らくよう》と揚子江の揚州《ようしゅう》、その南方の杭州《こうしゅう》をそれぞれ結ぶ運河を完成させ、華北と江南の関係を緊密なものにしました。これは**江南の経済力が非常に大きなものになっていた証**といえます。

煬帝はモンゴル高原の突厥《とっけつ》と高句麗の接近を嫌い、3度にわたって高句麗遠征を行いますが、抵抗が激しくこれは失敗に終わります。しだいに政治に飽きた煬帝は江南の揚州で豪奢《ごうしゃ》で怠惰な生活を送るようになり、部下に暗殺されました。隋は実質2代で滅亡しましたが、**その遺産を継承しながら、強固な体制を完成させたのが唐になります。**

唐の建国者の**高祖**《こうそ》（李淵《りえん》）とそれに続く第2代の**太宗**《たいそう》（李世民《りせいみん》）によって、唐の体制は整備されました。律令格式の法体系を完成させ、三省六部《さんしょうりくぶ》の官僚制を整え、均田制・租庸調制・府兵制を核にした国家を作りあげます。さらに、それまでの歴史で常に問題になってきた大土地所有者（豪族や貴族といわれる地主たちで、官僚を独占していました）を抑え、科挙官僚による公正な社会を目指しました。

太宗の時代は貞観《じょうがん》の治《ち》といわれる安定期を迎えますが、現実は甘くなく、旧来の貴族も生き延びますし、新しい官僚も貴族化します。それに加えて宦官も力を持ち、三《み》つ巴《どもえ》の対立が続きました。7世紀末に権力を握った唯一の女性皇帝、**則天武后**《そくてんぶこう》の時代に貴族が抑えられ、すこし理想に近づいたのではないかと考えられているのは皮肉なことといえます。

6〜7世紀の東アジア世界

——❷朝鮮、日本の国家統一への動き

新しく成立した唐帝国も、隋の政策を踏襲して高句麗に遠征を続けました。一方、**高句麗の侵攻に苦しんでいた新羅は唐との関係を強化**しましたが、このことが新羅と日本の関係を微妙なものにしました。

そもそも新羅では、伽羅（任那）問題などから日本とは深い関係（日本は伽羅から鉄を輸入していました）がありました。しかし百済と高句麗から激しく攻められるようになると、朝鮮半島でも高まっていた統一への気運も相まって、新羅は唐の支援を要請するようになります。これが日本との関係を疎遠にしていく一因になります。

一方の百済では、伽羅問題から新羅との関係が悪化すると、倭（ヤマト政権）との関係が緊密化します。百済から五経博士《ごきょうはかせ》（五経を研究する中国の学官）が来日したり、仏教が伝えられたりするのは、当時の両者の関係を象徴しています。6世紀後半、伽羅諸国が新羅に奪われると、百済は南朝の陳や北朝の北斉、北周との関係を強化

し、581年、隋が建国されて中国が統一されると、隋に朝貢を開始します。

7世紀になると、高句麗と隋は3度にわたり戦います。朝鮮3国の関係は比較的平穏でしたが、世紀中ごろになると、それぞれに統一への意思を強めていきました。ちなみに、朝鮮3国が相対立する大混乱の時代に、戦乱を逃れて移動する人々もいました。日本の古代史では「渡来人《とらいじん》」といわれる人々です。彼らにより、大陸の進んだ思想や技術が日本に伝えられました。

6世紀末から7世紀半ばにかけての日本の内政は、重大な変革期になります。同世紀中ごろ仏教が日本に公式にもたらされていましたが、崇仏《すうぶつ》派の蘇我《そが》氏とそれに反対する物部《もののべ》氏が対立、勝利した蘇我氏は厩戸王子《うまやどのおうじ》（聖徳太子《しょうとくたいし》）と協力し、国家体制を整えるため冠位十二階や十七条憲法を制定しました。また遣隋使を派遣して中国の新しい制度や思想・技術などを学びました。この時使節は、かつて倭の五王が行ったように中国に臣礼するという形式をふまなかったため、煬帝の怒りを買いましたが、朝鮮半島情勢から倭との対立を望まなかった煬帝は、それを黙認します。

その後、蘇我氏が勢力を伸ばし、聖徳太子の子の山背大兄王《やましろのおおえのおう》を殺すなど権力への野望が目立つようになると、皇太子の中大兄皇子《なかのおおえのおうじ》は藤原鎌足《ふじわらのかまたり》などとはかり645年、蘇我氏を倒します（乙巳《いっし》の変《へん》）。中大兄皇子は帰国した遣唐使の学者の意見を取り入れ、中央集権国家の建設を目指しました。ここで行われる一連の改革が「**大化《たいか》の改《かい》新《しん》**」です。地方行政制度が整備され、あわせて全国的な土地人民の把握が進められました。

白村江の戦い――混乱に終止符をうった大事件

唐との関係を強めていた新羅では、660年に唐との軍事同盟が成立、連合軍は百済を滅ぼしました。百済の王族の鬼室福信《きしつふくしん》は**日本に支援を要請**します。時の斉明《さいめい》天皇と中大兄皇子は兵士をつのりながら九州にいたりました。661年、百済の王子豊《ほう》璋《しょう》に5000の軍隊をつけ、軍事物資とともに百済に帰還させました。翌年、さらに2万7000の軍隊と軍船を派遣しました。鬼室福信は帰国した豊璋とともに、新羅に対して百済復興の戦闘を始めました。

しかし、百済の王室内での豊璋と鬼室福信の確執、派遣された日本の武将と百済の将軍たちの間の対立などで、豊璋が福信を殺すという事態になります。この混乱に乗じて、663年、唐と新羅の連合軍は海陸から百済を攻撃しました。武烈王《ぶれつおう》（金春秋）の下で、金庾信《きんゆしん》の指揮する新羅軍は、陸上の戦いで百済に壊滅的な打撃を与え、豊璋は高句麗に逃亡しました。

これに続いて8月27〜28日、倭の軍船は白村江《はくすきのえ》（錦江《きんこう》）に向かいますが、待ちかまえていた唐の軍船に打ち破られました。400艘《そう》ともいわれる倭の艦隊は、火矢を使ったり、左右から挟撃するなど唐軍の巧みな作戦の前に惨敗しました。寄せ集めの軍団で、統一的な指揮系統がなかったことも敗因とされています。難を逃れた倭の軍船は、百済の敗残兵や難民を乗せて帰国の途につきました。百済再興の夢は完全についえたことになります。

この時、多くの戦死者が出ました。同時に捕虜になった兵士も多く、彼らは奴隷に売られ、異郷の地で寂しく一生を終えたことでしょう。幸運にも故国に帰れた者もいましたが、帰国後は、日本も大きく変わっていたのです。

新羅・渤海・唐・日本の勢力均衡体制

唐と新羅の連合軍は、白村江の戦いの勝利の勢いで668年、高句麗を滅ぼしました。これは**新羅による半島統一**を意味しますが、新羅にとって、今度は唐の存在が脅威になってきます。実際唐は、高句麗を滅ぼした段階で平壌《ピョンヤン》に安東都護府《あんとうとごふ》を設置して、朝鮮へのにらみを利かせるようになります。670年から唐と新羅は戦闘状態になりますが、この戦争は676年、新羅の勝利に終わり、唐は安東都護府を遼東に撤退させました。

このころ、滅亡した高句麗の遺民たちは大祚栄《だいそえい》に率いられ、満州に新国家を建設します。これが**渤海**《ぼっかい》で、698年の建国当時は震国《しんこく》と呼んでいました。唐とも対立しましたが、唐もその力を認め、713年には渤海郡王として認められます。

8世紀の半ばになると、渤海は唐と対立しました。この時新羅は唐を支援したため、唐との関係が改善した後も、渤海と新羅との敵対関係は続きました。そのような国際関係の中で、渤海と日本は友好関係を維持しました。

統一新羅では、中央集権国家の建設のため、唐の制度の導入がはかられます。官僚制の軸になったのは骨品制《こつぴんせい》という氏族的な血縁関係でした。さらに仏教を採用し、都の慶州《けいしゅう》を中心に華麗な仏教文化が開花し、その影響は日本にもおよびました。

日本では、白村江の戦いに先立って661年、斉明天皇が亡くなります。その継承者である中大兄皇子は668年まで位につかず、白村江の戦いの指導や敗戦後の国防の強化などにつくし、668年には天智《てんじ》天皇として即位します。彼は人民の把握のため戸籍の整備など中央集権体制の確立に尽力しました。

彼の死後、壬申の乱がおき、勝利した大海人皇子《おおあまのおうじ》が天武天皇になります。彼の時代から「大王」に替えて「天皇」の称号が使われるようになり、**日本の国家体制は名実ともに強固なものになっていきます。**

中国を中心とする国際秩序、「冊封体制」とは

1世紀から7世紀までの東アジア諸国は、比較的安定した社会を実現した後漢帝国は別格として、最初の200年ほど大いなる混乱の時代でした。朝鮮や日本は国家帝

政を形成しつつある時代になります。それが6〜7世紀になると、中国では隋唐帝国が成立し、社会に安定が戻りました。東アジアでも、日本や新羅の統一国家が誕生し、渤海も含めて**国際関係全体も安定**します。**その最後の段階が白村江の戦い**だったともいえます。

このころ、東アジアだけでなく、中国の周辺諸地域も安定していきます。中国の南部では、独立国家にはなっていませんがヴェトナムが、中国の権威を受け入れながら安定します。北部のモンゴル高原では突厥、さらに続いてウイグルが国家を建設します。唐は中央アジアにまで覇権を拡大します。西部ではチベットに吐蕃《とばん》が国家を建設しました。

これらの諸国は多かれ少なかれ、みな中国の影響を受けるのですが、政治的にも、その影響下に編入されます。つまり、中国の皇帝から、その臣下を意味する「王」の称号をいただき、**一種の封建制ともいえる関係**を結ぶのです。このような体制を**冊封《さくほう》体制**といいます。現代的な感覚からいくと多くの問題が出てきますが、東アジアに安定がもたらされたことだけは確かといえましょう。なお、日本はこのような関係を嫌い、対等な外交を実現しました。

トゥール・ポアティエの戦い

⚔ Bataille de Poitiers

7世紀にアラビア半島で勃興したアラブ・イスラム勢力は、8世紀の初めイベリア半島を制圧し、その勢いでピレネー山脈を越えて北上、フランク王国領内に侵入した。フランス南西部の諸侯から支援を要請されたフランク王国の宮宰《きゅうさい》、カロリング家のカール・マルテルはこれに応え、トゥールとポアティエの間でアラブ・イスラム軍を迎え撃ち、彼らを撤退させて西ヨーロッパのキリスト教世界を守った。

イベリア半島でのキリスト教徒側の反撃は、11世紀ごろから本格化しは

732

じめる。一方、フランク王国ではカロリング家の立場が強化され、751年、ピピンのクーデターでカロリング朝が成立することとなる。

歴史は人間の移動によって作られた?

歴史には「アーリア人の移動」や「バビロン捕囚」「ゲルマン民族の大移動」「ウイグルの西走」「黒人奴隷貿易」「天命の膨張」といった言葉で残されているように、集団で行われた、あるいは強制された「移動」や「移住」が数限りなくあります。「人生は旅」「諸行無常」といった言葉もありますが、歴史の大変動の中で、人生が大きく変えられてしまうのは、避けられないことなのかもしれません。

そもそも現代世界の民族の分布というのは、長い時間をかけて、歴史的に作られてきたものです。否、見方を変えれば、移動の中で歴史が作りあげられてきたといえるかもしれません。そしてこの方が真実に近いのではないかと思うこともあります。

皆さんは、「ピレンヌ・テーゼ」という試論をご存じでしょうか。これは20世紀初めに発表され、歴史学界に衝撃を与えました。今日では批判的に語られることの方が多く、実際、その批判は当たっていて「テーゼ」は見直しが必要なようですが、それにもかかわらず、魅力的な歴史の見方です。これは次のようなものです。

西ヨーロッパの主要民族はゲルマン人です。彼らはローマ期の混乱の中で、ローマ領内に入りこみ、各地に国家を建設しました。ところが、7世紀になると、アラブ・イスラム勢力が南イタリアを含めて地中海を制圧してしまいました。これによって内陸に閉じ込められる形になったゲルマン人が、ローマ文化やキリスト教を継承しながら新しい歴史的世界を作った。これが「ヨーロッパ」である。というのが、ベルギーの歴史家ピレンヌの説いた「ピレンヌ・テーゼ」です。これを端的に象徴する言葉が「ムハンマド（マホメット）なくしてシャルルマーニュ（カール大帝）なし」になります。いうまでもありませんがムハンマドはイスラム世界を、シャルルマーニュはヨーロッパを象徴しています。

この章でとりあげるトゥール・ポアティエの戦いは、イベリア半島に入ってきたイスラム勢力が、それ以上の拡大をフランク王国にしりぞけられた戦いです。この段階でのイスラム軍に、ヨーロッパ（といわれるようになる）世界を完全制圧する気持ちがあったかといえば、おそらくそのような気持ちはなかったでしょう。侵略者に勝利した戦争に対する歴史的な評価は、時代がくだるにしたがって大きくなるだけでなく、権力者はそれを国家建設に利用し続けるものです。国内の矛盾を対外政策で解消していくというのはよく行われてきたことですが、それとまったく同じことだといえます。

イベリア半島でのキリスト教徒によるイスラム教徒支配に対する反抗、レコンキスタ（国土回復運動）は、十字軍と並んで本格化していましたが、13世紀に行われたこの戦いによって大きなヤマを乗り越えたといわれます。この章では、その間、ヨーロッパ世界がどのように建設されていたかを説明します。

ヨーロッパの中核になった、フランク王国

古代ローマ帝国の末期、ゲルマン民族のローマ領内侵入は、西ゴート族のドナウ渡《と》河《か》から始まりました。その結果、以後４００年あまりにわたり、旧西ローマ帝国内に

いくつかの国家を興亡させました。

きっかけを作った西ゴート族は最終的にイベリア半島に建国します。その前にイベリア半島に建国していたヴァンダル族は、追い出されて北アフリカに移り、チュニジアを中心に建国しました。東ゴート族はイタリア半島に建国しましたが、帝国の再統一をはかる東ローマ帝国に攻撃され滅ぼされます。その後、イタリア半島の北部にはランゴバルド族が建国しますが、これはフランク王国によって滅ぼされました。

メロビング家のクローヴィスに始まるフランク王国は、ドイツからフランス方面へと拡大するように移動しました。ほかのゲルマン諸族が、故地から遠く離れた地域に移動・建国したために勢いをなくし、やがて滅ぼされたのに対し、彼らは地続きで拡大していったため、国家が維持されました。とはいうものの、当時は分割相続《ぶんかつそうぞく》が普通だったため、分裂傾向は常にはらんでいたのですが。なんとか統一が保たれたのは、キリスト教の正統教義であるアタナシウス派を採用していたことが一因になっているかもしれません。ローマ教会と友好的関係が維持できたため、ローマ教会から期待されることはあっても否定されることはありませんでした。

分割相続によって3つに分裂していたフランク王国で、王権に代わる実力を蓄えてきたのが**宮宰**《きゅうさい》（マヨル・ドムス）です。この役職はもともと王家の執事役だったのですが、国家の行政で最高の権力を行使するまでになっていました。中でも東部地域のカロリング家が大きな力を持ち、他の地域の宮宰を抑え、8世紀初めに出た**カール・マルテル**は732年、北上してきたイスラム軍をトゥール・ポアティエで破りました。

　その息子ピピンが751年、メロビング朝を倒して**カロリング朝**を建てますが、これをローマ教皇が認めてくれました。756年、ピピンがラヴェンナ地方を教皇領として寄進するのは、これに対する感謝の意の表明というこ

トゥールポアティエの
いくさは今思い返しても
大変じゃった…
CAROLVS
MARTELLVS
歴史家のギボンは
ワシのことを中世最高の
プリンスとたたえとるらしいのう

とになります。このピピンの息子が**カール大帝（シャルルマーニュ、チャールズ大帝）**でした。

カールの載冠と、西ローマ帝国の復活

ピピンの死後、兄弟でフランク王国を分割統治したカールですが、弟のカールマンの死後、771年からカールが全フランクに君臨します。彼の在位中は戦争につぐ戦争だったともいえるのですが、とくに、ザクセンへの攻撃は十数回にもおよび、その地方のカトリック化に成功しました。その他イベリア半島ではイスラム教徒と戦い、イタリア半島にも進出、さらには東方でスラブ人やアヴァール人と戦い領土を拡大しました。

このようなカールの働きを見ていたローマ教皇レオ3世は、ちょうど聖像《せいぞう》破壊令《はかいれい》（偶像崇拝を禁止するなどの目的で、聖画像の制作、崇拝を禁止するもの）問題などで東ローマ帝国（ビザンツ帝国）と対立していたこともあり、**カールを世俗の保護者にするべく、ローマ皇帝の冠を与えました。**ビザンツ帝国とカールの関係は悪化しますが、

やがてビザンツ帝国もこれを認めるにいたります。

このようにして、**西ローマ帝国は復活したことになります**。キリスト教こそ共通の宗教になりますが、**ローマ人ではない、ゲルマン人が主人公になった新しい世界です**。これがヨーロッパ世界なのです。

このような国家が成立したら、中央集権的な支配が望ましいのですが、各地の有力者の力は侮りがたいものもあり、それは不可能でした。直属の伯（グラーフ）を置き、巡察使《じゅんさつし》を派遣して監視させただけでなく、自らも各地を移動して、有力者と友好的な関係を築くことにつとめました。そのため、首都にあたるものも存在しないという状況でした。

また、官僚の育成が不可欠であるとの認識から、教会や修道院に付属の学校を置かせ、そこで官僚にできる聖職者の養成をはかりました。そのような学校の中心がアーヘンの宮廷学校になります。このような文化活動により、**「カロリング・ルネサンス」**といわれるラテン文化の復興期が現出したのです。

しかし、このカール大帝の大統一も長くは続きませんでした。彼の死後、彼の第3子のルードヴィッヒ（ルイ）が王国を継承しますが、ルイの子どものロタール、ピピ

フランク王の系図（カロリング家）

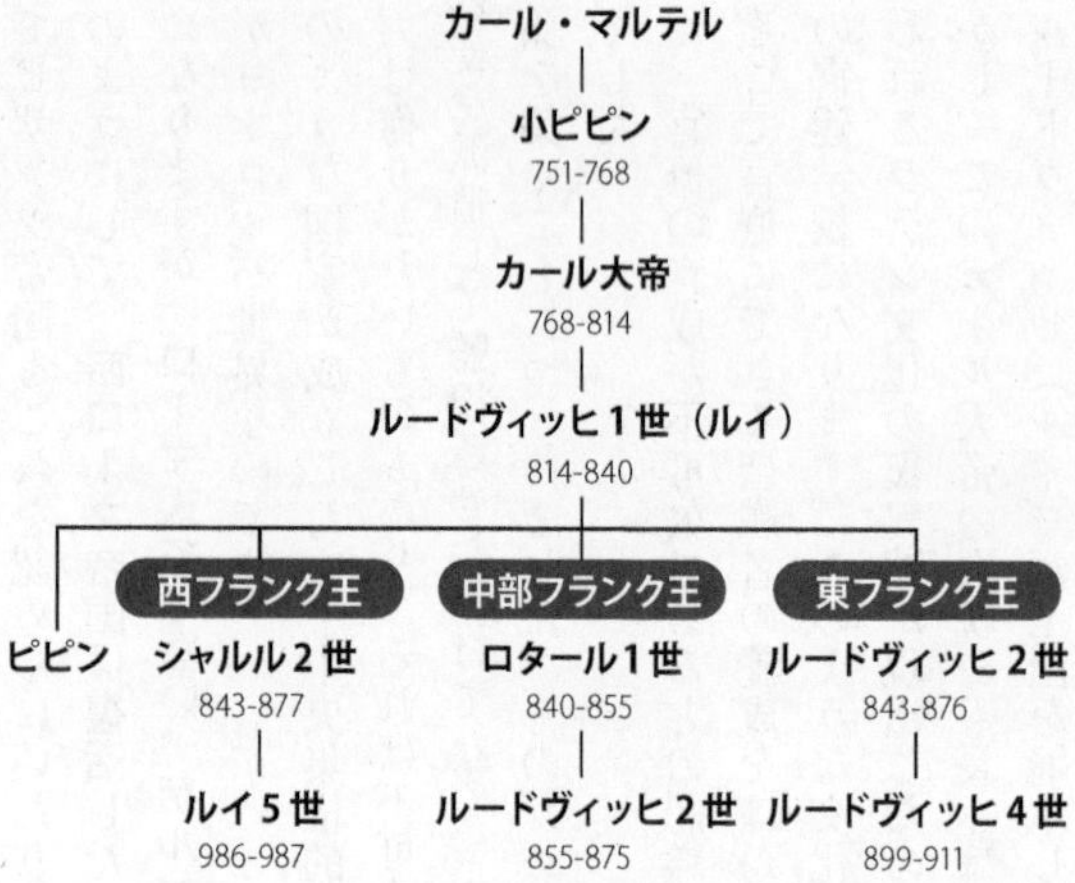

数字は在位年、下の3人は各国の最後の王

ン、ルードヴィッヒと、2番目の妃との間にできた子、シャルルの対立が顕在化してきます。そして、国王のルードヴィッヒと次男ピピンの死後、長男のロタールとルードヴィッヒ・シャルルの連合が激しく対立するようになりました。すこし細かいことになりますが、ルードヴィッヒとシャルルが842年にアルザス地方の中心のストラスブールで会見し、ともにロタールと戦うことを誓っています。この時の誓約文はドイツ語とフランス語の古語で書かれており、主な目的は部下の騎士たちに

ヴェルダン条約とメルセン条約によるフランクの分裂

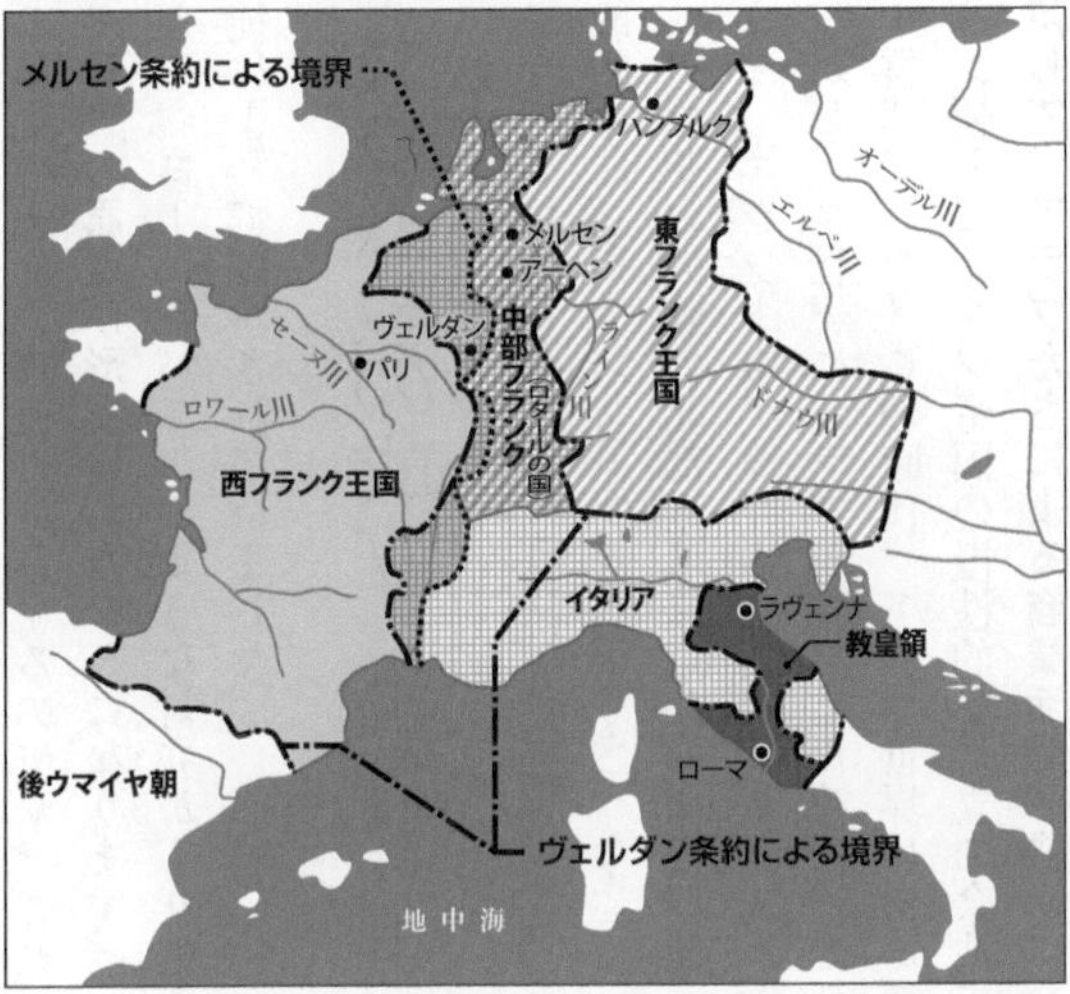

わからせるためではありましたが、のちに続くドイツ・フランス国境問題の始まりと考えることもできます。

843年、3者は**ヴェルダン条約**を締結し、シャルルが西フランク、ロタールが中部フランク、そしてルードヴィッヒが東フランクを継承することを約束します。フランク王国は3分割されたのです。

ところが、855年ロタールが亡くなると、シャルルとルードヴィッヒが戦います。そして、870年**メルセン条約**で、ロタールの領土の北部を東西に分割するのです。これによって、今日のドイツ・フランス・イタリアの原点が形成されたことになります。

さて、ヨーロッパでこのような対立がくり返されている時、地中海世界はイスラム教徒によって制圧されていました。

イスラム教の成立──キリスト教との決定的な違いとは

アラブという言葉があります。共通項はイスラム教とアラビア語になります。今日、一般的には、東はシリアやメソポタミア（イラク）・アラビア半島から、西はモロッコ、南はアフリカ大陸の北部地域にいたるまで、国家を建てている民族を総称して指しています。エジプトもアラブの一員ですし、アルジェリアもアラブです。

しかし、7世紀にアラブが勃興した時代、アラブといえばアラビア半島の遊牧民を指す言葉でした。この時代、アラブ世界にある変化が生じていました。イラン高原のササン朝とビザンツ帝国の慢性的な対立の余波で、アラビア半島内のネットワークを利用して、アラブたちによる商業活動が盛んになってきたのです。そのような状況で出現したのが、**ムハンマド**でした。

ムハンマドが始めたイスラム教は、ユダヤ教やキリスト教の強い影響を受けているのですが、誤解を生むのを承知のうえで、あえてそれらとの違いを考えるならば、イスラム教は「生活そのものが宗教である」ということです。

その証拠のひとつに、イスラム教には聖職者がいません。原点になるのはムハンマドが神（アッラー）によって啓示された言葉、コーランだけなのです。聖書の絶対性を強調した宗教改革者、ルターの立場に通じるものを感じます。もちろんルターは聖職者の存在を否定していませんが。イスラム教では、神を偶像化することを禁止しています。ここでは、それらの違いについてはくわしく言及しませんが、当時のアラブにとって、ムハンマドの示した宗教がたいへんに魅力的であったことはたしかです。

地中海でのアラブ帝国の形成

ところで、ムハンマドによってイスラム教に改宗したアラブですが、ムハンマドの死後、**ウンマ**といわれるイスラム共同体は分裂の危機に見舞われます。それを回避した初代カリフのアブー・バクルは**ジハード（聖戦）**を叫び、対外政策を始めました。それから120年ほどで、アラブ世界は東は中央アジア、西はイベリア半島にいたるまでの地域を支配し、そこで改宗者が増えるとともに、イスラム教とアラビア語が広まっていったのです。

ちなみに、**カリフ**とは「ムハンマドの後継者」の意味で、イスラム世界の最高指導者になります。カリフはローマ教皇のような「神の代理人」ではありません。そもそもイスラム世界では聖職者は存在しません。ムハンマドが神から啓示されたコーランや、ムハンマドの言行を集めたハディースを基本にして、そこから法学者が作りあげたシャリーアという法体系が社会を律することになります。

ムハンマド亡き後、彼の後継者＝カリフは、有力者による「選挙」で決められました。第4代のカリフ、アリーはムハンマドの娘婿になりますが、ウマイヤ家のムアーウィアと対立しており、657年、両者はスッフィーンで戦います。この戦争では決着がつかなかったのですが、アリーはムアーウィアに対し融和的で、この姿勢に反対する勢力によって暗殺されました。アラブ世界には、このような非妥協的分子がしばしば現れ、事態が急展開する場合があります。

アリー暗殺後、彼と対立していたシリア総督のムアーウィアがカリフを継承し、ウマイヤ家によるカリフの位の世襲が行われるようになりました。都もシリアのダマスクスに移されます。アリーまでの初期の4代のカリフの時代を**正統**《せいとう》**カリフ時代**、それ以降を**ウマイヤ朝**といいます。なお、アリーを支持する勢力がシーア派になりますが、これは「シーアットアリー（アリーの一派）」の「シーア」が使われているものです。

正統カリフ時代にアラブはシリアやメソポタミアに拡大していましたが、さらにササン朝ペルシア帝国と、カーディシーアやニハーヴァンドで戦い、これを滅ぼしてイラン高原までを支配下に入れました。西方では、ヤルムークの戦いでビザンツ軍を破り、さらにエジプトを占領しました。ビザンツ帝国との戦いは以後も続きます。

さらにアラブはアフリカの北岸を西進し、711年にはイベリア半島に上陸して西ゴート王国を滅ぼしました。ピレネー山脈をも越えて北上してきたイスラム軍に対し、フランス南西部の諸侯アキテーヌ公は、フランク王国の宮宰・カロリング家のカール・マルテルに支援を要請します。これに応えた彼はポアティエとトゥールの間でイスラム軍を迎え撃ち、イスラム側はピレネー山脈の南方に撤退しましたが、イベリア半島はイスラム支配下に置かれることとなります。

また東方では751年に中央アジアのタラスで唐と戦い勝利しますが、この時の軍団は、この後紹介するアッバース朝のものでした。

「アラブ帝国」から「イスラム帝国」へ
――イスラム教徒平等の実現

ウマイヤ朝の拡大はこれまでにみた通りですが、この過程で、支配された地域の民族がイスラム教に改宗しはじめます。理由のひとつは、厳しい税を取りたてていたビザンツ帝国の支配を嫌った人々が多かったことです。アラブ支配下の異民族は税として**ハラージュ（土地税）**と**ジズヤ（人頭税）**を支払わなければなりませんでしたが、ビザンツ帝国の税よりも軽いものでした。ただしアラブ人はジズヤを免除され、課せられるのはハラージュだけという特権をもっており、不満が高まります。彼らは当時進行していた反ウマイヤ運動に参加するようになりました。

アラブの中にも、ウマイヤ家の人物ばかりが高位高官についてしまう現状を批判す

イスラム帝国の領域

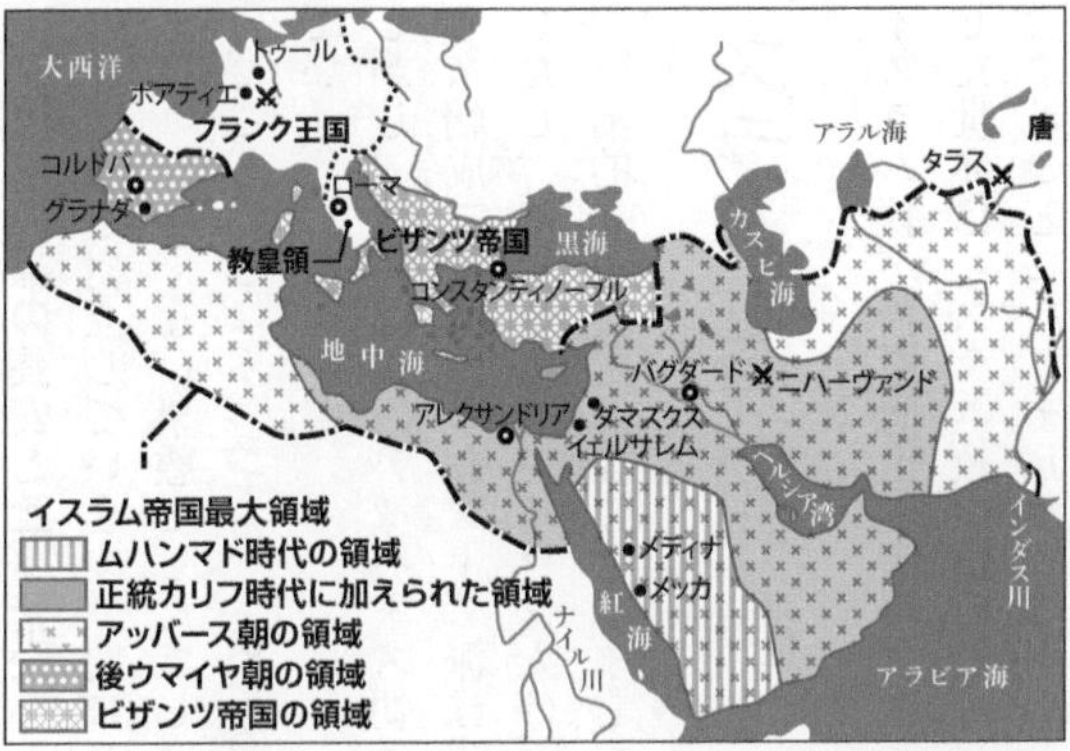

る人々が出てきました。これに加えて、第4代カリフ以来のシーア派の人々も加わり、750年、反ウマイヤ勢力がアッバース家を中心にしてクーデターを起こし、ウマイヤ朝は打倒されました。ここに成立するのが**アッバース朝**です。

この王朝の下では、税に関するアラブの特権がなくなって、異民族であってもイスラム教に改宗していればジズヤは免除されるようになり、イスラム教徒の平等が実現しました。このため、正統カリフ時代やウマイヤ朝の時代を「アラブ帝国」というのに対し、アッバース朝を「**イスラム帝国**」と評価します。

アッバース朝の第5代カリフがハールーン・アッラシードです。彼の時代、**都のバグ**

ダードは唐の都の長安と並ぶ繁栄を誇りました。また、フランク王国のカール大帝とも友好関係を樹立しています。間にビザンツ帝国をはさんでおり、ローマ教皇にはとってはうれしくない事態でしたでしょうが、フランク王国にとっては頼りになる存在だったことでしょう。『千夜一夜物語《せんやいちやものがたり》（アラビアン・ナイト）』でも彼の時代は讃えられています。

しかし、彼の時代のアッバース朝は決して安定していたわけではありません。アッバース朝成立に協力したシーア派は少数派ということで弾圧され、不満が渦巻いていましたし、宰相を出したイラン人のバルマク家を排除したことはイラン人の反感を招き、政治的な不安定要因になりました。

イスラム世界の分裂——権威はあるが、力はないカリフ

イスラム教が普遍的世界宗教になったということは書きましたが、ムハンマドの目指した世界はイスラム教の信者からなる世界、ひとつのイスラム共同体（ウンマ）を建設することにありました。ですから、原理原則からいうとイスラム国家が分裂する

ということはあり得ません。

しかし、アッバース朝が成立した段階でその理念は崩壊しました。ウマイヤ朝の一族のアブドゥルラフマーン1世はイベリア半島に移り、コルドバを都に**後《こう》ウマイヤ朝**を樹立したのです。

地方のイスラム政権は後ウマイヤ朝だけではありません。東方のイランや中央アジア方面でも、イラン人やトルコ人が独立した政権を立てるようになってきます。10世紀にイランで成立したシーア派（中でも比較的穏健な12イマーム派）を奉じる**ブワイフ朝**は、アミール・アル・ウマラー（最高軍司令官）の称号を用い、バグダードのカリフの権威を有名無実のものにしてしまいました。

さらに10世紀後半、チュニジアで興り、エジプトのカイロを拠点にした**ファーティマ朝**もシーア派（中でも過激なイスマーイール派）の政権ですが、これはアッバース朝に対してカリフの称号を使い始めます。続いて、イベリア半島の後ウマイヤ朝もカリフの称号を使用し、イスラム世界には**3人のカリフが鼎立するという混乱状態**になるのです。

このような状況で、トルコ人の活躍がさらに目立ってきます。トルコ人は**マムルー**

ク（傭兵）としてイスラム軍団の中核になっていたのですが、その中で成立した**セルジューク朝**は、1055年、バグダードに入城し、ブワイフ朝を滅ぼして、アッバース朝の庇護者になりました。このためアッバース朝はセルジュークの君主に**スルタン**の称号を与えます。これはブワイフ朝が名乗ったアミール・アル・ウマラーに準じた称号で、スンナ派の国家の首長に与えられます。

こうして、**カリフはムハンマドの後継者という権威のみの存在**になります。十字軍時代もアッバース家は支配を続けますが、1258年、モンゴルの侵入によってバグダードが陥落し、アッバース朝は崩壊、アッバース家はカイロに亡命しました。

東ローマ帝国（ビザンツ帝国）
——西ヨーロッパとイスラムの狭間で

西ヨーロッパ世界とイスラム世界の間に存在したのが東ローマ帝国です。古典ギリシア時代の文化を継承するこの国家は東ローマ帝国ではなく、コンスタンティノープ

東ローマ帝国の領域

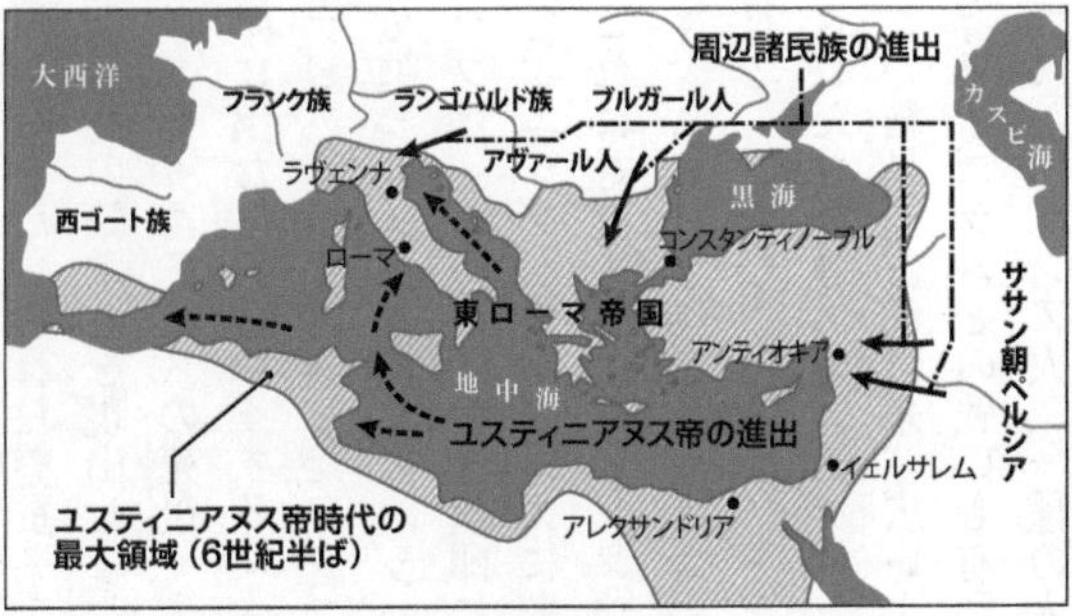

ルの古名ビザンティウムにちなみ「**ビザンツ（ビザンチン）帝国**」と呼ぶようになります。実際に公用語も、ローマのラテン語ではなく**ギリシア語**が使われるようになります。

6世紀半ば、この国に出たユスティニアヌス帝はかつてのローマ帝国の再現を狙って西方に軍隊を派遣し、北アフリカのヴァンダル王国やイタリア半島の東ゴート王国を滅ぼし、東方ではササン朝ペルシア帝国と戦い、**地中海東海岸地域までの地域を復活**しました。

彼の業績は領土だけにとどまらず、首都コンスタンティノープルに聖ソフィア寺院をはじめとして多くの教会を建設し、法学者の**トリボニアヌス**に命じて、古代ローマの法典を集大成する『ローマ法大全』を完成させました。彼の時代、突厥《とっけつ》を経由して中国からもたらされた養蚕業《ようさんぎょう》を興すなど、産業の振興にも意を尽くし、ビザンツ帝国史上最高の繁栄期を現出しました。

ユスティニアヌスの死後、帝国はササン朝の侵攻などにより混乱します。7世紀の前半に出たヘラクレイオスはこれらと戦い帝国に安定をもたらしましたが、彼の時代、アラビア半島で勃興したアラブ・イスラム勢力がビザンツ帝国にとって新しい敵になって迫ってきました。ムハンマド亡き後、混乱するイスラム共同体をまとめるため、アラブは「ジハード」を旗印に周辺地域への拡大を始め、シリアやパレスチナを占領して、エジプトや小アジアにも迫ります。

これに対抗するためビザンツで採用されたのが、中央集権的な軍事体制の**テマ制度**です。これは全国をテマといわれる軍管区に区分し、それぞれのテマにストラテゴス（将軍）を配置するというものです。彼のもとに集められたのが屯田兵《とんでんへい》で、これは解放されたコロヌスやスラブ人たちに土地を与え、兵役義務を課したものでした。

この結果、古代以来、広い土地を占有していた有力者が抑えられ、ストラテゴスの指導でイスラムとの戦いも有利に運ぶようになります。この時代にビザンツ帝国で発明されたギリシア火（一種の火炎放射器のようなもの）の効果もあって、イスラム勢力もコンスタンティノープルの攻撃はあきらめざるを得ませんでした。

ビザンツ帝国は古代ローマ帝国の理念を継承して**皇帝教皇主義**《こうていきょうこうしゅぎ》（ケザロパピズム）を採用します。要するに、**皇帝が教会の支配者にもなる**わけです。このため、教会や修道院の勢力を抑える政策がとられますが、8世紀初め、皇帝レオン3世は「聖像破壊令《せいぞうはかいれい》」を発布して、聖像崇拝を禁止しました。これは教義上の問題もありましたが、領地を拡大している教会勢力を抑えるための政策でもありました。ところが、この問題は、ローマ教会との関係も悪化させます。800年にローマ教皇がカールに西ローマ帝国皇帝の冠を与えるのは、このような東西教会の対立という状況も背景になっています。

9～11世紀のビザンツ帝国は復活します。イスラム勢力から小アジア東方の領土を回復し、イタリア半島の南部も再征服しただけでなく、東ヨーロッパ、ブルガリア方面にも領土を拡大しました。このような地域にはテマ（軍管区）が設置されますが、11世紀になるとこの体制がゆらいできます。テマ制度に代わってプロノイア制が一般化しますが、これは、有力貴族に実質的に土地所有を認め、その代償として軍役を義務づけるものでした。

11世紀は、イスラム世界でも大きな変動が起こります。東方から移動してきたトルコ系のセルジューク族が西アジアを支配し、1055年、小アジアのマンジケルトで戦い、ビザンツ帝国は敗北しました。地中海にはノルマン人の進出が盛んになり、ビザンツ帝国の領土を奪います。さらに東ヨーロッパのブルガリアやセルビアの動きも盛りあがってきます。ビザンツ帝国はローマに失地回復のための軍事支援を要請し、これが十字軍になるのです。

中世ヨーロッパ世界のまとめ役は、教会だった

今日考えるような「国民国家」の誕生は15〜16世紀以降、絶対王政国家（主権国家）の形成と同時に進行していました。それにはっきりした国民意識が付加されて、国民国家が成立するのは19世紀以降と考えます。国民意識とは、ナポレオンがヨーロッパのほとんどを支配した時、それに反抗する人々がもった意識、**言語を代表とする共通の文化で結びつけられた、同じ国民であるという一体感**のようなものです。

カール大帝によってヨーロッパ世界が形成されつつある時の一体感の意識は、おそ

らく庶民レベルでは何もなく、諸侯たちは自分の所領を守るのに必死、これまたそのような意識はなかったと思われます。

そのような世界で唯一、共通するものが教会でした。すでにローマ末期から宣教師たちによる熱心な布教が行われていますが、6世紀初め、南イタリアのモンテ・カシノにベネディクトが設立した修道院は、各地に建設される教会と並んでヨーロッパのキリスト教化に大きな貢献をしました。

今日の世界で起きている紛争の原因はナショナリズムか宗教かといわれています。国民を団結させる理念として、これらは実に有効にはたらいてくれるものです。19世紀以前、ナショナリズムがまだ十分に形成されていない時代の宗教はとくに大きな意味を持ちましたが、さらにヨーロッパ中世社会では、まさしくキリスト教一色だったのです。

ゲルマン人は、素朴な神々を信仰していましたが、ローマを頂点にしたキリスト教の教会や修道院はその世界に踏みこみ、使命感に燃えた聖職者はゲルマン人を強制的に改宗させていきました。カール大帝がヨーロッパを統一したころ、キリスト教会は大きな権威をもって君臨していたのです。

そうして西ヨーロッパ世界はキリスト教世界になったのですが、もう一方で世俗勢力の存在も無視できないものとなってきます。中世初期には、封建制が未成熟であったドイツにおいては、教会を統一に利用しようとする動きが出てきて両者の対立が始まり、それが**叙任権闘争**《じょにんけんとうそう》（後述）になりました。

諸侯たちが群立していて、集権的な権力がない時代、教会のような普遍的な権威は大きな影響力を行使できますが、各国の国王権が強化されてくると、ドイツにおける叙任権闘争に似た対立が各国で起こります。フランス国王フィリップ4世が、教皇庁をアヴィニヨンに移してしまった事件は、その典型になります。

世俗の権力が分裂しているがゆえに、教会の影響力の大きかったドイツでは、政治的な面より、精神的・教義的な側面からの批判が高まり、ルターが「95か条の論題」を発表し、宗教改革の口火を切ることになりました。

イングランド・フランス・ドイツの封建制の違い

封建制という言葉があります。西欧中世では「feudalism」といい、これを訳したものです。そもそもこの言葉は中国の周の時代の「封建制」に由来します。

よく問題になるところですが、**中国の封建制とヨーロッパ中世の封建制は本質的なところでまったく違っています。中国の場合、血縁関係が基盤にあります。**これまた同じ名前を使うのですが「王」といわれる有力者が、自分の一族に各地の土地を与え、「諸侯」としてその地の支配をまかせます。その諸侯たちもまた、自分の一族に自分の所領内の土地を与えて、その地域の支配を任せるという具合にして、王の血縁者を軸にして国家をまとめていくという政治体制になります。

一方のヨーロッパ中世は、まったく独立した有力者たちが各地にいて、彼らのことを貴族とか諸侯（騎士）といいます。その諸侯たちは基本的に対立しており、戦争を避けるために一人ひとりが**契約による主従関係**を結んでいるのですが、それによって形成される秩序が封建制といわれます。だから、血縁とはまったく関係がありません。

そして、契約の内容ですが、主君となる諸侯は臣下となる諸侯を保護し、臣下となる諸侯は主君となる諸侯に忠誠を誓い、軍役義務（年間40日が基本）を約束します。この時、その忠誠の証に自分の土地を差しだすのですが、主君は彼を臣下とするとともにその土地を封土《ほうど》として与えます。このような関係の頂点に立つのが王です。このようにして形成された、王を頂点にするピラミッド状の秩序を封建制といいます。

できあがる体制は、中国の周もヨーロッパ中世もよく似た形にはなりますが、まず血縁関係から大きく違っていることがわかります。とはいうものの、ヨーロッパでは、諸侯間の結婚によって、主従関係とは異なる血縁関係が張りめぐらされていますから、すこし面倒になります。

さらにつけ加えておきますと、臣下になる諸侯は契約を守れる限り、何人でも複数の主君を持てますし、逆に主になる方も何人でも臣下を持つことができます。そして、もし一方が、契約を守らなかった時は両者の関係は解消されるという、ドライな関係ということができます。

このような封建制がドイツ・フランス・イングランドを中心として中世ヨーロッパで形成されたのですが、国によってかなりの差が出てきます。**典型的に形成されたのはフランス**ですが、それに対してイングランドの場合、ノルマン朝の成立の時、フランスで徐々に形成されていた封建制が、国王ウィリアム1世の手によってイングランドにもたらされたため、**王権が比較的強い封建制**になりました。

このため、イングランドの諸侯たちは強大な国王権力に抵抗するために、ありとあらゆる機会を利用します。1215年、時の国王のジョンが、課税には議会の承認が必要であるということを定めた「マグナ・カルタ」に署名したのは、イングランドの市民たちの勝利といえます。ただし、ここでいう市民は、のちの市民革命を導いていく市民と比較しますと、都市内での親方と職人の関係などに示されるように、ずいぶんと保守的な存在ではあるのですが。

神聖ローマ帝国は、分裂国家ドイツが生んだ智恵

イングランド・フランスに対して、**ドイツの封建制は諸侯の力が強く、国王権力は相対的に弱体**でした。イングランドやフランスでは、王位の継承方法は世襲が普通になっていきますが、ドイツではいちいち選挙が行われます。そのため、選挙のたびに混乱があり、これが王権をますます弱めていくことになります。

そこで、国王は教会の権威を利用しようとします。それを帝国教会政策《ていこくきょうかいせいさく》といいますが、そのためにはローマ以来の伝統をもつ「皇帝」の称号を使うことが有利になります。カール大帝の大きな版図《はんと》がなくなって以来、皇帝権も権威をなくしていたので

すが、その復活をはかったのです。そして、962年、オットー1世が教皇ヨハネス12世から皇帝の冠をいただきます。これが**神聖ローマ帝国の成立**になります。

皇帝はドイツ内の教会や修道院に土地を与えるなどして、教会を自分の支配下に取りこんでいきましたが、神聖ローマ皇帝の力があまりに大きくなりすぎることは教皇にとってはうれしいことでありません。このため、教皇との間で起きるのが**聖職叙**《せいしょくじょ》**任権闘争**《にんけんとうそう》です。聖職者の任命権は教皇にあって皇帝ではないというのです。

この闘争で、1077年、皇帝ハインリッヒ4世が教皇グレゴリウス7世に謝罪するためローマに向かい、北イタリアのカノッサで会見できるまでの3日3晩立ち続けたという逸話が残っています。これは中世史のハイライトといえます。皇帝は叙任権は教皇側にあることを認めますが、皇帝側も世俗的な権利を認めさせ、ほぼ引き分けました。しかしこの時、皇帝は教皇対策でしばしばドイツを離れたため、諸侯が自立化していきました。

国王を選ぶ選挙のたびの混乱も変わりなく、14世紀になると国王を選ぶための7人の選帝侯が決められ、さらにはハプスブルク家が実質的に世襲していく体制ができあがっていくことになります。神聖ローマ帝国は1806年まで維持されますが、帝国の実態はなく、単にドイツの地形的範囲を指すだけの言葉になっていきます。

トゥール・ポアティエの戦いが変えたもの

改めて、ヨーロッパ中世時代の領土関係を紹介します。ヨーロッパ内部では、カール大帝によって統一されたゲルマン国家であるフランク王国が分裂していきます。しかし、それだけでなくその周辺をみると、東方には、古代ローマ帝国の伝統を維持する東ローマ（ビザンツ）帝国が存在しています。そして、その南方のアラビア半島を中心に、かつて、ローマ帝国が君臨した地中海にはイスラムが勢力を伸ばしています。冒頭に示した「ピレンヌ・テーゼ」は平面的な地図を考える限りではかなり強い説得力を持っていることがわかります。加えて、ノルマン人が北方から大きな脅威になっていました。

このように中世のヨーロッパ世界は、将来世界に君臨する力をもっているなどとは思いもよらない静かな状態にあったのです。諸侯たちはたしかに対立していましたが、長期の戦争などはもちろん不可能でした。トゥール・ポアティエの戦いに勝利できたのは偶然の結果であったともいえます。イスラム勢は本拠のアラビア半島からあまりに遠くまで遠征してきていたため、もうこれ以上は進出できないというのが正直なところであったともいえるのかもしれません。

カール大帝のような傑物が出てきたものの、ヨーロッパ（正確にはフランク王国というべきかもしれませんが）の状態は何も変わっていませんでした。この戦いではイスラムとの関係に注目してしまいますが、ローマ教皇とビザンツ皇帝の関係の方が切実な状況にあったといえるのかもしれません。

相手がイスラムであろうとビザンツ帝国であろうと、ローマ教皇には強力な世俗の援護が必要でした。これが800年のカールの戴冠になったのです。くり返しになりますが、彼の戴冠が象徴するのは、**ゲルマン人が主役となり、キリスト教を精神的な柱にして、古代ローマの伝統を継承するという、3つの要素が一体化した世界が成立した**ということです。

今日、ヨーロッパを中心にした歴史の見方に対しては、さまざまな立場から批判が行われています。たしかに、大航海時代以降、ヨーロッパが主導するかたちで展開され、作りあげられてきた世界の歴史は、ヨーロッパにとってはよいものであったかもしれませんが、アジア・アフリカ・新大陸にとっては、伝統の秩序や文化が破壊され、よいことよりも悪いことの方が多かったという現実は否定できません。

しかし、やがて大発展することになるヨーロッパ世界も長い雌伏《しふく》の時があったのです。トゥール・ポアティエの戦いはそのヨーロッパ世界が形成されていく出発点と評価できます。

ヘースティングズの戦い

Battle of Hastings

中世のイングランドはノルマン人の侵入に苦しめられていた。カヌート王が建設した北海帝国崩壊後、復活したアングロサクソン王朝の王位継承問題に、1066年、北フランスのノルマンジー公をはじめ諸勢力が介入した。ノルマンジー公のギヨーム（ウィリアム）は、継承権を主張したが、デンマーク王やノルウェー王も介入、彼らと戦ったイングランド王ハロルドはヘースティングズでギヨームに敗北した。

1066

ギヨームはウィリアム1世としてイングランドに君臨することとなり、ノルマン朝が始まる。ここから、イングランドの本格的な歴史が開始された。

中世ヨーロッパの歴史を動かした主人公、ノルマン人

西ローマ帝国は、ゲルマン人の侵入を直接的な契機にして滅亡しました。ヨーロッパ世界を作りあげていくのはこのゲルマン人ですが、フランク王国にカール大帝が出て、さらに彼の孫の代になってその版図が三分割されたところで、歴史が一段落した感があります。この、止まったかに見える歴史を大きく動かしていくのが**ノルマン人**になるのです。

彼らもゲルマン人の一派で、デンマーク（デーン人）やスウェーデン（スヴェーア

人)、ノルウェー(ノール人)など、北欧地域に居住していたため「北の人(Normanean)」と呼ばれていました。歴史でその動きが活発化するのはゲルマン人の動きが一段落した9世紀ごろからで、その海賊《かいぞく》・略奪行為からヴァイキング(Viking)の名で恐れられます。といってもヴァイキングのもともとの意味は「入り江の民」のようなものなのですが。

前章で紹介しましたベルギーの歴史家、ピレンヌが「ムハンマドなくしてシャルルマーニュなし」の言葉でヨーロッパ世界の形成をいいましたが、このノルマン人も、静かなヨーロッパ世界に活力を与えたことはたしかです。それは、彼らが活動した地域を地図で確認してみても一目瞭然です。バルト海・北海《ほっかい》はいうまでもないですが、地中海にも入り、かの十字軍でも活動します。東方ではロシアの大河ドニエプル川やドン川など、河川を経由して内陸にも進出しました。細かなところは以下にみていきますが、この時代に形成されていく封建制も、ノルマン人を無視しては考えられないものなのです。

ノルマン人が活動しはじめた理由は、人口の増加をはじめとしていろいろな説が示されています。北欧独特のフィヨルド地形で耕地が少なく、経済の発展のためには他地域との交易が不可欠であったことから、造船技術を生かし周辺地域への進出がはかられたのでしょう。相乗的にそれが人口を増やしていくことになったと考えるのが妥当かと思われますが、当時の社会のありようからして、交易が略奪になったことは想像に難くありません。また、目的はだんだんと一時的な略奪だけでなく、定住することにもなっていきます。

ノルマン人の交易・略奪の対象になったのは、海岸線や河川の流域を中心にヨーロッパの全地域におよんでいますが、中でも北フランスとイングランドの中世史は、このノルマン人の動きが決定的な役割を果たします。

ノルマン人の一大拠点、ノルマンジー公国

ノール人（ノルウェー）の有力者の息子、ロロは、部族の対立に敗れたのか、ノルウェーを離れ、北海沿岸を荒らしながらフランス北部海岸に定住します。さらにその周辺でも略奪を続けたため、西フランク王のシャルル3世は、土地を与える代償に臣下になることを要請し（ここに封建関係が成立します）、ロロもそれを受けて911

年、**ノルマンジー公国**が成立しました。彼はキリスト教に改宗し、しばらくは大人しくしていましたが、やがて侵略を始め、周辺に領土を拡大していきます。ロロの支配能力は優れていて、ノルマンジー地方は安定したため、スカンジナヴィアから多くのノルマン人が移り住んできました。そこで、もともとの住民とノルマン人との通婚も進みましたが、このために人口も増加し、彼らは略奪目的で、あるいは傭兵などとして、**ヨーロッパ各地に進出**していきます。とくに地中海方面は、神聖ローマ皇帝やイスラム勢力、ビザンツ勢力などの対立の地であり、イタリア半島の南部やシチリア島が彼らの目的地になりました。これはのちほど詳説します。また1066年、「ノルマンコンクェスト」で登場するギヨーム（ウィリアム）は、彼の子孫です。

ヘプターキー（七王国時代）
——アングロ・サクソン人VSノルマン人

イギリスという言葉から簡単に説明しておきます。今日、私たちは単純に「イギリ

ノルマン人に包囲される、中世西ヨーロッパ

ス」といってしまいますが、近代以前の歴史では「イングランド」というのが正解です。いまのイギリスの正式名称はグレート（大）ブリテン・北アイルランド連合王国（略称は連合王国 United Kingdom）ですが、ここで指されるブリテン島は、南部のイングランド、北部のスコットランド、西部のウェールズからなっています。西方にある島がアイルランドですが、この島の北部（北アイルランド＝

アルスター地方）は現在イギリス領になっています。イングランドがウェールズやスコットランド、アイルランドとどのような関係を持っていくか、これから順次説明していきます。

イングランドに居住したゲルマン人は、アングロ・サクソン族です。彼らは5世紀ごろからケント、マーシア、ウェセックスなどの7つの小国家を建設します。このため、この時代のイングランドはヘプターキー（七王国時代）といいます。

イングランドにとって、ノルマン人、とくにデンマークを中心にしたデーン人の侵入は大きな脅威になりました。これに対抗するためにヘプターキーでも統一への気運が生まれ、9世紀初め、**ウェセックスのエグバート王が、初めてそれに成功**しました。しかし、統一は長続きせず、デーン人の侵攻は続きます。彼らはウェセックスをのぞいたイングランドの東部一帯を支配しました。その支配地域を、アングロ・サクソンとは違った法体系があるという意味から「デーンロウ」といいます。

9世紀に出たアルフレッド大王は要塞《ようさい》を建設し、海軍も整備してデーン人と戦い、ウェセックスの独立を守るとともに、デーン人と和平条約を結び、その境界も明らかにしました。カール大帝にならった宮廷学校を設立して貴族の子弟の教育にあたり、法典を整備して、社会の安定にもつとめました。このような功績から、彼は「大王」の称号をつけて呼ばれるようになります。

しかし、アルフレッド大王の亡き後も、デーン人のイングランド侵攻は続き、アングロ・サクソンの諸侯たちは貢納金を払ってデーン人の支配を防ぎましたが、11世紀になるとその支配を受け入れることになります。

北海帝国——デーン人カヌートによる大国家

ユトランド半島を中心に居住していたデーン人は、10世紀の半ばハーラル1世の下でキリスト教を受容し、その結果、神聖ローマ帝国の保護を受けるようになります。彼らは異教勢力の討伐を積極的に行い、支配領域を拡大しました。ハーラル1世の孫にあたるのが**カヌート**(クヌーズ)です。父親のスヴェン1世とともに彼もイングランド侵攻では活躍し、父親の死後1016年、イングランドの封建諸侯の推戴《すいたい》によってイングランド王となりました。

兄の死によって1018年にはデンマーク王にもなり、さらにノルウェーやスウェーデンにも侵攻して１０２８年にはノルウェー王にも就任します。結果、彼は北海を中心にイングランド・デンマーク・ノルウェーに君臨、さらにはスウェーデンやスコットランドの一部も支配し、まさしく「北海帝国」が実現したのです。

カヌート王が亡くなると、北海帝国は急激に瓦解《がかい》します。その混乱の中で、ノルマンジー公国とイングランドの新しい関係が誕生します。

ヘースティングズの戦い
――イングランドとフランスの奇妙な関係、成立

カヌート王の死後、イングランドでは彼の子どものハーレルに続き、ハーディカヌートが王位を継承しました。彼には子どもがなく、ノルマンジーから異父兄弟のエドワードを招き、共同統治をします。ハーディカヌートの死後、エドワードが単独で王位を継承しましたが、彼にも子どもがおらず、彼の義弟で、ウェセックスの有力者ゴドウィン家のハロルドが王位継承者になりました。

1066年、エドワードが亡くなると、ハロルドが正式に王位につきますが、**ノルマンジー公のギヨーム**は、エドワードから王位継承を約束されていたという口実で王位を要求します。同じく、ノルウェー王のハーラルも継承権を要求してイングランド北東のヨークに侵攻しましたが、ハロルドはこれを打ち破りました。

ノルマンジー公のギヨームは、この隙をついてイングランド南部に上陸します。ハロルドは南下してヘースティングズで戦いますが、ギヨームが勝利し、ウィリアムとしてイングランド王に君臨することになりました。

ギヨームの勝利については、フランス国内の事情も彼に幸いしています。ノルマンジー公の強力な敵対者であったカペー家やアンジュー伯がそれぞれ内部に問題を抱えており、ノルマンジー公の行動に介入できなかったのです。

イングランドではノルマン朝が成立しましたが、この結果、**フランスの一諸侯であり、カペー朝の臣下であるノルマンジー公がイングランドの国王**となり、イングランドを中心に考えると、**フランスにイングランド王の所領が存在する**という、変則的な関係ができたことになります。のちに行われる百年戦争まで続く対立の種が、ここにまかれたことになるのです。

ロロ以来のノルマンジー公領は、失政続きで知られるプランタジネット朝のジョン王の時代にフランスが併合しますが、その後アンジュー家が絡み、フランスとイングランドの関係はより複雑になっていきます。それについては、「ブーヴィーヌの戦い」や「百年戦争」で、改めて紹介します。

中世シチリア王国をめぐるアラブ人、ノルマン人、ドイツ人、スペイン人の対立

東ローマ帝国＝ビザンツ帝国は、6世紀にユスティニアヌス大帝の下で隆盛期を迎えましたが、7世紀になると勃興してきたイスラム勢力のために、東地中海周辺での領土を失っていました。

11世紀末から12世紀にかけて、イスラム世界の混乱もあり、バルカン半島や南イタリアでの領土の回復に成功していましたが、この間、ローマとコンスタンティノープルの東西キリスト教会の対立は決定的になり、1054年には、ローマ・カトリック

世界とグリーク・オーソドックス世界に完全に分裂するという状況になっていました。

ヘースティングズの戦いが行われた5年後の1071年、ノルマンジー公国の騎士だったロベルト・グイスカルトは、弟のルッジェーロとともに、当時ビザンツ帝国領になっていた南イタリアを占領しました。弟のルッジェーロはさらにシチリア島を占領し、ここにシチリア伯国が成立します。**イスラム勢力とビザンツが争っていた世界にもノルマン人が進出**したのです。

ルッジェーロの息子、ルッジェーロ2世はシチリア伯国を王国に昇格させますが、彼の死後王位は必ずしも安定しませんでした。ところが、ルッジェーロ2世の娘がドイツのホーエンシュタウフェン家のハインリヒ6世に嫁いでいたことから、1220年、その息子フェデリコがフリードリッヒ2世としてシチリア王を相続します。シチリア島はノルマン人の王朝から、**ドイツのホーエンシュタウフェン家の君臨する王朝**になります。

フェデリコは、ドイツ人でありながらドイツには住まず、その生涯のほとんどをシチリア島で過ごし、かつまた神聖ローマ皇帝でもあったという、今日的感覚からは理解しづらい人物になります。しかし、シチリア島で培った合理主義精神をいかんなく発揮し、19世紀の歴史家ブルクハルトをして「玉座における最初の近代人」といわしめました。実際、第5回十字軍では外交交渉によってイェルサレムを復活させるという、当時の感覚では思いもつかないことをやってのけています。このような人物ですから、教皇インノケンティウス3世からは何度も破門されます。

フリードリッヒ2世の死後、その息子がシチリア王国の王位を継承しローマを圧迫するようになると、教皇はフランス国王ルイ9世に、彼を討つように要請します。ルイ9世は弟のシャルル・ダンジュー（アンジュー伯シャルル）を派遣しました。神聖ローマ皇帝との戦争に勝利したシャルルは、ホーエンシュタウフェン家に代わってシチリア王となります。このようにして**アンジュー家の支配が地中海にもおよんでいったのです**。さらに彼はビザンツ帝国への野心も明らかにしますが、このような強引さにシチリア島民が反旗をひるがえしました。これが1282年の「シチリアの晩禱《ばんしょう》」事件になります。

この事件の後、シチリア島にはスペインのアラゴン家のペドロが軍を進め、占領します。ペドロは自身もノルマン人の血を受け継ぎ、またホーエンシュタウフェン家と血縁関係になったためなのですが、以降、**シチリア島はアラゴン家が、イタリア半島**

南部はアンジュー家の分家が支配することになります。これが、**のちのイタリア戦争に続く材料を準備していく**ことになります。

時代はすこし前後しますが、南イタリアに住みついたノルマン人は、さらに東進してビザンツ帝国とも争います。11世紀後半になって、両者の戦いは激しさを増しますが、そのような時、ビザンツ帝国は東方からセルジューク朝の大きな脅威を受けます。1071年にはマンジケルトの戦いで敗北し、危機感から**ローマ教皇に支援を要請し**ました。**これが十字軍の原因のひとつ**になります。

このころ、「カノッサの屈辱」で有名な神聖ローマ皇帝ハインリッヒ4世が、巻き返しのためにイタリアに南下してきていました。これに対抗するため、ギリシアに遠征していたロベルト・グイスカルトが帰国し、長男のボエモンがギリシアで戦います。彼はやがて始まった十字軍にも参加して、アンティオケア公国を建国しました。

第2回十字軍が行われた12世紀の中ごろにも、先に紹介したシチリア王国のルッジエーロ2世がギリシアを攻撃し、それに対してビザンツ帝国も、北からやってきたヴァリャーグ人（スウェーデン系のノルマン人など）を使ってこれに対抗するという対立が続きました。

ノヴゴロド公国とキエフ公国
――東方にも進出するノルマン人

ロシアではノルマン人のことをヴァリャーグと呼びます。ルスやルーシという場合もあり、このルスがロシアの語源になっているという説もありますが、はっきりはしません。9世紀ごろの東スラブ世界は部族間の対立などで混乱していましたが、これを収拾すべく、西方のヴァリャーグ人に遣いをして、首長のリューリックを呼びよせたという説があります。ここに成立するのが**ノヴゴロド公国**です。ノヴゴロドはバルト海と地中海を結ぶ「ヴァリャーグからギリシアへの道」を結ぶ交通の要衝《ようしょう》でもありました。

リューリックを継いだオレーグが南方のキエフにまで領土を拡大し、そこを中心に建設した**キエフ公国**が、**ロシア国家の原点**にもなっていきます。10世紀の中ごろに出たイーゴリの時代には、しばしばビザンツ帝国と戦いました。この過程で、国家建設に重要な枠割を演じたノルマン人ですが、彼らは徐々にスラブに同化されていきました。

キエフ公国に10～11世紀に出たのがウラディミル1世です。彼の時代、ビザンツ帝国との関係は友好的になり、**ロシアでもギリシア正教が受容されました。**

「北欧三国」が初めて集まったカルマル同盟

ノルマン人の故郷のユトランド半島やスカンジナビア半島では、ノルマンが各地で活動している時代、キリスト教を受け入れ、徐々に国家体制が整えられていました。とはいうものの国王と貴族、それに聖職者間の争いは絶えず、また神聖ローマ帝国の圧迫や、アジア系のフィン族がフィンランドに侵入するという事態もあり、安定はなかなかもたらされませんでした。

フィンランドはスウェーデンが併合し、カトリック化が進みましたが、この時代からロシアの圧迫もあり、また、ハンザ（中世のドイツ諸都市によって結成された都市同盟）の商人たちがバルト海で活躍したため、経済活動でも主導権は握れない状態でした。

14世紀、**デンマークの王女マルグレーテ**はノルウェーに嫁いでいましたが、父親であるデンマーク国王と、夫であるノルウェーの国王が相次いで亡くなり、両国の実権を握ることとなりました。スウェーデンの貴族たちは彼女を招き、1397年、デンマーク・スウェーデン国境地帯のカルマルで三国の貴族たちが会盟します。ここでマルグレーテを共通の国王に立てることで、**三国の同君連合が成立**しました。これを**カルマル同盟**といいます。必ずしも友好・協調関係が維持されたわけではないのですが、16世紀初め、スウェーデンが独立するまで維持されました。

中世ヨーロッパ史の隠れた主役はノルマン人

ゲルマン人の移動ばかりが目立ってしまうヨーロッパ中世史ですが、**第2次民族移動ともいうべきノルマン人の移動が、ヨーロッパ世界を作りあげていく点で非常に大きな役割を果たした**という、その一端が理解いただけたでしょうか。とくにノルマンジー公国の成立は、以後のイングランドとフランスの関係を決定的なものにしました。フランス中世史では、ノルマンジーと並び、アンジュー家が出てきて話がすこし複雑になるのですが、姻戚《いんせき》関係や封建的主従関係によって、王家を含めて諸侯間にはさまざまな利害関係が形成されていきます。そのような関係が形成される要因として、ノルマン人の動きが果たした役割は非常に大きかったのです。

最後に説明したカルマル同盟の結成によって、ノルマン人の歴史は一区切りになりますが、その北欧諸国がヨーロッパ史に大きな影響を与える時代がやってきます。16世紀、宗教改革の影響で、新教を採用しながら強大化した諸国の中で、デンマークとスウェーデンが17～18世紀のヨーロッパ史を動かしていくのです。それは「三十年戦争」の章を参照してください。

十字軍

Crusade

11世紀、西ヨーロッパ世界は安定期に入り、人口増加による耕地不足など深刻な問題も出てきていた。そのような中、イスラム勢力の攻撃を受けたビザンツ帝国からローマ教皇に支援の要請があり、これに応えた教皇ウルバヌス2世は聖地回復のための「十字軍」を呼びかける。諸侯・市民・農民は、こぞって熱狂し、1096年、第1回十字軍が行われた。

以後2世紀間に7（8）回の遠征が行われるが、最終的に聖地の回復には失敗、教皇の権威を低下させただけでなく、国王や商人の地位、文化にいたるまでヨーロッパ世界に大きな変動をもたらした。

1096

セルジューク朝――イェルサレムの新しい支配者

バグダードを中心にしたイスラム世界も、10世紀になると凋落傾向が否定できなくなっていました。アッバース家のカリフに対し、エジプトのファーティマ朝、さらにスペインの後ウマイヤ朝でもカリフが宣言され3人のカリフが鼎立するという深刻な混乱状態で、カリフの権威もそれだけ低下していたということができます。

続く11世紀は、**東方のセルジューク朝がバグダードに入城します**。アッバース家は、このセルジューク朝の君主に対し、**スルタン**という新しい称号を与えることで、カリフを継承してきましたが、世俗的な支配権は失い、ムハンマドの後継者としての権威だけしか維持していないような状態でした。

このころ、ビザンツ皇帝のロマヌス4世は即位すると、小アジア地方の回復のため、6万の軍団とともにセルジューク朝へ進軍しました。セルジュークの第2代スルタン、アルプ・アルスラーンは、ビザンツとの戦いよりもエジプトのファーティマ朝との戦いの準備を優先しており、ビザンツには和平を提案したのですが決裂、1071年、両者はマラーズギルド（マンジケルト）で激突し、セルジュークが大勝利しました。ロマヌス4世は捕虜になりますが、解放後ローマ教皇に支援を要請します。

3代目のスルタン、マリク・シャーの時代、セルジューク朝はイラン人宰相のニザーム・アルムルクの指導により全盛期を迎えました。ところが彼が暗殺教団によって暗殺され、続いてマリク・シャーも没すると、後継者をめぐる争いが深刻化してきます。さらに、この間にセルジューク朝がファーティマ朝からイェルサレムを奪ったことにより、1096年から始まった十字軍の攻撃をまともに受けることになりました。その結果、セルジューク朝は急速に弱体化していきます。

十字軍はこのようにイスラム世界が混乱している時に始まったものでした。最初、イスラム教徒は何が起きたのかわからないといった状況にあったというのが実際なのかもしれません。

ヨーロッパ中世社会を大きく変えた、中世農業革命

カール大帝の戴冠によってヨーロッパ世界が形成されたと書きましたが、この「ピ

レンヌ・テーゼ」の是非はともかく、**ヨーロッパ世界が成立したころ、地中海周辺はイスラム勢力に席捲《せっけん》されていた**ことはたしかです。さらに北方ではノルマン人が跳《ちょう》梁《りょう》し、東方からはマジャール（ハンガリー）人がせまってきているという四面楚歌状態でした。

一方で、ヨーロッパの中心部分、現在のフランスやドイツを中心にした地域は、カール大帝のフランク王国が分裂し、それぞれの地域で自給自足的な農業が行われている自然経済で、都市などの発展はみられず、対外的に拡大していけるような力はありませんでした。

封建制の主人公である諸侯たちは、自分が支配し経済基盤になっている土地＝荘《しょう》園《えん》を持っており、荘園の領主ということになります。ローマ帝国の末期、奴隷に代わって**コロヌス**という小作人が生まれていました。彼らはコンスタンティヌス帝の勅令《ちょくれい》で移動が禁止され不自由な身分になりますが、このような人々やゲルマン人の農民が、民族大移動の混乱の中で、自分や家族の安全を求めてそれぞれの土地の有力者（荘園の領主）の下に身を寄せ、彼らが農奴になったと考えられます。

農奴は当然のことながら、領主に対していろいろな義務を負います。もちろん彼らは他の荘園に移ることは許されません。自分たちの食料は彼らに保有が認められた土地（農民保有地）を耕作して確保します。その地代の支払いのため、領主の土地（領主直営地）での作業に従事します（賦役地代《ふえきちだい》）。その他、領主に対し結婚税（財産である農奴が領主の元を離れる代償）や死亡税（農奴の保有地の世襲が認められた代償）を支払い、パン焼き窯や水車小屋は領主のものを使用しなければならないなど、さまざまな束縛と義務を強制されていました。義務を果たさないと、領主裁判権で恣意《しい》的に処罰されました。ちなみに、耕地の周りには森や湖沼など共有地があり、かまど用の薪などをそのようなところで確保します。厳しいけれども牧歌的な生活ともいえます。

このような世界に新しい動きを与えたのが修道院です。ヨーロッパの修道院は5世紀に南イタリアに建設されたモンテ・カシノ修道院が最初でした。10世紀初めになると、南フランスにクリュニー修道院が建てられ、各地に分院も作られます。これはキリスト教の発展に大きな貢献をしたのですが、**農業技術の拡大という点でも大きな役割を果たしました。**

修道院も自給自足の世界ですから、修道士たちは森林を切り倒して開墾《かいこん》を進め、農業技術でもいろいろな工夫をしました。彼らはその技術を各地に伝え、11世紀になると**三圃制**《さんぽせい》や牛に引かせる鉄製の**重量有輪犂**《じゅうりょうゆうりんすき》が普及していきます。とくに三圃制は春耕地・秋耕地・休耕地をくり返すことで、従来の二圃制《にほせい》よりも耕地を拡大させました。さらに、有輪犂による深耕などの効果もあり生産力は数倍になり、自給自足状態から余剰生産物を手にし、それを販売することも可能になっていったのです。**ヨーロッパ世界に都市が成立する背景には、このような農村での経済の活況があったのです。**

荘園の生産力の向上を受けて、11世紀のヨーロッパはまず、**人口の増加**という現実に直面します。これは普通に考えたらよいことなのですが、食糧生産がそれに十分対応できない時、あるいは現実にある「仕事量」に対して労働者の「供給量」が多すぎる時に起きる問題は今も昔も変わりません。この時代からドイツでは**東ヨーロッパ方面への植民活動が活発化しはじめます**。イベリア半島でも、**レコンキスタといわれる、イスラム教徒に対するキリスト教徒の国土回復運動が本格化します**。

十字軍は、これらの動きとまったく軌を一にするものです。そしてこれはレコンキスタ以上に、キリスト教の根源にかかわる聖地、イェルサレムを支配するイスラム教徒が意識された行動でした。

中世の中東戦争、十字軍をめぐるそれぞれの思惑

十字軍への思惑は、中世社会のそれぞれの人の立場により、さまざまでした。

教皇は東方教会より優位に立ち、さらには1054年に分裂した**東西教会を再統一**したいという夢がありました。教皇の指導で行われた十字軍が成功したら、ヨーロッパにおける教皇権もより大きなことになるのはいうまでもありません。

そのために教皇は大盤ぶるまいをし

ます。遠征に参加する者には贖宥《しょくゆう》を与えて、犯した罪が消えるとまでいいましたし、参加者の財産を保障し、それを犯す者は破門するとしました。教皇の使節は各地を回り、十字軍への参加を呼びかけるとともに、東方の豊かさや、女性たちがいかに魅力的かとまで宣伝しました。

諸侯や騎士たちも東方へのあこがれがありました。当時のヨーロッパは封建制が安定していましたが、その安定や農村の生産力上昇を背景に人口の増加が顕著になっています。そのような中、父の財産を継承できる長男はともかく、次男や三男は財産がなく、新し

い土地を求めて東方への遠征に期待をかけました。

このころ成長してきた都市の商人たちにとっては願ってもないチャンスになったといえます。兵士や物資の輸送は大きな利益をもたらしてくれますし、東方の産品を直接手にすることもできます。

さらに一般庶民にとっても、この運動は魅力的なものになりました。純粋に信仰の立場から聖地に行くことを望んだ者も多かったでしょうが、人口の増加によって仕事にありつけない貧民たちが、現状から脱出する機会として十字軍に期待したのです。

総合して、安定した中世社会を背景に、教皇から庶民まで、何か変化を期待しはじめていたといえます。

さらに、このころイベリア半島のサンチャゴ・デ・コンポステラのような聖地への巡礼も盛んになっていました。キリストに関連する聖遺物《せいいぶつ》を求める気運も大きくなっており、聖地イェルサレムは最大の目的地になったのです。

第1回十字軍
——ヨーロッパ世界は拡大したが、東西教会は分裂

セルジューク朝の圧迫に苦しむビザンツ皇帝からの支援要請を受けて、ローマ教皇ウルバヌス2世は、1095年、南フランスのクレルモンで開かれた公会議で、イスラム教徒からの聖地奪回を呼びかけました。

これに呼応した諸侯や騎士たちは遠征の準備を始めますが、それに先立って隠者ピエールに率いられた民衆4万あまりがイェルサレムに向かって出発してしまいます。彼らは食糧の準備も十分でない、乞食《こじき》のような集団で、各地で略奪をはたらきながらイェルサレムを目指しました。しかしビザンツ帝国では嫌われ、小アジアに入ったところで、その地域を支配していたルーム・セルジューク朝のスルタンに、簡単に打ち破られてしまいました。

十字軍の本隊は8月に行動を開始しました。フランス王のフィリップ1世は破門されていて参加できなかったものの、その弟やトゥールーズ伯、フランドル伯など、フ

十字軍の遠征路

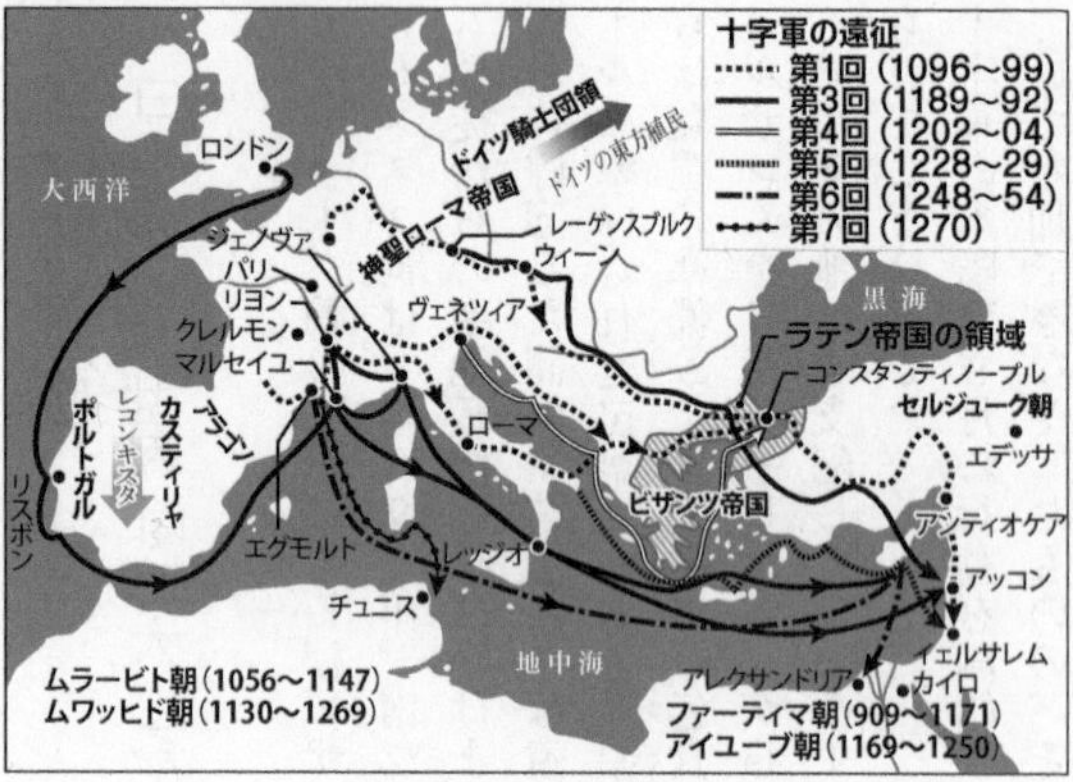

ランスの有力諸侯が勢ぞろいしていました。12月にコンスタンティノープルに集結しましたが、ビザンツ皇帝は民衆十字軍の狼藉《ろうぜき》を見ており、簡単には心を許しません。どうにか食糧の供給を受けましたが、その後も相互不信は続きました。

行進は暑さと食糧不足などのため遅々としたものになりました。エデッサやアンティオケアを占領しますが、この段階で多くの諸侯たちは満足してしまいます。それでも信仰心に燃える人たちは、1099年6月にイェルサレム郊外にいたりました。

この時イェルサレムはエジプトのファーティマ朝が支配していましたが守りが堅く、食糧不足もあり十字軍は苦戦します。7

月、十字軍はかろうじて城壁の弱点を発見し、場内になだれ込み、イスラム教徒ばかりかユダヤ教徒やアルメニア教会など、東方系のキリスト教徒までを大虐殺《ぎゃくさつ》しました。

ファーティマ朝の軍隊とはアスカロンの戦いに勝利し、**イェルサレム王国の成立**が宣言されて、エデッサ伯のボードアンが国王に就任しました。この段階で、戦利品を得た多くの兵士は帰国しました。また途中で脱落していた諸侯たちは勝利の知らせを聞いて再び聖地に向かいますが、セルジューク軍に打ち破られました。

当時、多くの人はこの十字軍が成功すると思っていなかったようですが、結果はイェルサレム王国のほか、アンティオケア公国、エデッサ伯国、トリポリ伯国の十字軍国家が建設されるという大成功をおさめ、その目的を果たした兵士たちは、大いに讃えられました。

成功に終わったといってよい第1回十字軍ですが、きっかけになったビザンツ帝国との関係は微妙なものになりました。イスラム勢力からの脅威はなくなったのですが、イェルサレムでギリシア正教会の教徒が虐殺されたことなど、**東西教会の関係には新しい問題が生じ、それは第4回十字軍で最悪の事態を生み出す伏線になっていったの**です。

第2回十字軍——フランス王が出陣するも成果ゼロの戦い

第1回十字軍の後、しばらくイスラム国家とキリスト教国家の間には安定した関係が続いていましたが、セルジューク朝の太守ザンギーがエデッサ伯領を奪い返すという事件が起きたのを機に、1147年、第2回十字軍が行われました。この十字軍はシトー修道会の神学者としても名高いクレルヴォの修道士、ベルナールが積極的に呼びかけたため、ベルナールの十字軍ともいわれます。

フランス王ルイ7世とその妻（当時）エレアノールや、ドイツ王コンラート3世、さらにはのちに神聖ローマ皇帝フリードリッヒ1世になるシュワーベン公など、そうそうたる人物が参加した十字軍だったのですが、始まった時点ではイェルサレム王国も健在であり、攻撃目標がはっきりしませんでした。このため、イェルサレムに着いただけで満足してしまう人々も多く、まとまりに欠けたものになったようです。

結局、このとき標的にされたのがシリアのダマスクスでした。ダマスクスにあった地方政権はキリスト教国と友好的な関係を保っていたので、イェルサレムでも反対が多かったのですが、実際攻撃が始まるとダマスクスはさまざまな手を使って抵抗し、十字軍側は4日で攻撃をあきらめました。その後十字軍は解散され、まったく成果のないままにこの十字軍は終わりました。

中世イスラム世界最大の英雄、サラディンの登場

十字軍が始まるまでは強勢を誇っていたセルジューク朝ですが、12世紀になるとその一族による後継王朝が各地に成立します。そのひとつで、シリアにできたザンギー朝の君主ヌールッディーンは、第2回十字軍を撃退したダマスクス政権も滅ぼし、十字軍国家に圧力をかけ続けました。エジプトのシーア派政権ファーティマ朝にも軍を送り、最終的にはエジプトを支配下に入れましたが、ここで問題が起こります。

サラーフ・ウッディーン、通称**サラディン**はイラク・イラン・トルコの現代史でしばしば話題になるクルド人です。現代ではサダム・フセインの生地としても知られるイラク北部ティクリートの生まれですが、一族の失敗でティクリートを追われ、ザンギーの保護を受けていました。ザンギーの死後、サラディンはその息子ヌールッディ

ーンに仕え、その職責を果たし、信頼を厚くしていきました。

1163年、十字軍国家のイェルサレム王国はエジプトのファーティマ朝に攻撃をしかけました。これはファーティマ朝自身で防衛したのですが、カリフはヌールッディーンの支援を要請します。ヌールッディーンはこれをエジプト侵攻のチャンスとみて軍隊を派遣しますが、その野望を感じとったファーティマ朝は、敵だったはずのイェルサレム王国と連携してザンギー朝の軍隊を打ち破りました。

1167年、ザンギー朝による第2回のエジプト遠征が行われました。この時サラディンは占領したアレクサンドリアの守りを任され、ファーティマ朝・イェルサレム王国連合軍とよく戦いましたが、最終的にはエジプトからの撤退を認めざるを得なくなり、この攻撃も失敗に終わりました。この段階でヌールッディーンはエジプトをあきらめることとなりました。

翌68年になると、ファーティマ朝と、同盟関係にあったイェルサレム王国との関係が一転して悪化、イェルサレム王がエジプトを攻撃します。このためファーティマ朝はヌールッディーンに今度は支援を要請し、彼は3回目になる軍隊をエジプト支援のために送ります。このとき、イェルサレム王は戦わずして撤退し、サラディンたちは無血でカイロに入り、エジプトを占領しました。69年、サラディンは**アイユーブ朝**を樹立し、71年、後継者が立てられないまま滅亡したファーティマ朝に代わりました。

ここでサラディンは正式にエジプトに君臨することになるのですが、ヌールッディーンは面白くありません。当然、討伐軍を送りますが、途中で病没してしまいました。サラディンはイスラム世界の覇者に成りあがることになったのです。

なお彼はファーティマ朝時代のシーア派をやめ、**スンニ派に復帰**します。アッバース朝の権威はますます低下しており、このころから**エジプトがイスラム世界の中心**になっていきます。カイロに強固な城壁が建設され、対十字軍戦争への備えも強化されました。ファーティマ朝時代にシーア派の教学の中心だったアズハル大学も、スンニ派の学院に変えられています。

第3回十字軍——3人の国王がそろうも、看版倒れの遠征

イスラム世界に出た英雄サラディンは、1174年にはシリアを併合してイェルサレム包囲網を完成し、87年ヒッティーンの戦いでイェルサレム王国を破ります。この

結果、イスラム教徒がイェルサレムを回復しました。

この知らせが西方に届いたところで、教皇グレゴリウス8世が呼びかけ、第3回十字軍が組織されます。この十字軍には、**イングランド・フランス・ドイツの3国の君主がそろい踏み**しました。イングランドのリチャード1世、フランスのフィリップ2世、そして神聖ローマ皇帝でもあるドイツのフリードリッヒ1世です。しかし、結果を先にいうと、この十字軍こそ看板倒れだったといえます。

フリードリッヒ1世は陸路小アジアにいたり、ルーム・セルジューク朝と対決しますが、サレフ川で水死するというアクシデントに見舞われ、ドイツ軍は解散されてしまいます。リチャード1世とフィリップ2世は本国で対立しており、共闘できるような仲ではありませんでしたが、それでもドイツの敗残兵も含めて軍隊を組織し、サラディンに占領されているアッコンを包囲し、91年に回復しました。

翌年、ここでイェルサレム王国が復活されることになります。ところが、寄せ集めの司令官たちの間で対立が始まり、ドイツ兵が撤退、さらにフィリップ2世も病気を理由に帰国してしまいます。

その後、リチャード1世とサラディンの戦闘がくり返されましたが最終的には92年に休戦協定が締結されました。イェルサレムはイスラム教徒の管理下に置き、キリスト教徒の巡礼は受け入れるという内容を確認して、リチャード1世は帰国、第3回十字軍は終結しました。イェルサレムの奪回こそできませんでしたが、アッコンをはじめとして、地中海岸の都市などは領有でき、**北イタリア商人たちによる地中海貿易は以後1世紀以上にわたり維持**されます。

ヨーロッパ側から見たら敵役になりますが、サラディンは後世で博愛精神のあふれた人物として知られ、キリスト教徒の捕虜を寛大に扱い、感謝されたという話が伝わっています。彼は第3回十字軍が引きあげた翌93年に亡くなります。彼の死後、13世紀初めのアイユーブ朝のもと、エジプトは安定期を迎え繁栄しますが、世紀半ばになると後継者問題から混乱し、1250年に**マムルーク朝**が成立します。

よいことのなかったドイツ軍ですが、なおこの地に残った騎士たちが組織したのがドイツ騎士団です。第1回十字軍の時には、ヨハネ騎士団やテンプル騎士団が組織されており、十字軍の傷病者の手当てや、聖地の守護で重要な役割を果たしました。ここに紹介した騎士団は三大騎士団といわれるもので、その後のヨーロッパの歴史でも重要な足跡を残します。とくに**ドイツ騎士団は、プロイセンの成立に大きな役割を果**

たすことになります。

第4回十字軍――キリスト教会の混乱と堕落

第3回十字軍から10年ほど経ったころ、新たな十字軍が教皇インノケンティウス3世によって呼びかけられました。この教皇は「教皇は太陽、皇帝は月」と教皇権の絶対性を豪語した人物です。

第3回十字軍の結果をみて、国王が主導する十字軍より、諸侯たちの連合の方がまとまりやすいのではないかという雰囲気が出ており、今回はシャンパーニュ伯やフランドル伯など70人あまりのフランスの諸侯が中心になって、イスラムの中心となったエジプトを攻撃することを決定しました。

兵員を輸送する船団を提供する権利は、ヴェネツィアが獲得します。しかし、ヴェネツィアはアイユーブ朝との間で、アレクサンドリアなどへのヴェネツィア船舶の入港を認める代わりに、エジプトへの遠征は行わないという協定を結んでいました。このためヴェネツィアは十字軍とエジプトとの間で板ばさみになっていました。

1201年、ヴェネツィアに集まった兵員は予定の3分の1、1万あまりだけで、さらに船賃にも事欠くことになります。このためヴェネツィアは、かつてヴェネツィア領で、当時ハンガリーが実質支配していたクロアチアのザラを奪還することで不足船賃にあてるという契約を結び、十字軍はザラにも侵攻して奪還しました。これに激怒したインノケンティウス3世は十字軍を破門しようとしますが、彼らの弁明を受け入れ、破門は解除しました。

ところが、この十字軍をビザンツ帝国の亡命皇子アレクシオスが訪れ、ビザンツ皇帝位獲得の依頼をします。彼の父が、その弟により皇帝位を奪われ、それを回復したいというのです。これに同意した十字軍はコンスタンティノープルを攻略、失脚していた父親とともに、アレクシオスを皇帝に擁立しました。

しかし、新皇帝は約束の金額が支払えず、このために怒った十字軍兵士はコンスタンティノープルでの略奪に及びます。この間の混乱で**ビザンツ帝国は皇帝がいなくなって一時滅亡**し、フランドル伯のボードアンによってラテン帝国が建てられるという事態になりました。この時、インノケンティウス3世は、東西教会が統一されたとして喜んだといわれます。

十字軍参加諸侯たちはビザンツ帝国の領土を分けあって満足し、それ以上の遠征への気持ちはなくしてしまいました。ビザンツ帝国の遺臣たちはニカイア（ニケーア）帝国やエピロス君侯国のような国を建て、帝国の再興をはかります。

1261年にビザンツ帝国は再建されますが、かつてのような強大な帝国の復活は今や望むべくもありませんでした。のちにオスマン帝国によって滅ぼされることになる遠因もここにあります。このような蛮行《ばんこう》を行ったカトリック側に対し、東方教会の不信感は長く続き、20世紀にいたるまで和解の動きはありませんでした。

アルビジョワ十字軍——ヨーロッパ内部で起きた異端討伐

第4回十字軍に象徴的に示されるように、当時の**キリスト教会の堕落**は極まっていました。このような教会を批判しながら、新しい信仰のあり方を考える人々が出てくるのは当然ともいえます。

12世紀の後半、リヨンの商人のワルドは、私財をなげうって貧民救済活動を始めます。また、南フランスでは11世紀からカタリ派といわれる勢力が商人たちの支持を集めていました。マニ教の影響を受けており、東方起源とされる彼らは、当時の教会のあり方を批判しましたが、教会を批判すること自体が許されない世界ですから、異端として弾圧されます。

カタリ派の中で南フランスのアルビなどを中心にした人々は**アルビジョワ派**と呼ばれ、とくに勢力が強かったため、インノケンティウス3世はこれを討伐するための十字軍を呼びかけました。フランス国王フィリップ2世やルイ9世が王権伸張に利用するためこれに参加し、アルビジョワ派を弾圧しました。

しかしこのころ、アッシジの聖者フランシスコやスペインの修道士ドミニクスのように、教会や修道院を持たず、直接民衆の中に入り、正しい信仰を説く人々もいました。その真摯な態度から多くの支持を集め、教皇にも公認されますが、その結果、異端の討伐に協力して、教会ヒエラルキーの中に組みこまれていくという限界も出てきてしまいます。余談ですが、2012年のコンクラーベで新しい教皇に選出されたフランシスコは、アッシジの聖者にちなんだ名前です

第5回十字軍——破門された皇帝が、平和的に聖地を回復する

十字軍はその後も続き、1221年、ハンガリー王やイェルサレム王などによって行われたときには、今やイスラムの拠点になったエジプトを目標にして、ダミエッタを攻撃しますが失敗しました（教科書などではこの十字軍は回数に入れないことが多いようです）。

神聖ローマ皇帝兼シチリア王のフリードリッヒ2世（「ヘースティングズの戦い」参照）は、教皇から十字軍遠征をしばしば要請されましたが、軍を進めず、教皇から破門の脅しを受け続けていました。彼は25年、イェルサレム王の娘と結婚し、イェルサレム王の位を得ることとなります。27年にいったん軍を進めるのですが、疫病の流行のために帰還、そのため新しい教皇からついに破門されてしまいました。

28年、破門されたまま十字軍を開始したのですが、当時のアイユーブ朝のスルタンのアル・カーミルは知的なフリードリッヒに好感を持ち、友好的な話し合いの結果、期限つきとはいえイェルサレムの返還を実現させます。戦いに明け暮れた十字軍の歴

史の中で稀有《けう》な例として知られます。

このフリードリッヒ2世は神聖ローマ皇帝ではありますが、ドイツにはほとんど住まず、生まれ育った南イタリアに居住し続けました。その結果、ドイツの分裂状態が加速したとしてドイツ史ではあまり評判はよくありません。彼の父方の祖父が、フリードリッヒ1世、母方の祖父がノルマン人のロジェロ2世です。イタリアの領地を継承していて、教皇やイタリアの有力者との戦いも続きましたが、彼はアラビアなどの進んだ学問に接して合理的な態度を学び、芸術を愛した文化人でもありました。

第6・7回十字軍
——アッコンの陥落で、西欧の拠点はすべてなくなった

一時は返還されたイェルサレムが、1248年アイユーブ朝によって奪われたことを機に、十字軍派遣の声がまたあがりました。しかし第3回十字軍を引き起こした1187年の時のような衝撃はなく、またフリードリッヒ2世は教皇などとの戦いに

忙しく、イングランド王も内乱のため、十字軍には乗り気ではありませんでした。

このような状況で、1248年、敬虔《けいけん》なキリスト教徒であったフランス王ルイ9世が強い意志で軍を進めます。まずエジプトへの攻撃が決定されましたが、ナイルの氾濫やイスラム側の反撃で全軍が捕虜になるという事態にまで陥り、失敗に終わります。

しかしこのとき、エジプトでクーデターが起きてアイユーブ朝は倒れ、**マムルーク朝**が成立しました。この混乱を利用し、ルイ9世は釈放されてアッコンに移り、そこで領地の拡大などを狙いましたが、ここでもそれは失敗し、54年に帰国しました。

シリア地方でのマムルーク朝による勢力拡大の知らせを聞き、あきらめきれないルイ9世は、1270年、再度軍を起こしました。まず補給基地建設のためチュニジアに軍を進めましたが、かねてから体調を崩していた彼は、そこで没します。

ここに十字軍はその歴史を終えました。翌年、ルイ9世の弟のシャルル・ダンジューとイングランド王太子エドワード（のちのエドワード1世）がアッコンに向かいますが、なんの成果もなく帰国しました。1291年には**最後の拠点アッコンも陥落して、西欧の拠点はすべてなくなりました。**

壮大な軍事作戦、十字軍はなぜ失敗したのか

２００年あまりをかけたヨーロッパ世界の壮大な軍事作戦は、結局は失敗に終わってしまいました。その原因はいろいろ考えられますが、教皇から始まって、ビザンツ皇帝、諸国王や諸侯、宗教騎士団、関連した諸都市などの利害が対立し、統一行動がとれなかったことが大きな原因になります。さらに、初期にみられた人々の意気ごみがだんだんなくなり、長期的・計画的な植民に参加する人がいなくなってきた結果、聖地を長期に保持することが不可能になったことも挙げられます。十字軍専用の船団を持っておらず、都市の商人にそれを任せたのも問題になりました。本来の目的の上に商人たちの意向がはたらいてしまったこともそうです。

全体としてみた時、**ヨーロッパ封建社会が分権的な体制であり、強力な指導力が確立できなかった**ところに、この大事業を全うできなかった原因が考えられるのではないでしょうか。

もちろん、イスラム側でも反撃態勢が本格化したことも指摘しなければなりません。

とはいうものの、イスラム内部の問題も深刻でした。第6回十字軍の直後に、バグダードがモンゴル軍によって陥落し、アッバース朝が滅亡するという事件が起きます。本来イスラムの司令塔になるべき本拠がなくなってしまったのです。

やがてここにできるイル＝ハン国（フレグ・ウルス）もイスラム教に改宗しますが、この国は十字軍どころではありません。東方のイランの地をめぐってチャガタイ＝ハン国（チャガタイ・ウルス）との対立が続き、エジプトのマムルーク朝とも戦い、１２６０年、パレスチナのアイン・ジャールートでの戦いで敗北し、かえってマムルーク朝にイスラム世界の指導者としての権威を与えてしまうという状況でした。

この世紀の末、イスラム世界には新しい勢力が誕生します。十字軍の原因を作ったセルジューク族の一部は小アジアに進出していました。この地域のトルコ人もモンゴルに圧迫され、混乱しましたが、その中の一勢力が建国するのが**オスマン帝国**です。

この国家は15世紀の初め、アンカラの戦いでティムールに敗れるという屈辱を経験しますが、やがて東ヨーロッパに進出するようになり、１４５３年にはビザンツ帝国を滅ぼします。そして、16世紀には北アフリカ・東ヨーロッパ・西アジアに巨大なイスラム帝国を建設することになるのです。

十字軍後のヨーロッパ世界は何が変わったのか

聖地を回復できなかったということからみれば十字軍は大失敗でした。それを呼びかけた教皇の責任が問われることはありませんでしたが、イインノケンティウス3世が「教皇は太陽、皇帝は月」と豪語した教皇権の勢いがなくなったことはたしかです。14世紀初め、フランス王と対立した教皇ボニファティウス8世は、アナーニで国王によって幽閉されるという屈辱を経験するまでになるのです。これに続いて、教皇庁が南フランスのアヴィニヨンに移されるという事件も起こります。

教皇権の衰退とは対照的に、権力を強化したのは国王です。十字軍に出兵して死亡した諸侯たちの財産を没収したり、十字軍で諸侯の指揮をとり、必然的に強い立場になりますが、逆に諸侯たちは立場を弱めていきました。14世紀半ばから始まる百年戦争によって中央集権化が進むと、国王は権力をより強化し、諸侯の立場はさらに弱まっていくことになります。十字軍、百年戦争と長い時間をかけて、このような変化が徐々に進行していきました。

いちばん十字軍の恩恵を受けたのは都市の商人といえます。とくに北イタリアのヴェネツィアやジェノヴァの商人たちは、兵士や物資を運ぶことで大きな利益をあげましたが、それだけでなく、アドリア海周辺で領土を獲得したりもします。そして何よりも、ビザンツ帝国に代わって東方貿易（レヴァント貿易）に進出し、絹や香辛料をはじめ東方の奢侈品《しゃしひん》を輸入して、莫大な利益をあげました。

このような繁栄の恩恵は北イタリア都市だけが受けたのではなく、**ヨーロッパ全体で都市が勃興し、そこで育ってきた市民が、やがて新しいヨーロッパを作る主人公になっていくのです。**

十字軍によって行われた文化交流にも注目しなければなりません。ヨーロッパの人々は、**当時はるかに進んでいたイスラム文化を媒介にして、ギリシア・ローマの古典文化を学んでいきます。**繁栄期のイスラムの学者たちはコーランの解釈のため、アリストテレス哲学を利用していました。そのアリストテレスを含め、古代ギリシアやローマの、キリスト教成立以前の人間を中心にした文化を、彼らは初めて学んだのです。

13世紀に、T・アクィナスが『神学大全』を著して、キリスト教神学を大成し、14世紀になるとそれがルネサンス運動になって現れてきます。ルネサンス運動は、古代ギリシアやローマのように、神ではなく人間を中心に考えようとするものです。古代から中世にかけての、神の権威ばかりが強調される世界で、人間を中心にものごとを考えていこうというのです。ルネサンスもこれに続く宗教改革も決して神を否定するのではありませんが、神に束縛される人間ではなく、自由に行動する人間の姿を求めたのです。

Column

イェルサレムの歴史

イェルサレムという都市はすこし複雑です。ユダヤ教とキリスト教、そしてイスラム教という3つの宗教の「聖地」になっています。ユダヤ教徒にとっては、今から3000年も昔に初めての神殿が建設された場所ですし、キリスト教徒にとってはキリストの生誕地（ベツレヘム）があり、何といってもキリストが処刑されたゴルゴタの丘があります。メッカという第一の聖地を持つイスラム教徒にとっても、ここはムハンマドが天国への旅に旅立った場所として、他の地では代えられない聖域になります。

ところで、この3つの宗教にとっての「神」は実は共通しています。イスラム教では「アッラー」、ユダヤ教とキリスト教では「ヤハウェ」と呼ばれ、したがって、イスラム教のアッラーはヤハウェと同じことになります。

しかし、ユダヤ教もキリスト教もそうは認めていません。さらに、キリスト教では三位一体《さんみいったい》説に基づき、神・キリスト（神の子）・聖霊をひとつの「神」の概念として考えますが、ユダヤ教はそのような考えはせず、イスラム教のアッラーは子など持ちません。

ところが、十字軍の原因がこのような神学的な問題だったのかというと、そうではありません。**聖地イェルサレムの政治的支配や経済的利害がからむ問題**なのです。宗教上の対決なら、徹底的な論争をすればいいのですが、世俗的な対立が出てくると、戦争になってしまいます。

7世紀、イェルサレムを占領したイスラム教徒はキリスト教徒やユダヤ教徒に寛大で、イェルサレムにある、彼らにとっての「聖域」への巡礼も特別厳しく禁止したわけではありませんでしたが、世俗的な利害に押されて起こったヨーロッパ世界からの十字軍を、止めることはできませんでした。

ブーヴィーヌの戦い

Bataille de Bouvines

1214

ヨーロッパ中世後期、封建的分権秩序の中でもイングランド・フランス・ドイツ（神聖ローマ帝国）の国王は注目される存在であった。その3者の複雑な対立の中で起きたのが1214年に行われたブーヴィーヌの戦いである。フランス王のフィリップ2世が神聖ローマ皇帝オットー4世やフランドル伯の連合軍と対決し、フィリップ2世が大勝利を収めた。神聖ローマ帝国側で参戦予定だったイングランド王ジョンは、参戦途中の戦闘でフランス軍に敗北し撤退していた。

この結果フランス王権は強大化、ジョンは大陸での領土回復に失敗し、国内では諸侯の抵抗にあい、「マグナ・カルタ」を認めることになる。

戦争の背後に女性あり？

ブーヴィーヌの戦いは、ヨーロッパ中世世界では最大規模の戦いで、かなり重要な位置づけとされる戦争です。これによって一挙に当時の世の中が変わったわけではありませんが、この戦争に関連する人物にとってはそれぞれに深刻な問題を残し、さらにこれがその後の歴史を変えるきっかけとなったことはたしかです。

いろいろな要素が複合しているので単純にはいえませんが、最大の原因は、1066年のノルマン朝、あるいは、1154年のプランタジネット朝の成立に始まる、**イングランドとフランスの対立**にあります。

ところが、ここまで大きな戦争にいたった背景には、一人あるいは二人の女性の存在があるといったら、皆さんは驚かれるのではないでしょうか。もちろん、一人や二人の女性にすべての責任なり原因を押しつけることはできません。しかし、彼女たちが重要な役割を演じていることはたしかなのです。

その女性のひとりはマティルダ（同名異人が多いですが）、そしてもうひとりはエ

11～12世紀のイングランド王朝系図

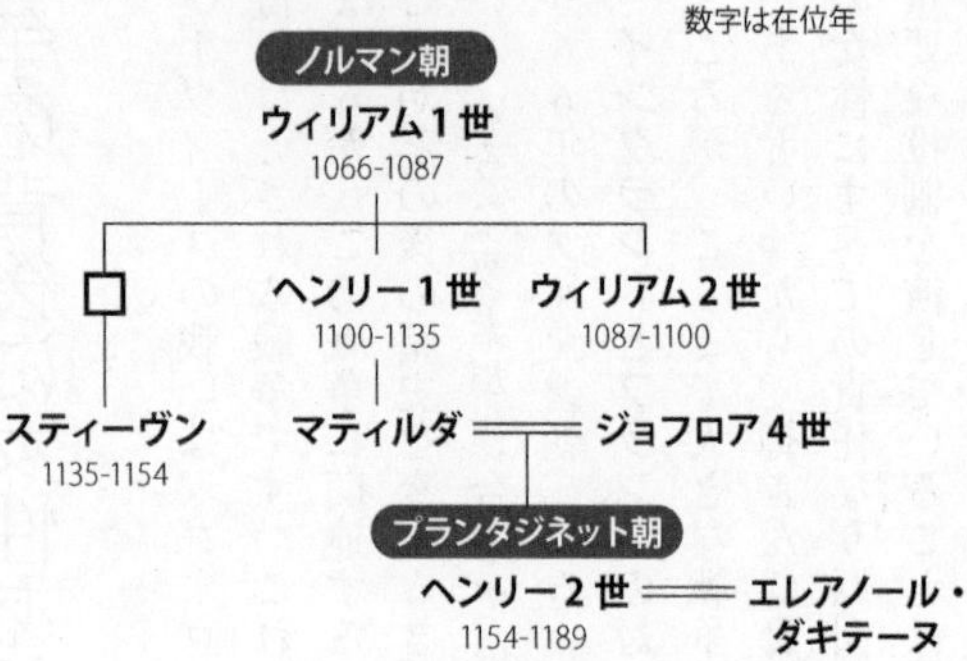

レアノール・ダキテーヌといいます。なお、エレアノールは南フランスのオイル語読みで、アリエノールは同じくオック語読み、英語ではエリナー・オブ・アクイテインとなりますが、ここではエレアノールに統一します。

いずれ別項で紹介することになりますが、ヨーロッパの歴史で女性といえば、マリア・テレジアとその娘、マリー・アントワネットを連想される方が多いことと思います。プロイセン王のフリードリッヒ2世が女性の相続権を認めなかったことがきっかけで起きたオーストリア継承戦争がよく知られますが、ここで取りあげたエレアノールは、土地は相続する、バツイチで再婚した相手との間にイングランドの政治をゆるがす子どもたちを生んでしまう、というたいへんな女性です。マティルダもバツイチ女性なのですが、これまた中世史で重要なディレクター役を演じるのです。

いとこを蹴落として
イングランド初の女王に上りつめたマティルダ

マティルダは1102年、イングランド王ヘンリー1世の娘として生まれました。12歳の時に神聖ローマ皇帝（ドイツ国王）ハインリヒ5世と結婚し、皇后となります。しかし、ハインリヒの死後イングランドに戻り、フランスの名門・アンジュー家のジョフロア4世と再婚しました。皇帝に嫁いだだけあって、気の強い女性だったようですが、名門アンジュー家に入ってもそれは変わらず、やがてその息子アンリをイングランド王にするために奔走し、実際、アンリをヘンリー2世としてイングランド王に就けてしまうのです。

イングランド王ヘンリー1世が亡くなった後、マティルダは夫のジョフロアとともに王位継承者として認められますが、実際は彼女のいとこのスティーヴンがイングランド王になります。マティルダは、これを約束違反としてローマ教皇に訴えますが却下されました。

しかし、スティーヴンの評判は悪く、マティルダはスティーヴンと争って勝利し、彼を捕えて、1141年、数か月ですがイングランド王になりました。ところが、彼女もロンドン市民の不満をかって孤立し、復活したスティーヴンと泥沼の戦いを続け、一時フランスに退きました。

その間、マティルダの息子アンリが成長し、ノルマンジー公やアンジュー伯、さらにはブルターニュ公の位を継承します。そして、彼は、先ほど話題にしたもうひとりの女性、エレアノール・ダキテーヌと結婚するのです。ということで、マティルダはエレアノール・ダキテーヌの義母ということになります。

エレアノール・ダキテーヌの数奇な運命

エレアノールはフランス南西部のアキテーヌ公の娘として1122年に生まれ、

1204年に逝去するまで、まさしく数奇なる人生を送った女性です。

弟が早くに亡くなったため彼女は、生家の所領のアキテーヌはもちろん、ガスコーニュ、ポアトーなどフランスの南西部、全土のおよそ3分の1を継承しました。そして、彼女が15歳の時、最初の結婚をします。相手はフランス王のルイ7世です。2人の間には娘が2人いますが、男子は授かりませんでした。彼女は修道士のようなルイ7世と離婚し、アンジュー伯のアンリ（ヘンリー）と再婚します。

アンジュー家には、12世紀前半、ジョフロア4世が君臨し、彼は前述の通りイングランドの王女マティルダと結婚しました。その間に生まれたのがアンリですが、バツイチのエレアノールはこのアンリと再婚したのです。

この結果、アンジュー家は、もともと持っていたノルマンジーなどのフランス北西部に加え、南西部を継承することになり、ほぼ**フランスの西半分を領有**することになったのです。

イングランドのノルマン朝は、マティルダの息子アンリが1154年、ヘンリー2世として王位を継承することで終わり、ここに始まるのが**プランタジネット朝**です。

ヘンリー2世の結婚で生まれた「アンジュー帝国」

プランタジネットという王朝名は日本名で金雀枝《えにしだ》(planta genesta)という植物に由来します。アンジュー家の当主ジョフロア4世がこの花を好んだのだそうです。

ヘンリー2世は、父親のジョフロア4世が亡くなるとノルマンジーも継承し、さらにアンジュー伯の地位と所領を獲得しますが、エレアノール・ダキテーヌと結婚して、フランス南西部も手中に収めていました。実に、**イングランドからフランス南西部まで、広大な土地がアンジュー家一門によって支配されることになった**のです。

ヘンリー2世は、スコットランドやアイルランドを攻撃し、またフランス西部のブルターニュも併合しました。さらに、フランスのカペー朝の後継者にも野心を示しますが、さすがにこれはフィリップ2世の誕生であきらめざるを得ませんでした。

しかし、3人の娘はザクセン(ドイツ)やカスティーリャ(スペイン)、シチリア(南イタリア)などに嫁がせ、ヨーロッパ全域にアンジュー家の息のかかった人物を君臨させます。まさしく「アンジュー帝国」ともいえる勢いを示したのです。

イングランドではノルマン朝の成立以来、国王が指導して封建制を導入したため、王権が相対的に強かったといえます。このことが将来的には、イングランドで議会制度を発展させる一因になります。また強力な王権で、教会への支配力を強めますが、そのためイングランドの教会の中心カンタベリーの大司教のT・ベケットと対立し、これを憂えた部下によってベケットは暗殺されました。教皇に対して立場の悪くなったヘンリー2世は十字軍への参加を表明しますが、それは息子のリチャードが行うことになります。

リチャード1世とジョン兄弟の、骨肉の争い

ヘンリー2世には5人の息子がいましたが、早世した1人をのぞき、4人はすべて父親にそむきました。また、兄弟間での対立も激しく、家庭の方は幸せではなかったようです。しかし封建社会の諸侯たちの実際は皆こんなところだったといっても誤りにはならないでしょう。

次男のヘンリー若王《わかおう》（the Young King）は共同統治ということで王にされますが、

教育係のT・ベケットが暗殺されたことや、ヘンリー2世が末子のジョンを溺愛したことへの反発から、三男のリチャードや四男のジェフリー（ブルターニュ伯）と結び、父親に反乱を起こしました。この反乱はすぐに和解して終わりますが、三男のリチャードが自分に臣従しないということで、次は四男ジェフリーと結んで彼と戦いました。しかし、やがて病没します。

四男のジェフリーも父親との対立が続き、最後はフランス王フィリップ2世の下に身を寄せますが、そこでのトーナメント（騎士の馬上試合）での事故がもとで亡くなります。

三男リチャードは、王位継承が決まった段階で、父ヘンリー2世から、彼が継承していたアキテーヌの土地を末子ジョンに与えるように命令されましたが、これに反発、改めて父親と対立し、フランス王フィリップ2世に臣従するという態度まで示しました。この結果、ヘンリー2世はリチャードとフィリップ2世の連合に敗れますが、さらに追い打ちをかけたのが、失意の中で見た反逆者の名簿の筆頭にジョンの名前があったことです。溺愛していた末息子の裏切りに、大きな精神的な打撃を受け、帰らぬ人となりました。

ヘンリー2世の没後、三男リチャードが正式にイングランド王位を継承しましたが、彼の獅子心王《ししんおう》（the Lion Hearted）のあだ名が示すように、イングランドにはほとんど居住せず戦争に明け暮れました。

彼の戦争の代表が第3回十字軍です。これは、神聖ローマ皇帝フリードリッヒ1世やフランス王のフィリップ2世など主要君主が参加して豪華なものになりましたが、フリードリッヒ1世は事故死、フィリップ2世もリチャードとの対立で帰国、結局はリチャードがサラディンと戦い、和平条約を結んで帰国しました。

しかし、その帰路、彼は十字軍以上の苦難を経験することとなります。第3回十字軍に遠征中、オーストリア大公レオポルド5世の業績をないがしろにする態度をとったため、この時の恨みを忘れなかったレオポルド5世が十字軍からの帰路リチャードを捕え、神聖ローマ皇帝ハインリッヒ6世に引き渡したのです。ハインリッヒ6世は身代金の代償にリチャードを解放しましたが、リチャードの立場が弱められたことはいうまでもありません。

帰国したリチャードはフィリップ2世との戦いを続けましたが1199年、戦場で受けた傷がもとで亡くなりました。リチャードは弟ジェフリーの息子、アーサーを後

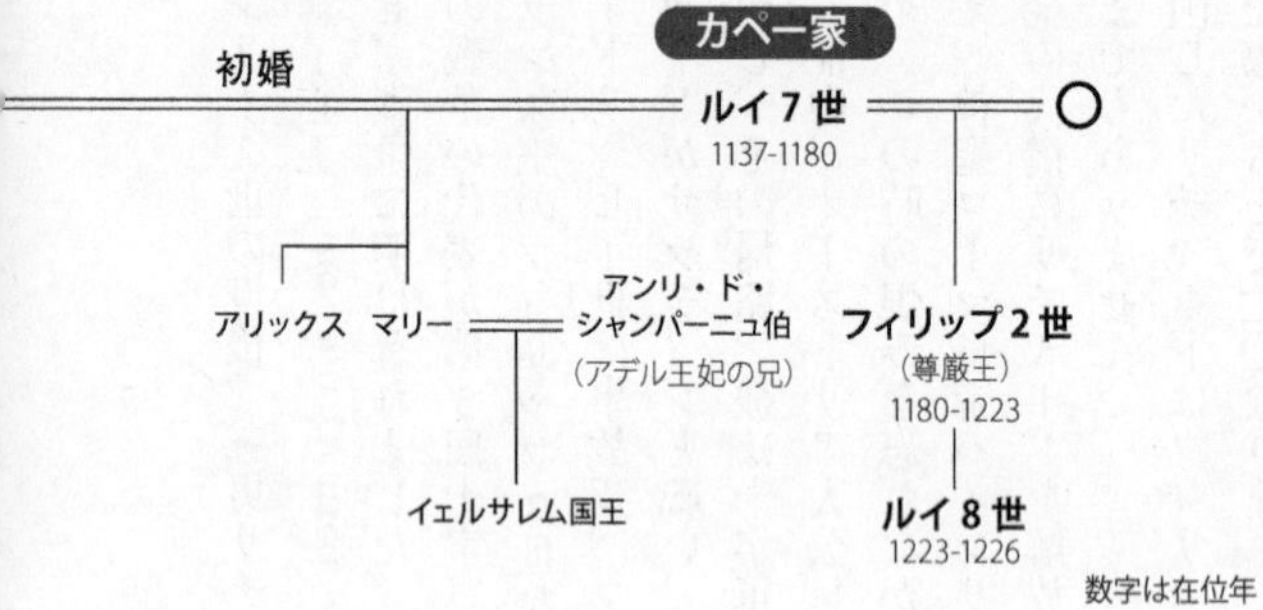

継者にと考えていましたが、まだ年若く、また後見人のフィリップ2世の介入を恐れて、イングランドの諸侯たちはアーサーを排してジョンを国王に選びました。アーサーはのちに暗殺され、ジョンとフィリップ2世の対立は決定的になりました。

ところで、ヨーロッパの王には、ルイ14世の「太陽王」をはじめ、あだ名がついていることが多いですが、ジョンの場合は「Lackland」といい、訳すと「欠地王《けっちおう》」とか「失地王《しっちおう》」とか、あまりうれしくない名前になります。生まれた時から相続すべき領地を持っていなかったので欠地王とか、国王になって領土を失ったので失地王とかいわれていますが、両方の意味に当てはまっています。

プランタジネット家とカペー家系図

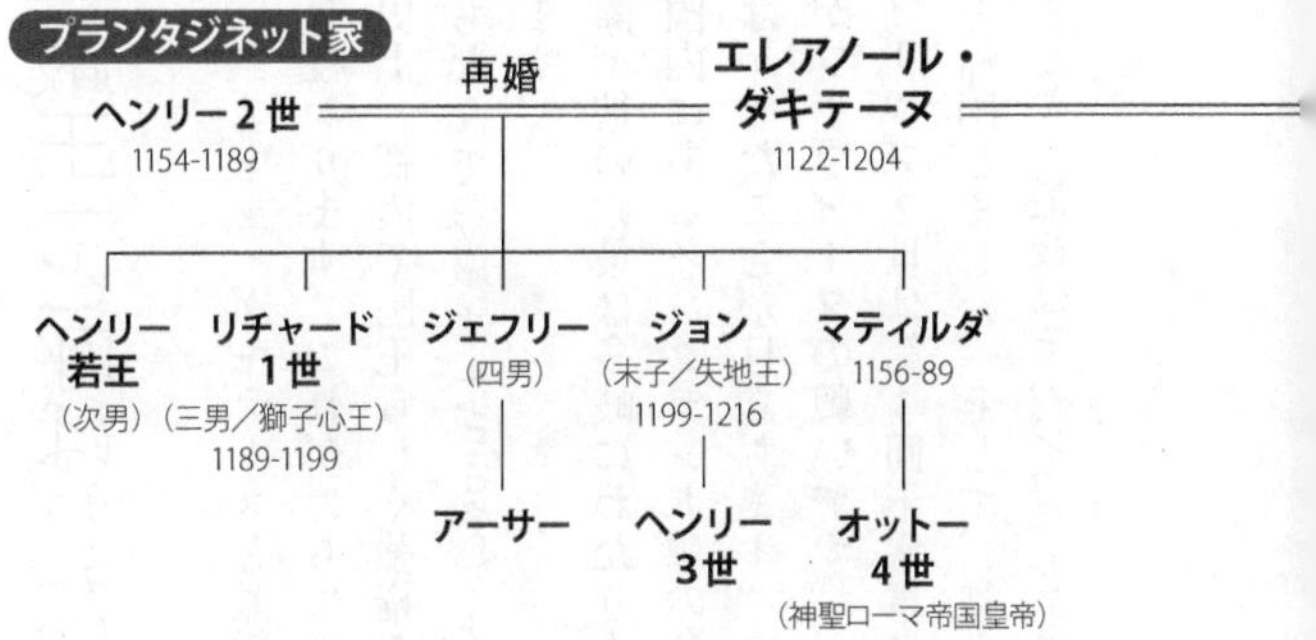

ジョンの時代は失政続きになります。教皇のインノケンティウス3世とカンタベリー大司教をめぐって争い破門され、イングランドの全部を差し出して許されるという屈辱も味わいました。また、フィリップ2世との戦いでは敗北続きで、フランス内にあった所領のほとんどを失いました（南西部、アキテーヌの中心ガスコーニュのみがイングランド領に残りました）。

また戦争のために過酷な課税を行ったため、市民はもちろん、諸侯たちからも反発を受け、それが1215年の**マグナ・カルタ調印の直接的原因**になりました。その後も戦争を続けますが1216年陣中で病没することとなります。

「尊厳王」と呼ばれたフィリップ2世

エレアノール・ダキテーヌと離婚したフランス王ルイ7世は3度目の結婚で待望の男子を授かります。これがのちにフランス国王になるフィリップ2世です。彼はフランス史上、初めて国王らしく強権をふるったと評価され、ローマ皇帝のアウグストゥスにちなんで尊厳王（Auguste）といわれました。フランス史での評価の高さがうかがえます。

実際、彼の政策は多岐にわたりますが、なんといってもイングランドと戦い、フランス国内にあるイングランド領の多くを回復し、さらには南東部に対しても領地の拡大をはかったことが目立ちます。このようなイングランド王との戦いのうち、最大のものがブーヴィーヌの戦いです。

フィリップ2世は第3回十字軍に参加しましたが、リチャード1世との不和のため早々と帰国しました。そして、彼と彼の弟ジョンを反目させるため、あらゆる手段を講じました。最後はそのジョンとも戦い、フランスの立場の強化をはかっていくのです。

ヨーロッパ中世世界の主人公、インノケンティウス3世

ヨーロッパ中世世界の総合的主人公ともいえる存在はローマ教皇です。カノッサでハインリッヒ4世に「屈辱」を与えたグレゴリウス7世、十字軍を呼びかけたウルバヌス2世、そして「教皇は太陽、皇帝は月」の言葉で、教皇権の絶頂期を現出したインノケンティウス3世など、名だたる教皇が輩出しました。

インノケンティウス3世の晩年に起きたブーヴィーヌの戦いは、**中世社会がこれから大きく変化していく、その転機を象徴している**ともいえましょう。この絶頂期の教皇と同時代の君主の関係を並べてみると、何ものかが浮かびあがってきます。教皇として位にあった1198年から1216年までの間、各国の世俗勢力との対立と協調の連続でした。そのうちの神聖ローマ皇帝をめぐる動きをここで紹介します。

インノケンティウス3世が教皇に就任したのと同じ年、神聖ローマ皇帝に即位したホーエンシュタウフェン家のフィリップはフリードリッヒ1世（第3回十字軍参加、

バルバロッサ＝赤髭王《あかひげおう》）の息子ですが、この時、インノケンティウス3世は、イングランド王のヘンリー2世の孫であるヴェルフ（ヴェルフェン）家のオットーを支持していました。このため、インノケンティウス3世が教皇の位にある間、このオットーとフィリップの対立が続きました。

フランス王のフィリップ2世がフィリップを支援するようになると、彼が優勢になります。インノケンティウス3世はフィリップの破門を解き、彼を正式な皇帝として認めましたが、娘の結婚問題からフィリップが暗殺されるという事件が起き、オットーが返り咲いて皇帝になりました（オットー4世）。

このオットー4世が南イタリアに軍を進める意図を示すと、今度はインノケンティウス3世と対立することになります。彼はオットーを破門し、さらにフリードリッヒ1世の息子で、幼少だったフリードリッヒ2世が成人したという理由で、彼を皇帝にしたのです。またフランス王フィリップ2世もフリードリッヒ2世を支援し、オットー4世との対立が深まっていました。このため、オットー4世はイングランドのジョンと結んだのです。

ブーヴィーヌの戦いにより、中世世界の秩序は動揺しはじめた

中世のフランスとイングランドの関係をいささかしつこく書いてきましたが、中核は、**フランスのフィリップ2世VSイングランドのリチャード&ジョンの関係**といえます。そして、それらの関係の総決算がブーヴィーヌの戦いになるのです。

イングランド王のジョンはフランス南部・ギュイエンヌから北上し、身内ともいえる神聖ローマ皇帝（オットー4世）やフランドル伯（今日のベルギーの諸侯）と連携して、フィリップ2世と戦うはずでした。ところが、神聖ローマ皇帝がドイツの諸侯を集めるのに時間がかかったため、余裕を持ってジョンに対応した王太子ルイ（のちのルイ8世）に敗れ、ジョンは北上を阻まれてしまいました。

遅れたオットー4世の軍隊は、フランドル伯、イングランドのソールズベリー伯などと連合軍を組み、フィリップ2世を迎え撃つことになりました。フィリップ2世が戦場としたのがフランドルとフランスの国境地帯、ブーヴィーヌです。

12～14世紀のイングランド・フランス王朝系図

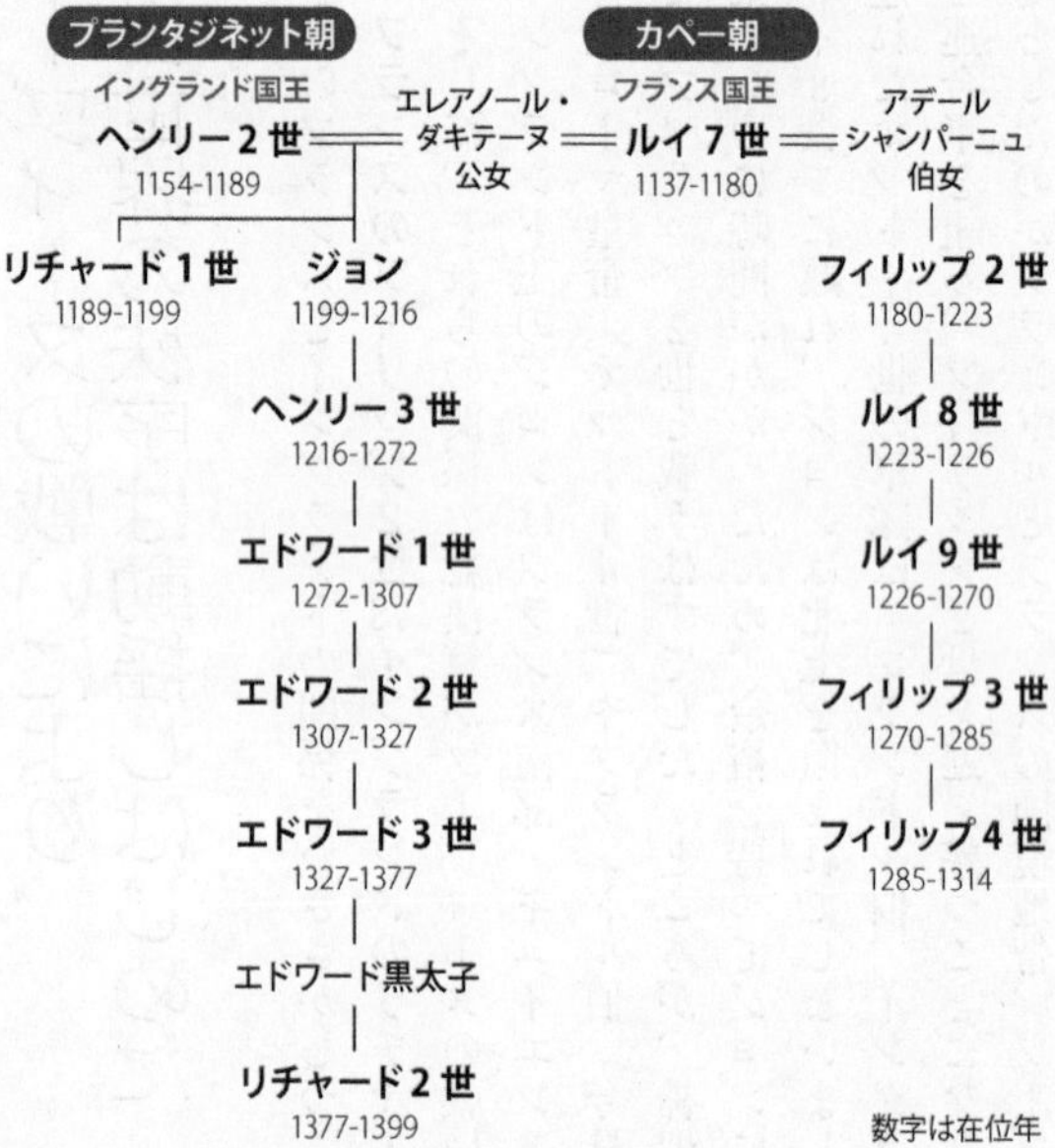

フィリップ2世にとって、連合軍の足並みがそろっていなかったことも幸いし、まず先陣をきってきたフランドル伯の軍隊を撃破しました。さらに続いた神聖ローマ帝国軍も撃破、イングランド軍にも勝利して、この戦争は、**フランスの圧倒的な勝利で終わりました。**

この戦争を含めて敗北・失敗続きのジョンにイングランドの諸侯たちの不満が大きくなり、彼らの間で、フィリップ2世の息子のルイ王太子をイングランド王に迎えようという気運が高まりました。ルイは軍を率いてイングランドに上陸します。

この時、ジョンはインノケンティウス3世の臣下になっているという立場を利用しながらこれに反撃し、国内の反ジョンの諸侯たちも抑えて、立場の強化をはかりましたが、そのために**諸侯たちの権利を認めるマグナ・カルタへの署名を余儀なくされました**。その翌年、ジョンは病没し、息子のヘンリー3世がイングランド国王を継承します。

ブーヴィーヌの戦争の歴史的意味はいろいろ指摘できますが、まずフランス・ドイツと教皇に関してどのような変化があったかを簡単に紹介しておきます。イングランドのみは別項で紹介します。総合していえることは、**中世世界の秩序がゆるぎはじめた**ということになるでしょう。

この戦争と前後して**フランスの王権は着実に強化**されていきます。すでにブーヴィーヌの戦いの前から、フランス南西部ガスコーニュ地方の、他のイングランド領の諸侯たちはフランス王に忠誠を誓っていました。イングランドとの関係はまだまだ続きますが、フランス王権が着実に強化されていったのです。

ドイツではオットー4世が廃位させられます。代わって新しく皇帝（ドイツ国王）になったのがホーエンシュタウフェン家のフリードリッヒ2世です。彼は、即位後ドイツの王権の強化をはかりますが、イタリアに居住することが多く、かえって諸侯や聖職者に認められてきた課税権や裁判権などを改めて確認するに終わり、**ドイツの分裂は進行します。**

しかし、このフリードリッヒ2世は、シチリア王としては権勢をふるい、また十字軍でも交渉でイェルサレム王国を復活させるという特異な外交を展開します。その合理主義的精神から「玉座における最初の近代人」といわれたことはすでに紹介しました。ですが、彼の死後ドイツでは国王を確定できない大空位時代《だいくういじだい》が始まるなど、分裂傾向を抑えることはできませんでした。

ローマ教皇にとっても13世紀は全体として、低落傾向が続きます。ドイツやイタリアでは教皇派勢力（ゲルフ）と皇帝派勢力（ギベリン）の対立が激しく展開されました。異端とされる人々が多く出てきたのもこの時代です。14世紀になると、フランス王によって教皇庁がアヴィニヨンに移されるまでになり、その低落は顕著になります。

「マグナ・カルタ」は、イギリス立憲制度の原点

イングランド王のジョンのことを多くの教科書は「**マグナ・カルタ（大憲章）**」に調印した人物であるということくらいしか扱っていません。後述しますが、これはイギリス史上のみならず、世界史上の重大事件といえます。概して評判の悪い王なのですが、それに関して名前を残したジョンは、名前などまったく出てこない君主に比べると、嫌々ながらも「マグナ・カルタ」に調印したことをほくそ笑んでいるかもしれません。

さて、そのマグナ・カルタですが、これはジョンにとって王位を維持するための苦肉の策でした。ロンドンを中心に反ジョンの声が高まる中、彼は**これまで、貴族や教会に認められてきた特権を再確認することで、王位にあり続けた**のです。

ノルマン朝の成立以来、王の指導で封建制が導入され、フランスやドイツと比べて相対的に王権の強かったイングランドにおいて、王権が規制されたことの意味は大きく、**イギリスの議会主義の原則の出発点になる**ものとして、評価されるようになりま

す。

ジョンに続いてイングランド王になった息子のヘンリー3世は、ジョンが失ったフランスの領土の回復をはかり出兵しますが、いずれも失敗。またフリードリッヒ2世死後のシチリアの混乱にも介入しようとしますが、これも不首尾で貴族や市民の不満が高まっていました。

ここで、ヘンリー3世の側近のひとり、シモン・ド・モンフォールが決起します。国王は定期的に議会を開くことを約束した「オックスフォード条項」を認めますが、すぐそれを拒否するといった具合で諸侯との対立は続きました。1265年、シモン・ド・モンフォールが開いた議会で、マグナ・カルタを正式に承認、あわせて議会主義の原則が確認されました。

1295年、ヘンリー3世の次に即位したエドワード1世は、課税問題のため議会を召集します。この時召集された「議員」は、親国王派で占められていましたが、当時の社会状況を反映しているということで「**模範議会**《もはんぎかい》（モデル・パーラメント）」と評価されます。

ブーヴィーヌの戦い後のイングランドでは、このように、他国に先駆け、中世から一歩進んだ新しい状況が生まれてくることになりました。

モンゴルの征服

Conquest of Mongol Empire

13世紀の初め、チンギス・ハンはモンゴル高原を統一し、中央アジアにも版図を拡大した。その子や孫の時代、西方では西アジアや南ロシア、東方では高麗《こうらい》や南宋《なんそう》を滅ぼし、ユーラシア大陸の広大な地域をその支配下に入れた。さすがに直接的な支配にはいたらなかったものの、その矛先は日本やヴェトナムにまで向けられた。

このような広大な帝国が成立したことで、東西の交渉は盛んになった。アジアに関する情報が直接ヨーロッパ人にもたらされたことは、大航海時代の前提になるなど、新しい歴史の段階へのステップになった。

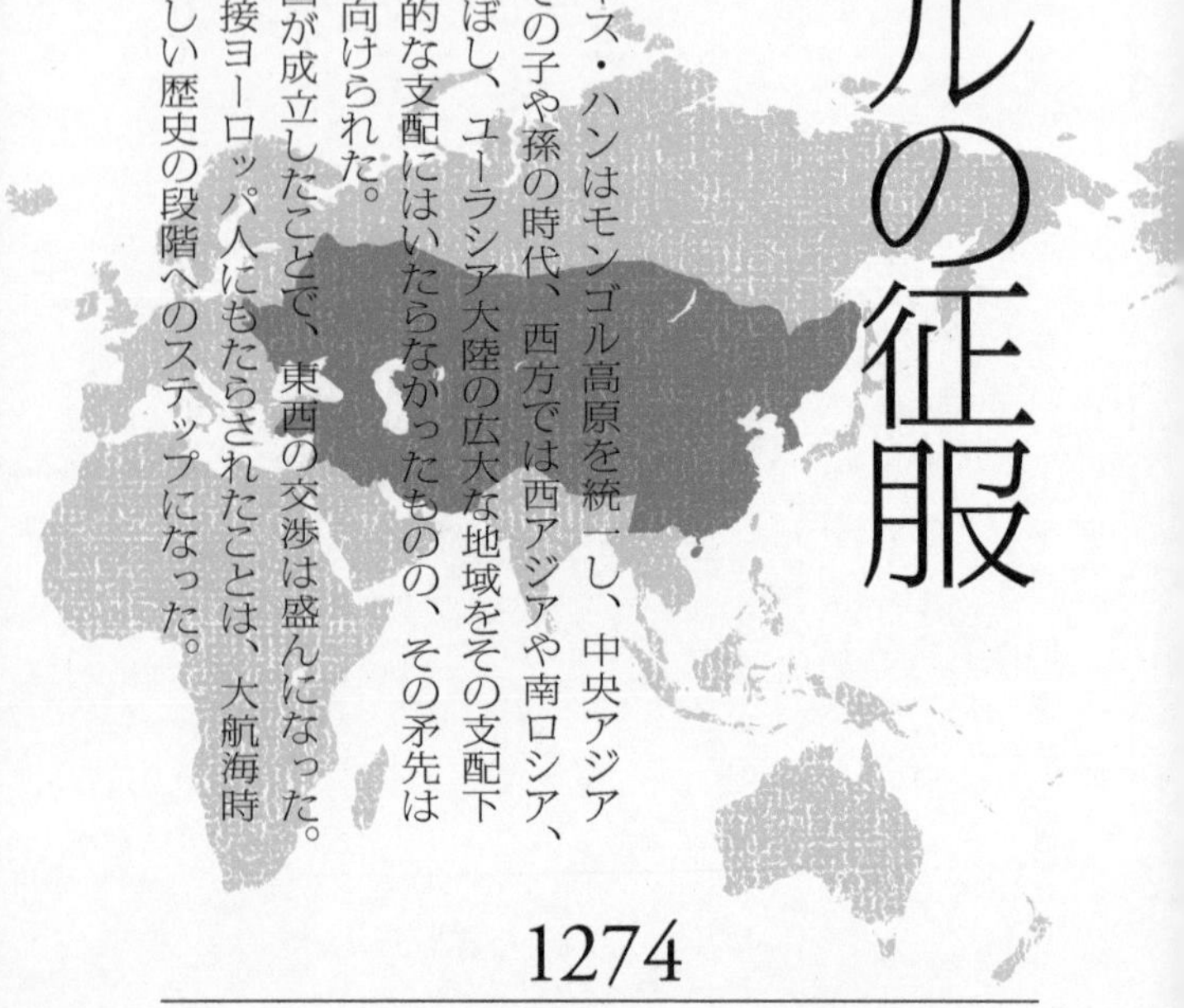

1274

征服王朝——中国を制圧した異民族の王朝

最初に、モンゴル帝国が成立する以前のモンゴル高原の歴史を簡単に紹介しておきましょう。チンギス・ハンから１４００年ほど前の匈奴帝国に始まって、モンゴル高原には遊牧民の国家がしばしばできていました。５世紀の中ごろには柔然《じゅうぜん》、６世紀には突厥《とっけつ》、さらに８世紀になるとウイグルと続きます。

これらは中国にとって大きな脅威でしたが、同時に北方民族と漢民族の間には、いろいろな交渉もありました。安史《あんし》の乱（唐の玄宗皇帝の時代、楊貴妃一族への反発から安禄山《あんろくざん》が起こした反乱）の討伐にはウイグルが助っ人として活躍していますし、五代十国時代には突厥の血を引く武将たちが実際に王朝を建ててしまっています。魏晋南北朝時代の北魏（鮮卑《せんぴ》族）などもしかり、中国と北方民族の交流は、単に北方の「夷《い》（蛮族）」という感覚では捉えられない状況が続いていたのです。

さて、10世紀以降のモンゴル、さらには満州（現在では東北部といいますが）で成立する北方民族の王朝は、匈奴やウイグルの時代とは大きく様相が変わってきました。

成立した国家が、遼《りょう》や金《きん》、元《げん》（さらにのちには清《しん》）という中国流の王朝名を使いはじめたのです。今まででしたら契丹《きったん》とか女真《じょしん》、モンゴル（蒙古）だったのですから、大きな変化です。

これらの王朝は、**自分たちの生活基盤である草原地帯・森林地帯のほか、中国の農耕社会も支配下に入れています**。彼らが行う遊牧や狩猟と農耕では生活様式がまったく異なります。前者は移動生活が中心で、後者は定住生活なのです。

このように異なる生活圏を版図に入れると、その支配の仕方が問題になります。定住生活をする農民には中央集権的支配が適しているのですが、移動生活をする部族的要素の強い民族にはそれができません。そのため、遼が設置した北面官《ほくめんかん》・南面官《なんめんかん》のように自民族と他民族を分けて支配しました。このような国家のあり方を**二重支配体制**《にじゅうしはいたいせい》といいます。

そのほかにも、中国文化を受けとるだけではなく、契丹文字や女真文字のように固有の文字を作り、仏教を信仰するなど、独自の文化を発展させました。中国との外交関係も大きく変わり、遼と北宋は兄弟関係、金と南宋は君臣関係というように、かつての北方民族とはまったく異なる対応をします。

このようなところから総合して、遼や金、さらにこの後に続く元や清を「征服王朝」といいます。このような説を立てたのが、アメリカの東洋史学者ウィットフォーゲルです。なお、同じころ西方にあった西夏《せいか》は、征服王朝とはいいませんし、同様に、魏晋南北朝時代の北魏も征服王朝とはいわず、孝文帝のように積極的に中国に同化したことから、浸透王朝と評価をすることがあります。

お金で平和を買った王朝、宋帝国

中国史は、前221年に秦の始皇帝に始まり、1912年、ラストエンペラーになる宣統帝《せんとうてい》が退位して終わるまで、実に2100年以上にわたって皇帝専制体制が維持され、その間、多くの王朝の興亡がありましたが、皇帝が君臨するという政治体制は変わることがありませんでした。

五代十国の混乱を収拾して960年に成立した（北）宋も、ほかの中国の王朝と同じように皇帝専制国家であることにはまったく変わりがありません。しかし、根底的なところで、唐の時代とは変わっています。五代十国50年の歴史への反省から、建国者の趙匡胤《ちょうきょういん》（太祖《たいそ》）は国家のあり方を変えたといえます。

第一にあげられる変化は、五代十国時代のような軍人政権、つまり**武断政治を止め**たことです。中国では、唐の時代から**節度使**《せつどし》（**藩鎮**《はんちん》）といわれる武士階級が成長しています。唐末に出てきたそのひとり、朱全忠《しゅぜんちゅう》が後梁《こうりょう》を建国しますが、これに続く、後《こう》唐《とう》・後晋《こうしん》・後漢《こうかん》・後周《こうしゅう》（まとめて五代といいます）は、いずれも武人政権で、短命であり、また華北しか支配領域に組み入れることができませんでした。同じことをくり返していたら、宋も6番目の弱小王朝で終わったかもしれません。

趙匡胤はその連鎖を断ち切るための大英断を行いました。五代十国時代の主人公であった藩鎮たちから実権を奪ったのです。その際に彼は強引な手段を用いず、基本的には話し合いによって相手を説得しました。さらに、科挙を改革し、皇帝自らが高級官僚を採用できる**殿試**《でんし》を始め、**文人官僚優位の体制を確立**していきました。

新しくなった科挙を通じて、貴族に代わって唐末から出現した、**形勢戸**《けいせいこ》といわれる**新興地主層が進出**します。官僚を出した家は官戸《かんこ》といわれますが、彼らは同時に知識階級であり、士大夫《したいふ》とも呼ばれ、この時代の思想・学問を指導します。

しかし、文治主義はいいことばかりでもありません。北方民族と中国人は基本的には対立関係にあります。すでに10世紀初め、耶律阿保機《やりつあぼき》が建国した契丹族の遼は、石敬瑭《せきけいとう》が建国した五代の後晋を支援した代償として、燕雲十六州《えんうんじゅうろくしゅう》（万里の長城の南側。現在の北京や大同を中心とする地域）を獲得します。

宋はこの地域の奪還をはかり遼と戦いますが、結局は1004年に澶淵《せんえん》の盟《めい》を結び、回復をあきらめました。それどころかこの盟で両国は宋を兄、遼を弟として兄弟関係を約束します。兄が弟の面倒をみるのは当然という、儒教的価値観からの妥協の産物ともいえますが、宋は遼に歳幣《さいへい》として絹や銀を送り、続く金とも同様な関係が成立しました。まさしく**宋はお金で平和を買った王朝**ということになります。しかし、その平和の下、国内は安定し経済は発展します。

宋が行った経済立て直し策――王安石の新法

宋の時代、たしかに経済は発展したのですが、その発展の中での矛盾は拡大し、北方民族への屈辱的な対応が原因となって国家財政は窮乏しました。そのため11世紀後半、**王安石《おうあんせき》は「新法《しんぽう》」といわれる改革に取りくみます。**

この政策の基本は、中国の伝統である農本抑商策の延長ともいえ、大地主や大商人を抑圧して、中小の農民や商工業者を支援しました。低金利の貸しつけで農民を救済する青苗《せいびょう》法、同じく商人救済の市易《しえき》法、大商人抑圧のための均輸《きんゆ》法、豊かな商人などから免役銭《めんえきせん》を取り立てる募役《ぼえき》法などが中心です。

また強兵策では民兵を整備する保甲《ほこう》法や、馬を確保するための保馬《ほば》法などが行われました。しかし、有産者を中心に反対意見が大きく、歴史学者としても名高い司馬光《しばこう》はその中心でした。それぞれの支持者は**新法党**と**旧法党**という政治グループ（党）を作って対立、政治そのものが混乱してしまいます。

南宋は、女真族への屈辱の中で生まれた

12世紀になると**女真族**の**完顔阿骨打**《わんやんあぐだ》が満州に**金**を建国しました。宋はこの金と同盟し、遼を滅ぼします。しかしその後、金が占領した燕雲十六州の回復をはかって今度は金と戦い、これに敗れました。時の皇帝欽宗《きんそう》や、あわてて位を投げ出していた徽宗《きそう》は捕虜になり（靖康《せいこう》の変）、宋はいったん滅びました。

この時主戦派の代表であった岳飛《がくひ》は和平派の秦檜《しんかい》のために失脚し、秦檜の指導で淮《わい》水《すい》を金との領土の境界にして、宋が金の臣下になるという屈辱的な和平条約を結びました。宋は開封《かいほう》を捨て江南の臨安《りんあん》に都を移して体制を維持します。ここからが**南宋**になります。

南宋の試練はさらに続きます。1206年、**チンギス・ハンがモンゴル帝国を樹立**します。第5代のフビライ・ハンは1271年に元を建国し、その勢いで1276年、南宋の都、臨安を陥落させました。追われた南宋軍は広東省、香港の近くの崖山に拠点を築き、最後の抵抗を試みます。南宋は軍艦1000隻を用意して元と対抗しましたが、海上に不慣れとはいえ、イスラム教徒の支援を受けた元軍との戦いに疲弊し、1279年になると将軍たちの絶望感が広まる中、宰相の陸秀夫《りくしゅうふ》も幼帝を抱えて入水、ここに南宋は滅亡しました。

このような状況が、中国人の政治意識と民族意識を強く刺激しました。南宋の学者朱熹《しゅき》は**朱子学**《しゅしがく》を大成し、君臣秩序を明確に示す大義名分論《たいぎめいぶんろん》を展開、中華を優越視する華夷《かい》の別《べつ》を強調して**儒教の正統教義を完成**させました。しかし、彼の説は完璧主義・理想主義的でありすぎたために現状肯定派からは嫌われ、弾圧を受けます。朱熹自身、官僚としては不遇な生活を送らざるを得ませんでした。

新しい地主階級の誕生と、農業の発展

唐から宋の時代にかけての中国社会の変化は、すでに唐末から始まっていました。**両税法《りょうぜいほう》が中国社会のあり方を根底的に変えた**のです。それまでの中国では、土地は公のものという考え方の下、均田制などによって農民たちに分与されていました。しかし、**両税法は個人的な土地所有を認めた**のであり、そのために形勢戸といわれる新しい地主階級（大土地所有者）が出現します。この地主たちが科挙を通じて中央政界に進出していきました。唐で大きな権力を握っていた古代以来の貴族たちは衰退します。五代十国の南唐などではこのような貴族が文化の継承者になっていましたが、宋になると姿を消していきました。

一般の農民の中には、もちろん自作農として農業に従事していた者もたくさんいますが、土地を失った多くの農民は**佃戸《でんこ》**といわれる小作農になり、宋代社会の中核になった形勢戸の基盤を支えることになります。

形勢戸は、唐の貴族のように、自分の荘園に集めた農民たちを使役するという方法ではなく、土地を佃戸に貸し与え、彼らから小作料をとるというやり方で自分が所有する土地を経営していきます。このような面でも唐から宋へとものの考え方が大きく変わっていきました。

農業技術の進歩という点でも宋の時代は注目されます。まず、華北が北方民族に占領されたことから多くの農民が江南、つまり長江の流域に移住します。このため、魏晋南北朝時代以上に**江南の開発が進みました。**

水利技術が江南にももたらされ、低湿地などにも圩田《うでん》や囲田《いでん》、湖田《こでん》という堤防などを利用した水利田が作られ、生産力を向上させました。11世紀にヴェトナムから、日照りに強く成長も早く、収穫量が多い占城米《せんじょうまい》（チャンパー米）が導入されたこともそれに拍車をかけます。「江浙《こうせつ》（蘇湖《そこ》、長江下流域の稲作地帯）熟《じゅく》すれば天下《てんか》足《た》る（飢えず）」というのは浙江省や江蘇省が大穀倉地帯になったことを表す言葉になります。

宋の経済発展——資本主義は中国で誕生したといえるのか

農村以上に発展したのが都市です。これまた唐の後半にさかのぼりますが、そのころから、経済に対する規制がなくなっていきました。唐は碁盤の目状の都市計画（都《と》城《じょう》制）で知られますが、商売は東市・西市といった区域に制限されていました。唐末になるとこのような規制がなくなっていき、都市を囲む城壁の外に「草市《そうし》」といわれる市場も出現します。また物資の交流も盛んになり、交通の要衝などには鎮《ちん》や市《し》という新しい都市も建設されます。

北宋の都の開封が南北を結ぶ運河の結節点、つまり商業都市であったことも、政治都市であった唐の都の長安と比較して大きな変化といえましょう。都市内には瓦市《がし》という歓楽街が出現し、そこには飲食店、公欄といわれる劇場、妓楼《ぎろう》なども並び、深夜まで庶民でにぎわっていた様子が『東京夢華録《とうけいむかろく》』などに残されています。

都市内では絹織物や鉄、紙、陶磁器などの産業が発達しますし、生活用品を生産する手工業も発展します。とくに陶磁器で知られる景徳鎮《けいとくちん》の発展は目覚ましいものがありました。さらに、燃料として石炭が普及してきたことが注目されます。

職人たちは「作《さく》」、商人たちは「行《こう》」という組合を組織して利益を守りました。また、唐の時代には飛銭《ひせん》といわれた手形が発達して、交子《こうし》や会子《かいし》といわれる紙幣が流通し始めました。これは元の時代の「交鈔《こうしょう》」という紙幣に続いていきます。このように、**宋の時代の経済発展は目覚ましいものがありました。**

経済活動の隆盛から、宋の時代の経済に資本主義の萌芽《ほうが》がみられるという評価もできます。このような中国の繁栄が西方に伝えられ、ヨーロッパで資本主義の本格的発展をみたというのですが、では本家本元、中国ではなぜ資本主義が発展しなかったのか、興味深い研究対象でもあります。

ユーラシア大帝国の建国者、チンギス・ハン

モンゴル高原は12世紀以来、金の支配下に入っていたのですが、13世紀になりモンゴル族が急速に勢力を増し、その指導者のひとり、テムジンがモンゴル高原を統一、遊牧民の有力者が集まるクリルタイで認められ、**チンギス・ハン**として即位しました。

彼は遊牧民1000人を単位にした軍団（千戸制《せんこせい》）を組織し、騎馬軍団の機動力を利用して1215年には金を圧迫、さらに西方に拡大していきます。1218年には、中央アジアの西遼を滅ぼしました。ちなみに、西遼はもともと金に滅ぼされた遼の一

族、耶律大石《やりつたいせき》が西走して建国した国ですが、チンギス・ハンの征西の直前にナイマン部のクチュルクが王位を奪っていました。

中央アジアからの帰路、チンギス・ハンは西夏を滅ぼします。この国は李元昊《りげんこう》によって建国されたチベット系、タングート族の国家で、西夏文字を作り、仏教を信仰するなど文化的にも注目される国家でした。

西夏を滅ぼした後、チンギス・ハンは波乱の生涯を終えました。しかしモンゴル帝国は後継者によってさらに拡大されていきます。

モンゴル帝国
――チンギス・ハンの一族がつくり出す初のユーラシア国家

チンギス・ハンの死後、モンゴル帝国は、後継者争いという最初の試練を迎えます。チンギス・ハンには4人の子どもがいましたが、長男のジュチ（ジョチ）は出生に疑惑があり、次男のチャガタイは性格的な問題があり、みな後継者からは外されました。

モンゴル帝国の最大領域

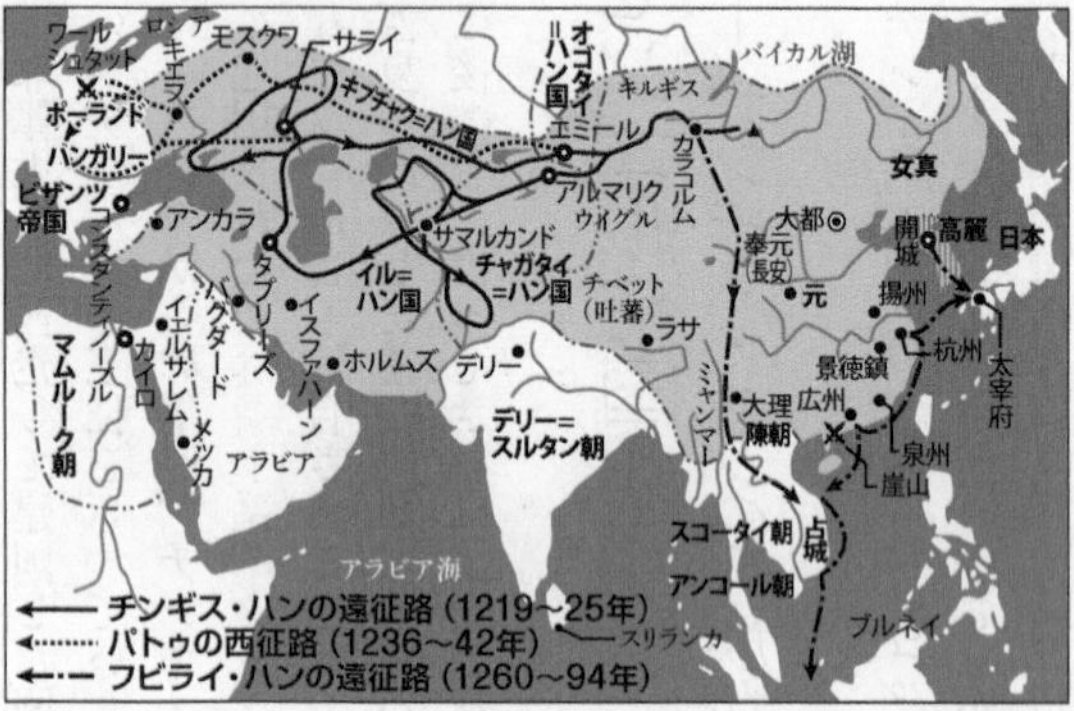

末子トゥルイは文句はなかったのですが本人が固辞し、結局3男のオゴタイ（オゴデイ）が選ばれることとなります。

オゴタイ・ハンは1234年、金を滅ぼして華北を支配下に編入し、カラコルムに都を置いて、さらに西方への拡大を命じました。この間、チンギス・ハンとオゴタイ・ハン親子に仕えた耶律《やりつ》楚材《そざい》は、徴税体系を改めモンゴル国家の財政基盤を確立したことが注目されています。

オゴタイ・ハンの時代も、モンゴルの拡大は続きました。キエフなどのロシアの諸侯を制圧した後、ポーランドに入り、1241年の**ワールシュタット（リーグニッツ）の戦い**で、長男ジュチの子**バトゥ**がドイツとポーランドの連合軍を破りました。ヨーロッパは大きな脅威に見舞われたのですが、このとき、オゴタイ・ハンの死の知らせが届きそれ以上の西進は行われませんでした。ただし、ロシアはキプチャク＝ハン国が以後２００年ほどにわたり支配します。

オゴタイの死後にハンの位を継承したのは、彼の息子のグユクですが、短命に終わりました。彼の時代の後、オゴタイ家に代わってチンギス・ハンの末子トゥルイの一門が巻き返し、マング（モンケ）が即位します。彼も南宋への攻撃を続けますが、これを滅ぼすにはいたりませんでした。

しかし、彼の時代も西方への進出は続き、弟のフラグは１２５８年、バグダードを落とし、**アッバース朝を滅ぼします**。彼はイランを中心にイル＝ハン国を建国し、この王朝下でモンゴル人もイスラムに改宗が進みました。

この段階では南宋はまだ併合されていませんが、**西ヨーロッパやインド、東南アジアをのぞき、ユーラシア大陸の広大な地域を支配する史上空前の大帝国が成立した**ことになります。

元帝国を成立させたフビライ・ハン

マング・ハンの弟のフビライは、兄の即位とともに中国方面での支配の拡大を任され、雲南に遠征して大理を併合したり、高麗を下したりして、大きな功績をあげていました。1259年、マング・ハンが亡くなると、彼を支持する遊牧貴族を集めたクリルタイを開き60年にハンの位につきました。

これに対し、弟のアリクブケはやはりハンの位を宣言して争いになります。彼はチャガタイ＝ハン国を味方につけ、さらにはオゴタイ一門のハイズもアリクブケに味方して戦い、一時は優勢に立ちましたが、敗北します。ハイズも投降を呼びかけられましたが、彼はそれを拒否し、1266年、反フビライを叫んで決起しました。

彼の抵抗は30年にも及びましたが、この間フビライは71年に元を建国、76年には臨安を下し、79年には崖山の戦いで南宋を完全に滅ぼしました。さらに74年と81年、2回にわたり日本に遠征軍を派遣しています。この遠征は失敗に終わりましたが、モンゴル帝国の権力の強大さを見せつけました。

都の大都《だいと》（現在の北京）にマルコ・ポーロがやってきて『東方見聞録《とうほうけんぶんろく》（世界の記述）』を著すのもこの時代です。これらの記録は、やがて始まる大航海時代を導いていく一因になりました。

ハイズの乱は長引き、キプチャク＝ハン国、イル＝ハン国、チャガタイ＝ハン国などの独立傾向は決定的となっていきましたが、全体としてのモンゴル帝国の結びつきは続き、そこで張りめぐらされたジャムチ（駅伝制）を利用して、**東西交渉は盛んに行われました。**

中国では、ジャムチに加え、運河や海運などの水運を利用して、宋の時代から連続して盛んな経済活動が行われました。とくに、南宋を滅ぼして中国を再統一し、さらにヴェトナムや日本への遠征を行ったことは、まず海軍力があって可能になります。そして南方への作戦を展開していたのは、明らかに海洋帝国を目指していた証ともいえましょう。

元の時代の中国は「モンゴル至上主義」と説明され、その時、必ずといっていいほど「九儒十丐《きゅうじゅじっきゅう》」という言葉が出されます。元の時代の社会勢力を10に分け、儒者は9番目で10番目は乞食、つまり儒者はかなりの低階級という意味になるのですが、この言葉を言いはじめた人物が個人的に極端な反モンゴル主義者であり、真実を伝えているとはいえないとされます。

実際、農耕社会である中国の支配のために官僚層は不可欠であり、その役割を中国人官僚が果たしていました。またウイグル人などの色目人《しきもくじん》が積極的に登用されましたが、これも彼らが築いていた、中央アジアを中心にした商業ネットワークと切り離して説明することはできません。モンゴル帝国は「世界史」の始まりを示しているのかもしれません。

モンゴル帝国が先導した「世界史」

中央アジアのイメージは、どうしても「歴史ロマンのシルク・ロード」になってしまいがちです。モンゴルの歴史も遊牧民じゃないかと、ついつい軽んじてしまいます。ところが近年、そのような認識を覆すような立場がいろいろと出てきています。とくに、モンゴル帝国の「世界史」的位置づけが盛んに行われているように思われます。

モンゴル帝国は、現代の国家と比較しても、群を抜いた大版図を実現した国家です。

それを、残虐非道な戦争と元帝国の差別的な中国支配、そして4つのハン国の話だけで終わらせてしまうのはたしかに認識不足もいいところでしょう。

さて、モンゴル帝国では、駅伝制度や徴税制度など、国家としての機能が整備されました。しかし、**この国は今日のような国民国家において必ず出てくる「国境」という概念では説明できない要素を持っています。**

そもそも彼らは遊牧民であり、定住することは基本的にありません。都に大きな居城があったとしてもそれは儀礼用の施設とも考えられるもので、基本的には定住生活をしません。ハンのいるところが都といった方が当たっているともいえます。

しかしモンゴルは、フビライ・ハンの時代になって全中国を支配し、さらに周辺国家に「海を越えて」まで拡大を始めます。草原の民が、苦手としたであろう海洋世界に進出しはじめるのは驚くべきことです。マルコ・ポーロが実在したかどうかの問題はさておき、13〜14世紀に、洋の東西ともに双方に関する情報が飛躍的に増えていったことはたしかです。情報だけでなく、羅針盤や火薬、印刷術といった具体的な技術も、この時代に東方から西方に伝えられたと考えられています。

このモンゴル帝国は東ヨーロッパまでは領土を拡大しましたが、西ヨーロッパやアフリカ、南インドや東南アジアの大部分、そして極東の日本を制圧することはできず、かつまた、広大な帝国がいくつかに分裂していましたから、単一の人物が支配する世界帝国というわけにはいきません。

しかし、モンゴル帝国と関係を持つことで、新しい世界が形成されたことはたしかです。歴史学者の杉山正明《すぎやままさあき》氏がその点について、興味深い指摘をされています。ロシアでは、200年にわたるモンゴルの支配が15世紀に覆され、そこからモスクワ大公国が発展してロシア帝国が形成されていったし、イスラム世界では、モンゴルの衝撃ののち、オスマン帝国が成立し、やがて三大陸にわたる大イスラム帝国を建設していきます。西ヨーロッパでも神聖ローマ帝国が再編成されます。そして、**これらの帝国は実に20世紀初め、第一次世界大戦の前後まで維持されるのです。東方に関する情報を伝えて大航海時代を準備し、そのために羅針盤などの技術を伝えたモンゴル帝国の果たした役割は非常に大きいということです。**

15世紀から始まる大航海時代を考えると、「黄金の国ジパング」を含めて世界の情報をヨーロッパに伝えたマルコ・ポーロは、たしかに新しい世界を導いた先達ということができるかもしれません。

モンゴル帝国の時代の日本
――海では各国の商船が入り交じる

最近（ではなく、かなり昔から論争はあるようですが）、鎌倉幕府成立の年代がゆれ動いているようです。「いいくに（1192）作ろう鎌倉幕府」というのは、頼朝《よりとも》を征夷大将軍にするのを拒んできた後白河法皇《ごしらかわほうおう》が亡くなり、頼朝がその地位を手に入れた年になりますが、それより12年も早く、1180年に侍所《さむらいどころ》を設置した段階で幕府成立とするのが妥当という意見など、6つほどの有力な説が出ています。

さてこの鎌倉幕府の成立をとりあえず1192年とすると、チンギス・ハンがモンゴル帝国を樹立するのが1206年ですから、それから14年後になります。さらに、元寇は1274年と81年、南宋の滅亡はその間の79年です。

すこし話が前後しますが、日本は、菅原道真《すがわらのみちざね》による遣唐使の廃止以来、中国との正式な国交は持っていません。つまり朝貢関係はありません。これは中国に朝貢する新羅に対する優越意識や、異民族に混乱させられた唐への失望などが絡んでいるようです。

しかし一方で、民間の商人や僧侶の行き来は盛んに行われていました。1127年、中国では宋が滅び、南宋が成立します。これよりすこし遅れて12世紀後半、権力を握った平清盛《たいらのきよもり》は日宋貿易を盛んにするため大輪田《おおわだ》の泊《とまり》（神戸港）を建設しました。鎌倉幕府も宋との貿易は許し、多くの宋銭《そうせん》が日本に流入し、日本経済の発展に貢献しました。元寇後も鎌倉幕府や室町幕府が建長寺船や天龍寺船を元に送ったのは、それによる利益をそれぞれの寺院造営にあてようとしたものです。

1368年、中国では元を追い、朱元璋《しゅげんしょう》が明《みん》を建国します。そのころ、東シナ海では倭寇《わこう》が跳梁していました。これは鎌倉幕府の権威が低下して以来の傾向です。これまでは「海賊」的行為が強調された倭寇ですが、最近は民間の貿易活動として理解されることが多くなっているようです。そういえば、ヨーロッパ中世ではノルマン人、近代ではイギリスのドレーク船長などに代表される私掠船《しりゃくせん》は、平和的な交易活動も行いましたが、実際には、半分以上海賊のような存在でした。

明が成立した30年ほど前、日本では室町幕府が成立します。第3代の足利義満《あしかがよしみつ》のころになると南北朝の対立も収拾され、鎌倉時代より強大な幕府権力が形成されたところで、足利義満はあえて明の冊封《さくほう》を受け、勘合貿易《かんごうぼうえき》というかたちで朝貢貿易を始めます。倭寇を取り締まって貿易を独占した方が大きな利益を期待できたからです。

ちょうどこのころ、朝鮮では李成桂《りせいけい》が朝鮮王朝（李氏朝鮮《りしちょうせん》）を始め、日本との間に正式な国交が開かれ、交易も盛んになりました。多くの商人たちが朝鮮に進出したため、李朝は対馬《つしま》の宗氏《そうし》を介した貿易を要求しました。15世紀の初め、宗氏の当主の交代に際して倭寇が活発化したため、李朝がその本拠として対馬を攻撃した事件が、応永の外寇です。

15世紀の末になって、幕府権力が弱体化すると、堺の商人と結んだ細川氏、博多商人と結んだ大内氏が貿易を独占するようになっていき、両者は1523年、中国の寧《ニン》波《ポー》（明州《めいしゅう》）で衝突事件を起こすにいたります。この対立では大内氏が勝利しましたが、大内氏が16世紀半ばに滅亡するとともに、勘合貿易も終結しました。再び倭寇が跳梁する時代になりますが、この時代の倭寇は中国人が中心となっています。

東シナ海にこのような形で各国の商船が入り交じっている1543年、種子島にポルトガル船が漂着しました。ヨーロッパ人の来航です。彼らが鉄砲をもたらし、これが日本の歴史を変えていくきっかけになります。国内では戦国大名の割拠する時代でしたが、同時に、日本は東南アジア方面への進出を盛んにするのです。

「世界史」成立前夜のヨーロッパとイスラム

ヨーロッパの歴史で13～14世紀の大事件といえば、まず**十字軍の失敗**があげられるでしょう。神が異教徒との戦いに万能でなかったと明らかになってしまったのは、痛烈なボディーブローになったと思われます。14世紀になると、フランス王により教皇庁はローマを離れ、南フランスのアヴィニヨンに移されます。12～13世紀に君臨したインノケンティウス3世の時代に比べると、ヨーロッパに君臨した巨大な権威の衰退であり、**世俗的な権力の台頭**を象徴しています。

同じく14世紀、ルネサンス運動が始まります。これは、文字通りの解釈だと、キリスト教以前の世界、古代のギリシアやローマの人間を中心にした文化を考え直そうという動きですが、キリスト教的価値基準に対する挑戦でもあります。

とはいうものの、無神論や多神教が出現するわけではありません。古典古代の人間を中心にした思考がキリスト教に導入され、聖母子像のように温かく、天地創造のようにエネルギーに満ちあふれた絵画が誕生します。ガリレオの新しい天体像は16世紀になってなお異端の審判を受けますが、教会の最後の抵抗ともいえなくもありません。世の中は大きく変わっていたのです。

ルネサンスの三大発明といわれる、**火薬と羅針盤**、そして**活版印刷**はまさしく世界的な意味をもちます。火薬は戦争のあり方を一変させました。中世の騎士たちの時代は終わりを告げ、中央集権国家が成立します。羅針盤によって陸が見えないところでも自分の位置を知ることができるようになり、遠洋航海が可能になりました。印刷術は、学問を庶民にも開放しました。

そして、**これらは、いずれも中国で始まり、モンゴルの時代を中心に西方に伝えられたのです**。広大なモンゴル帝国の成立は、世界史を切り開いたといえます。

ただし、ここでアラブ・イスラム世界も忘れてはなりません。『アラビアン・ナイト（千夜一夜物語）』を考えてみますと、このお話はペルシアやインド、そしてメソポタミアやアラビア、多くの「世界」の物語が集められたもので、ムハンマドから始まるアラブ・イスラム世界も、地球規模とまではいかないものの、3つの大陸にわたる大領域に君臨し、古来から伝えられてきた諸文化を融合します。

モンゴルは、このような世界に新しい衝撃を与え、地球規模の結びつきを加速してくれたといえるのかもしれません。

Column

「世界史」の成立はいつか？

15～16世紀の大航海時代、ヨーロッパ人によって、それまで未知だった新大陸も含め、世界は直接的に結びつけられました。もちろん、大航海時代以前から、中国の絹がシルク・ロードを運ばれてローマにもたらされていたことや、アフガニスタンのラピスラズリがエジプトのファラオの埋葬品の顔料として使われていたことなどは知られています。ものを通じた東西世界は結びつけられていました。紀元1世紀ごろの世界の東西、ローマと中華という帝国は、今日にも誇れる高度な文化を作りあげていました。

しかし、その段階での地球のあり方、あるいは歴史のあり方を「世界史」

として評価することは抵抗があります。ここところではこのような交流があった、という程度の扱いです。もちろんそれは非常に重要なことではあるのですが、「世界史」という言葉がしっくり当てはまるとは思えません。

20世紀になると、たとえば中国で義和団の乱が起きたら、列強はすぐに軍隊を派遣してこれを鎮圧しました。単に情報網が整備されていたので列強の対応も早かったという問題ではなく、義和団の乱によって、自分の権益が侵されかねないからです。

しかし、9世紀に唐で起きた黄巣の乱では、これがきっかけになって唐は滅びましたが、隣国の日本でさえ、軍を派遣することはありませんでした。「世界史」というのは、**世界の隅で起こった事件でも諸国がたいへんな関心を持ってなんらかの対応をするような状況**が出てきた段階になって成立したといえるものなのかもしれません。

また、「世界史」を考える時、**地球規模に広大な領域が支配されはじめる**ということもひとつのキーになります。大航海時代には、なんと、スペインとポルトガルが世界（地球）を分割してしまい、それを教皇が承認したのです。そういう点でもこれは「世界史」的な事件でした。

大航海時代のスペインを形容した「日の没することのない帝国」という言葉があります。スペイン本土から大西洋、新大陸、そして太平洋からフィリピンまで（インド洋はポルトガルが押さえていたため、一部「夜」になってしまう地域もありますが）、帝国のどこかでは太陽が輝いているという大領域国家を表しています。

大航海時代が始まるとともに、ヨーロッパ内に大きな変化が起こります。古代ローマ時代、いや、それ以前のギリシア人やフェニキア人の時代以来、**古代世界で経済の中心だった地中海に低迷傾向が出てきた**ことです。

北イタリア商人たちの活躍の場は狭められていきます。ヨーロッパ人は大西洋に向かいはじめたのです。オスマン帝国を経由する貿易が一挙になくなってしまったのではありませんが、全体としてはヨーロッパの経済地図は大きく塗り替えられました。これは**商業革命**といわれます。

また、新大陸から大量にもたらされた金や銀が、これまたヨーロッパの貨幣経済に変動をもたらしました。貨幣の供給過剰でインフレが起きたのです。これは価格革命といわれますが、「革命」という言葉がふさわしいかどうかは別にしても、大航海時代はこれまでにみられなかった大きな変動をもたらしたのです。最初に世界一周をやってのけたマゼランは「世界史」の第一歩を踏み出した人物ということになります。

さて、大航海時代とともに「世界史」が形成されてきたとすると、それ以前の世界に「世界史」はなかったのでしょうか。

11世紀から始まった十字軍は、キリスト教ヨーロッパが、イスラム教徒が支配していたイェルサレムの奪還を叫んで行った大軍事行動で、ヨーロッパ世界の歴史は大きく変わっていきました。そして、彼らはイスラム勢力のさらに東方に目を向け多くの使節を送りましたが、それが東西の世界を太く結びつけるまでにはなりませんでした。

しかし、十字軍末期にモンゴル高原から出てきた「モンゴル帝国」は、まさしく「世界史」の成立する準備をしたといえるかもしれません。ここでは、インノケンティウス3世とチンギス・ハン、そして源頼朝が同時代の人物であることを認識しておいてください。もちろん3人には直接の関係は何もありません。

「世界史」とは何か。これだという答は出てこないのですが、地球上のどこかで起きた事件が、各地の政治や経済、社会を動かすような相互関係をもつようになった時代以降の「世界の歴史」くらいの認識で考えていくことにします。その際、大航海時代に先立って、モンゴル帝国の持つ意味はかなり大きなものがあるのではないでしょうか。

百年戦争

× Hundred Years' War

イングランド王は、王でありながらフランスでは一諸侯（フランス王の臣下）という、封建制による矛盾を抱えていた。

１３３７年、フランス王位継承問題から両国の間で百年戦争が始まる。イングランド側が圧倒的に有利な状況が続き、１４２８年、イングランド軍はロワール川流域の戦略的拠点オルレアンを包囲した。しかし、フランス側守備隊もよく抵抗し、攻防は1年半におよぶ。ここに出現したジャンヌ・ダルクがイングランド軍をうち破り、オルレアンを解放した。以後、戦況は徐々にフランス側に有利に動きだした。戦後、両国間にあった「ねじれ現象」は解消され、両国ともに中央集権化を進めていくこととなる。

1337

中世イングランドとフランスの、険悪な関係

ヘースティングズの戦いやブーヴィーヌの戦いのところで書いたように、実力はともかくとして、**フランスでは一諸侯にすぎない人物が、イングランドの国王になった**ということが、中世の両国関係の問題の始まりになりました。この問題だけなら話は簡単なのですが、領土や経済が絡むと話がややこしくなります。百年戦争の前夜、イングランド・フランス間には次のような問題が横たわっていました。

まず、**ギュイエンヌ地方**についてです。これは（厳密にはやや異なりますが）現在はアキテーヌと呼ばれており、フランスの南西部を指します。プランタジネット朝が始まって以来、フランスのほぼ西半分を領有していたイングランドですが、フランス王権の拡大に伴いそれを奪われ、百年戦争のころイングランドが領有していたのは、このギュイエンヌ地方だけといっていい状態でした。百年戦争でいちばんの領地問題はこの地域になります。ギュイエンヌだけがイングランドに残ったのは、１２５９年のパリ条約でヘンリー3世が、ルイ9世に臣従を誓った代償に領有が認められたから

です。

百年戦争のその他の原因については、いろいろな説が出されています。通例は王位継承問題が強調されるのですが、百年戦争の主人公のひとり、エドワード3世の野心は王位よりもギュイエンヌ、さらにはその周辺に領地を広めたいというところにあったといわれますし、以下に示すフランドル問題やスコットランド問題に注目する学者もいます。

まずフランドル問題についてですが、現在のベルギーを中心にした地域をフランドルといいます。この地域は、ノルマン人の侵入に対抗するため、フランドル伯国やブラバント公国が台頭していました。交通の要衝でもあり、中世の経済的発展を背景に都市が誕生します。フランドルのガン（ゲント）やブルージュ（ブルッヘ）、アントワープ（アントウェルペン）などがその代表です。

そしてこれらの地域では、11世紀ごろから毛織物産業の勃興もみられるようになりました。もともと麻織物の技術の伝統があり、それを前提に発展したのですが、その原料になる羊毛はイングランドから輸入されていました。百年戦争の一因には、この**フランドル地方をめぐるイングランドとフランスの駆け引き**もあるのです。

そしてもう一か所、イングランドとフランスの間に横たわる問題の地域は、ブリテン島の北部、**スコットランド**です。スコットランドに対するイングランドの侵攻は13世紀になると激しさを増していましたが、14世紀、スコットランド王が亡くなったのを機にエドワード3世は攻撃をしかけ、傀儡《かいらい》の王を擁立《ようりつ》しました。しかし正統を任じるデイビッド2世がフランスに亡命し、エドワード3世は意趣返しで、フランス王から謀反人として追われていた人物を保護するなど、両者の関係は険悪化していました。

「カペーの奇跡」が終わり、戦いが始まる

「カペーの奇跡」という言葉があります。987年に成立したカペー朝の君主は長命な者が多く、かつ概して有能な人物でした。そして何よりも大切なことはすべて嫡子《ちゃくし》に恵まれたことで、これを「カペーの奇跡」といいます。

ヨーロッパ史上の混乱は、ほとんどが王位継承者問題が原因になりますが、その心配がなかったことは王権にとって幸いでした。もちろん、中世のフランスの王権は弱く、彼を上回る諸侯はたくさんいました。さらにイングランドとの関係もフランスを

混乱させますが、カペー家の拠点になったイル・ド・フランス地方は経済力に優れ、それを背景に、巧みな外交戦術を展開し、着実に王権を拡大させていたのです。

中世では、ローマ教皇の権力が無視できませんが、13世紀の後半になると、十字軍運動さえフランス国王が主導するようになります。14世紀になると、フィリップ4世は教会との対立のため三部会を開催し、国内諸勢力を味方につけます。さらに、教会への課税問題から教皇ボニファティウス8世と対立し、彼をアナーニに幽閉するという事件まで起こしました。また、テンプル騎士団を解散させてその財産を没収し、しまいにはローマの教皇庁を南フランスのアヴィニヨンに移すということまでやってのけます。**フランスの集権化**はこんなにも進んできたのです。

このような勢いを示したフィリップ4世は、3人の息子に1人の娘がおり、子どもには恵まれていたはずでした。ところが、フィリップ4世が1314年に亡くなった後、その息子ルイ10世、フィリップ5世、そしてシャルル4世が数年の在位で次々に亡くなり、1328年、**「カペーの奇跡」に終止符がうたれました。**

この時彼らのいとこにあたる傍系ヴァロア伯のフィリップが王位を継承し、フィリップ6世としてフランスで戴冠式をあげることになったのですが、これに対してイングランドのエドワード3世が異議を唱えたのです。彼の母親はフィリップ4世の娘イザベラであり、彼に継承についての正統性があることを主張しますが、フランスの諸侯たちを説得することはできませんでした。結局、彼は「ギュイエンヌ公」として臣下の礼を行い、フィリップ6世の王位を認めたのです。

フィリップ6世VSエドワード3世——百年戦争と、中世世界大変動の始まり

百年戦争の原因のひとつとして説明したフランドル問題も、フィリップ4世時代からの重要な懸案になっていました。そもそもフィリップ4世が教会領への課税を強行したひとつの原因は、フランドルを抑えるための戦争費用を捻出《ねんしゅつ》することにありました。フィリップ4世はフランドルの併合に成功したのですが、フランドルの諸都市がこれに反抗したため、結局は独立を認めました。しかしヴァロア朝の新王フィリップ6世もフランドルの市民を抑えたため、彼らは助けを求めイングランドへの期待を大

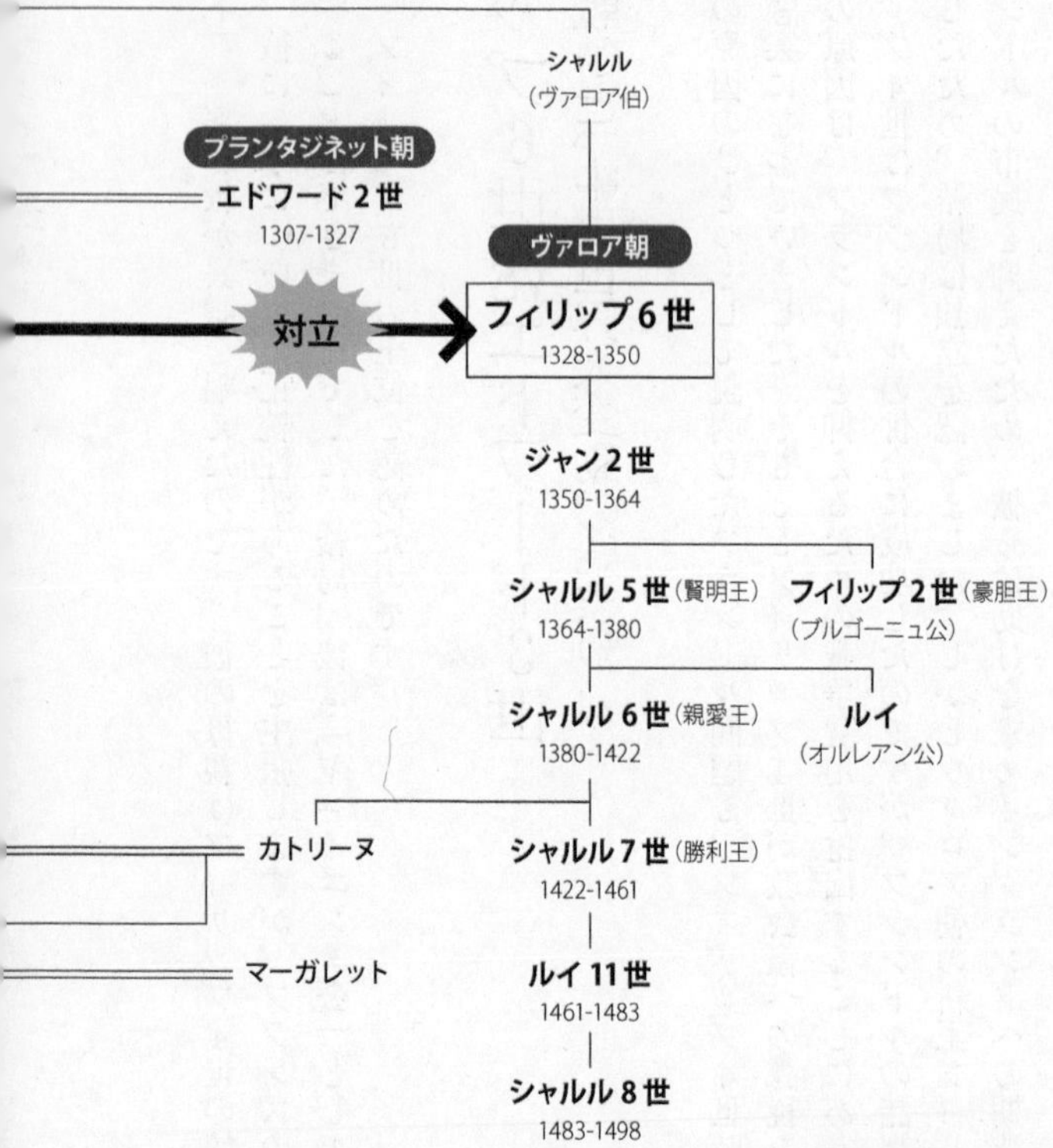
シャルル
（ヴァロア伯）
プランタジネット朝
エドワード2世
1307-1327
ヴァロア朝
対立
フィリップ6世
1328-1350
ジャン2世
1350-1364
シャルル5世（賢明王）
1364-1380
フィリップ2世（豪胆王）
（ブルゴーニュ公）
シャルル6世（親愛王）
1380-1422
ルイ
（オルレアン公）
カトリーヌ
シャルル7世（勝利王）
1422-1461
マーガレット
ルイ11世
1461-1483
シャルル8世
1483-1498

数字は在位年

百年戦争とばら戦争に関する系図

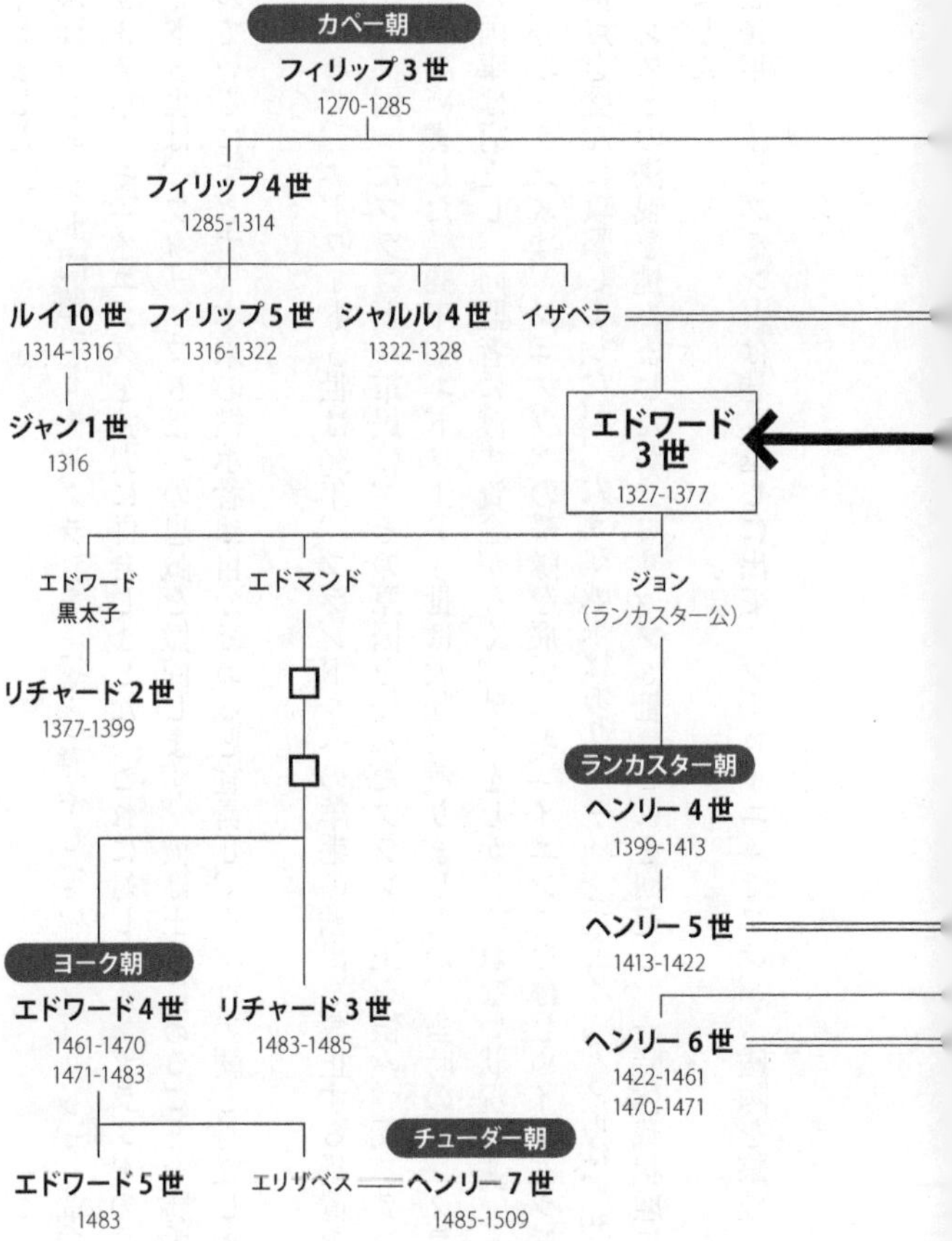

きくしました。

スコットランド問題でもイングランドに業を煮やしていたフィリップ6世は、1337年、ギュイエンヌを強引に併合しました。これに対してイングランドのエドワード3世は、フィリップ6世への忠誠を撤回します。彼は王位にあることを勝手に言っているにすぎず、本来の継承者は自分であると宣言し、ヴァロア朝と対立しました。

ところで、エドワード3世は36年、フランドルへの羊毛の輸出を禁止する措置をとります。困ったフランドル市民は、その原因を作ったフランス王を恨み、反フランス感情を高めました。38年、エドワード3世は大陸に渡りましたが、当時のイングランドの国庫は窮乏し、同盟者に渡す資金がなく、戦争をしかけられない状況です。

一方のフランスは、ジェノヴァの艦隊を雇い、ギュイエンヌをはじめイングランドの拠点を盛んに攻撃しましたが、大きな戦果はありません。エドワード3世は、39年、フランスとの決戦を挑みましたがフィリップ6世はこれを回避し、一時休戦状態になりました。

翌40年、イングランドは巻き返しに出て、ブーローニュでフランス艦隊を撃破、さらにフランドルのスロイス海戦でフランス側は敗北し、フランスの海上権は崩壊しました。ドーバー海峡の制海権はイングランドが握り、フランス軍のイングランド侵攻はこれで不可能になります。

さらに41年、ブルターニュ半島で起きた戦争が両国を巻きこみます。この地はケルト系のブリトン人の居住地として知られていますが、ここで起きた王位継承問題に両国も介入することになり、戦闘が再び本格化しました。

クレシーの戦い――休戦へ向かうイングランドとフランス

1346年になると、ブルターニュ問題では一時休戦中でしたが、エドワード3世がノルマンディーに上陸し、略奪を行いながらパリに迫ります。フィリップ6世も態勢を立て直し反撃したため、エドワード3世はいったん軍隊を引き、カレー南方のクレシーで迎撃の準備をして待ちうけました。

この戦闘はイングランド軍のロングボウ（長弓）とフランス軍のクロスボウ（弩）の対決だったともいえます（この本の表紙の絵の右側がイングランド軍、左側がフラ

百年戦争の舞台となった地域

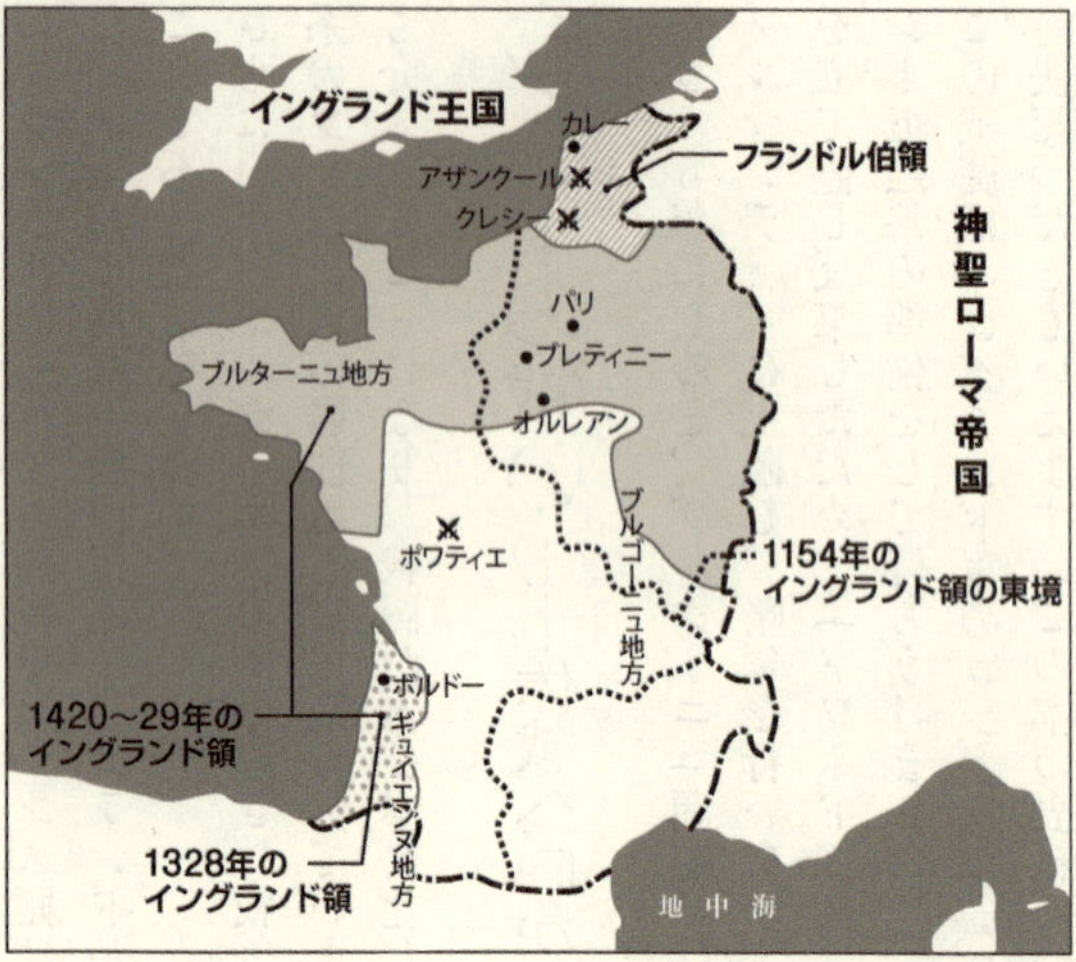

ンス軍です）。射程の長さと速射性に優れるロングボウが圧倒的に有利でイングランド軍の大勝利に終わりました。以後の戦いでもイングランドが優勢に戦っていくことになります。フィリップ6世は敗戦と黒死病（ペスト）の流行で国内が混乱する中、１３５０年に亡くなり、ジャン2世が即位します。

これは余談になりますが、クレシーの戦いの行われた翌47年から48年にかけて、イングランド軍は上陸拠点の確保のためカレーを攻撃します。カレー市民は籠城戦に耐えてよく抵抗したのですが、フィリップ6世の支援も功を奏せず、ついには降伏しました。この時、市の代表6人がエドワード3世のところにおもむき、自らを犠牲にして市民を救いました。この史実をロダンが彫刻にしたのは1880年、普仏戦争でフランスが敗北し、国民の間に虚脱状態が続いていた時代のことです。フランス政府が若者の救国的行為を期待して、制作を依頼しました。

さて、百年戦争の初期は、エドワード3世の長男、エドワード黒太子の活躍も目立ちます。彼は戦争が始まってから各地の戦場で活躍していますが、とくに56年の**ポアティエの戦い**での用兵は歴史に残るものになっています。イングランド兵の後を追いかけるかたちでやってきたフランス兵の横と後ろから攻撃し、数の上では劣勢だったイングランド軍がフランスに大勝利しただけでなく、国王のジャン2世を捕虜にするという戦果をあげました。ジャン2世はロンドンに移送されますが、そこでエドワード黒太子に厚遇され、64年、その地で亡くなります。

ここまでの戦闘の結果、1360年、プレティニー・カレー条約でイングランドがギュイエンヌを確保すること、フランスが捕虜になったジャン2世の身代金を支払うことなどが約束されて、両国関係は休戦状態になりました。

百年戦争当時のヨーロッパの混乱は、戦争の惨禍だけが理由ではありませんでした。

1340年代の半ば、**黒死病**（ペスト）の恐怖がヨーロッパを襲ったのです。これは中央アジアから黒海を経由して北イタリアに運ばれた毛皮についてきたとされるノミの媒介によってもたらされました。ペストによって、47～48年の間にヨーロッパの人口の3分の1以上が犠牲になったともいわれます。

ボッカチオのルネサンス時代を代表する作品『デカメロン』はこの黒死病の流行を背景に書かれていますし、このころのイタリアで、外国船の乗組員が船にとどまる日数を40日にしたことが「quarantine（検疫）」の語源になりました。

百年戦争は農民の生活も変えた

ところで、国王が捕虜になったことはフランスに重大な衝撃を与えました。身代金の支払いをはじめ、窮迫した財源の確保のため、王太子のシャルル（のちの5世）は1358年に**三部会**を開催しました。

ところが、このとき集まったパリの大商人のひとり、エチエンヌ・マルセルが、三部会を王権規制の場とすることを要求して決起しました。この反乱は鎮圧されてしまうのですが、この蜂起に呼応して、シャンパーニュやノルマンディーなど北フランスを中心に、ギヨーム・カルルを指導者にして、農民が蜂起しました。

ジャックリーの乱といわれるこの農民蜂起は、領主の収奪に対する農民の不満が原因といわれますが、農民だけではなく手工業者や商人たちも参加しました。領主が農村共同体をきちんと守れなくなってきている状況への不満があったという指摘も出てきています。

また、すこし遅れてイングランドでも1381年、**ワット・タイラーの乱**が起こります。この反乱の原因も百年戦争絡みで、苦しい財政を補うため人頭税を課したり、黒死病による人口減に対応するため、農民の自由への締めつけが強化されたことへの不満がありました。

指導者はワット・タイラーや聖職者のジョン・ボールで、ロンドンを占拠するにいたりました。国王リチャード2世が会談して、農民の要求を聞き入れたところで多くの農民は帰郷しますが、続く会談でワット・タイラーはロンドン市長によって殺され、ジョン・ボールも処刑されて、反乱は急速に収拾されました。農民との約束は反故にはなりましたが、**農民の自由は徐々に実現されていきます。**

百年戦争の再燃――イングランドの優位はさらに続く

ジャン2世が捕虜となり、イングランドで客死した1364年、フランスではシャルル5世が即位します。そして、カスティーリャ（スペイン王国の前身）問題から百年戦争が再燃することとなりました。

シャルル5世はカスティーリャの国王に弾圧されたエンリコを支援し、軍を派遣して国王を追放しました。追放された国王はギュイエンヌのエドワード黒太子の保護を求めます。黒太子の支援で国王復帰がなるのですが、黒太子はこの間の戦費をギュイエンヌへの課税でまかなったため市民の不満を買い、彼らはシャルル5世に訴えました。シャルル5世は黒太子をパリ高等法院に召喚しますが無視され、ここに黒太子の父、エドワード3世が再びフランス王位継承権を主張します。シャルルも対抗し、黒太子の領地の没収を宣言しました。

1370年から始まった戦闘ではフランス軍が優勢で、因縁のブルターニュもフランス側が占領しました。さらにシャルル5世はブルターニュの王領化をはかりましたが諸侯たちは激しく抵抗し、これはなりませんでした。なお、その間の76～77年、黒太子とエドワード3世が、さらに80年にはシャルル5世が相次いで亡くなり、両国は平和交渉もできないままに時間が経過します。

1380年代、両国間で平和条約の締結に向けての話し合いが続いていましたが、**それぞれの国内は混乱続き**でした。イングランドでは、黒太子の息子である国王リチャード2世と議会の対立が続きましたが、リチャード2世の一貫性のない政治に市民の間にも不満が高まっていきました。そんな中、1399年リチャード2世が幽閉され、代わって彼のいとこであるランカスター家のヘンリー4世が新王朝を開きます。

フランスでも、1380年にシャルル5世に代わったシャルル6世は精神に疾患があって政治に集中できず、周辺の有力者の策謀が目立つようになってきます。そのひとりがブルゴーニュ公で叔父のフィリップ豪胆王、もうひとりがシャルル6世の弟、オルレアン公のルイです。ブルゴーニュ派とアルマニャック（オルレアン）派の対立が徐々に深刻になっていきました。

1413年になると、イングランドでヘンリー4世に代わって即位した、息子のヘンリー5世がフランス内の対立に介入し、ここに戦闘が再開されます。

フランスの内部混乱
――アルマニャック派とブルゴーニュ派の対立

ヘンリー5世は1415年、フランスに軍を進めました。予想以上に負傷者の出た初めの戦闘のあと、補給のため大陸の拠点カレーに移動していたとき、アルマニャック派を中心としたフランス軍が襲いかかりました。カレーの南50キロの地、アザンクールで行われた戦いは、7000人のイングランド兵が、重装騎兵を中心にした2万のフランス軍を破った歴史的な戦いになりました。いうまでもなく、敗れたアルマニャック派の受けた打撃も大きなものがありました。

この戦争に限りませんが、動員された兵士の数は本によって違っていることがしばしばあります。アザンクールの戦いもフランス軍5万、イングランド軍1万2000（6000がロングボウの戦士）という記述もありますが、この戦いはフランス軍の数の多さが足かせになり、フランスの敗戦に連なっていったという解説もあります。百年戦争末期には大砲も戦場で使われるようになりますが、ここでもイングランド軍は地の利を生かし、中世的でない戦術が行われたことが指摘され、中世的価値観は、政治だけではなく、戦闘にも表れてきています。

アザンクールの戦いの2年後の1417年、態勢を整えたヘンリー5世は再びフランスを攻め、領土を広げますが、このころブルゴーニュ派とアルマニャック派の対立抗争が激しくなっており、ブルゴーニュ派の支援を得たヘンリー5世は簡単に北フランスを制圧します。

19年にはパリに迫りますが、ここで王太子のシャルル（のちの7世）は、当時パリを制圧していたブルゴーニュ派と手を結んでイングランドと対決しようとしました。そこにたまたま、シャルルの支持者がブルゴーニュ公のジャンを暗殺するという事件が起きます。このため次のブルゴーニュ公になったフィリップは、1420年、イングランドと結び（トロワの和約）、王太子のシャルルをフランス王位継承者から廃し、シャルルの姉カトリーヌと結婚していたヘンリー5世にフランス王位の継承権を認めました。

1422年、ヘンリー5世が亡くなり、その2か月後にシャルル6世も亡くなると、結局王位はヘンリー5世とカトリーヌの間に生まれたばかりの子、ヘンリー6世が継承することになります。一方で王太子だったシャルルもアルマニャック派の支持でシャルル7世として即位することになります。

このような状況の1428年、イングランドはブルゴーニュ派と提携して、アルマニャック派の拠点、オルレアンを包囲することになりました。包囲は1年半におよびましたが、ここに登場するのが救国の英雄ジャンヌ・ダルクです。

フランスの救世主、ジャンヌ・ダルクの登場

ジャンヌ・ダルクは、1412年、当時はまだドイツ領であるロレーヌ地方のドンレミ村で生まれました。13歳のとき、つまり1425年、イングランド軍がオルレアンを包囲する3年前に、「オルレアンの包囲を解放してフランスを救え」という神の声を聞いたといわれます。当初は彼女を信じない守備隊長に追い返されたりしますが、28年、彼女はシノン城でシャルルと会見し、聖職者たちにも認められるようになりま

した。

ロワール川の湾曲部の戦略的拠点であり、またパリやルーアン（セーヌ河口の港市）と並ぶ経済の拠点であったオルレアンは、フランスの南方や西方に進出する軍事上の拠点でもあります。1428年、イングランドはここを包囲します。フランス側守備隊もよく抵抗し、攻防は1年半に及びましたが、ここでジャンヌ・ダルクがイングランド軍を打ち破り、オルレアンを解放、以後戦況は徐々にフランス側に有利に動き出します。続いてシャルル7世が即位したことによって彼女の当初の目的は達成されました。

ところが、これを機にして彼女を取り巻く環境は大きく変わり始めます。このころ、国王の側近たちは、あくまでも武力でフランスの解放を勝ちとろうとする急進派の意見に反対するようになっていきます。このためパリを奪還しなければフランスは解放されないとする立場のジャンヌ・ダルクは、だんだんと疎まれるようになっていきました。

ブルゴーニュ派と国王の対立も続いており、30年、コンピエーニュの戦いで、ジャンヌ・ダルクはブルゴーニュ軍の捕虜になります。ブルゴーニュ公は彼女におびえるイングランド軍に彼女を売り渡しました。31年、ルーアンで行われた宗教裁判で彼女は魔女と断定され、火刑に処せられました。

シャルル7世は1450年、ジャンヌ・ダルクの裁判を調査させ、その結果からローマ教皇は裁判のやり直しを決定します。戦争終結後の55年に復権裁判が行われ、56年、処刑裁判が破棄されました。

百年戦争の終結——中世的な秩序の動揺

1431年、ブルゴーニュ公とシャルル7世の間で休戦条約が締結されますが、その後、イングランドとブルゴーニュ家の同盟関係の切り崩しが始まります。35年にそれは実現され（アラスの和議）、ブルゴーニュ公はシャルル7世を正式なフランス国王と認めました。ブルゴーニュ家との関係を改善したシャルル7世は、36年のパリ解放をはじめ、次々とイングランド領を奪還していきます。

ここにきて大きな戦争もなくそれが進んだ理由として、**イングランド国内では戦争反対の動きが大きくなっていた**ことがあげられます（これについては後述します）。

またフランスでは戦争の疲弊が大きかったのですが、一方で戦争を利用しながら成長してきた大商人やマニュファクチャーの経営者たちは、**国王を中心にした集権国家を期待する**ようになっていました。シャルル7世は彼らの支援を受け、傭兵軍団に代わる常備軍を組織したりしながら、イングランド軍を圧倒していきました。

1453年、フランス軍はボルドーから50キロほど離れたカスティヨンの戦いで勝利を収め、ギュイエンヌの奪還に成功しました。カレーはなお1559年までイングランド領として残りますが、ここで百年戦争は終結したことになります。

商人と王の結びつきが強まる時代

百年戦争の末期、シャルル7世を助けた大商人に**ジャック・クール**がいます。先ほど、大商人たちが百年戦争を利用して成長してきたと書きましたが、ジャック・クールはまさしくその筆頭にあげられる人物になります。

ジャック・クールの出身地はフランス中央部、ベリー公領のブールジュです。このベリー公という名前から、フランス中世史の読みものには必ずといっていいほど出てくる「ベリー公のいとも華麗なる時禱書《じとうしょ》」を連想される方も多いと思います。ベリー公というのはフランスの王族に与えられてきた爵位《しゃくい》で、世襲はされませんでした。「時禱書」を作成させたのは初代のジャンです。彼の時代は14世紀中ごろから15世紀初めなのですが、百年戦争や黒死病で混乱している中、このような優雅なものが作られていたのは不思議です。フランス革命からナポレオン戦争後の反動の時代、ユルトラ（超保守主義者）の典型として1820年に暗殺されるシャルル・フェルディナンもベリー公のひとりでした。

さて、大商人ジャック・クールはシャルル7世に仕え、その財政基盤の強化に多大な貢献をしました。とくに、当時フランス内では悪貨の鋳造により経済が混乱していたのですが、その立て直しのため信用できる良貨を鋳造し、さらに通貨の輸出入を厳しい管理下に置いて、フランスの通貨体制を安定させました。その功績もあり、彼には宮廷御用達《ごようたし》商人に等しい立場が与えられ、巨大な利益をあげました。

中世の銀行ネットワークといえば、15世紀のフィレンツェのメディチ家のものが名高いですが、ジャック・クールがフランスとイタリアに張りめぐらせた支店や倉庫、情報拠点などのネットワークはそれに引けをとらないものでした。さらに彼はイングランドやレヴァント地方（地中海東海岸）にも拠点を置き、自らが所有する船舶で東方の奢侈品《しゃしひん》をヨーロッパに運び、莫大な富を手にしていったのです。

どこの世界でも、成功すると羨望の対象となり、さらに嫉妬から失脚の道を歩むことはよくあります。ジャック・クールもその例外ではありませんでした。奇しくも百年戦争が終わった1453年、彼はシャルル7世の愛妾を毒殺したという嫌疑で逮捕されました。この容疑は晴れたのですが、一代でのし上がった人物ですから、たたけば埃も出てきます。結局、彼は全財産を失うことになりました。

しかし、ジャックは収監された牢獄から脱獄し、自身のネットワークを使って最終的にローマに逃げ、そこで教皇の保護を受けます。逃避行の間、彼の財産は王の使用人たちの手で守られただけでなく、彼の築きあげた情報ネットワークはシャルル7世にとって不可欠のものになりました。彼の部下たちは国王に協力し、**フランスの王権強化に協力していく**ことになったのです。最後にジャック・クール自身は教皇の助けを得てフランスを脱出、教皇の下で活躍しますが地中海に乗り出し、最後はキオス島で亡くなりました。

百年戦争の結果——中央集権化が進み、国民国家へ

ここで、百年戦争をはさんだフランス王権のビフォー／アフターを考えてみます。

中世初期の王権は、たしかに諸侯たちのまとめ役としての意味合いを持っていました。しかし、封建制で規定された国王と諸侯の関係は、あくまでも王と一人ひとりの諸侯の間に結ばれた主従の契約関係でしかありません。王は公正な裁判の執行者ではありましたが、基本は王と臣下の個人的な関係という枠が存在しました。そして王自身、自分の所領からの収入でつつましやかに暮らすというのが普通でした。

ところが、集権化＝絶対王政化が進むと、個人的な関係ではなく、**国家そのものが国王を中心にした制度・機構になっていきます**。それまで「国王最高顧問会議」が最高議決機関であったのですが、司法部分に関する高等法院（パルルマン）や財政に関する会計検査院（シャンブル・デ・コント）が独立した機関になり、さらにそれがパリだけでなく主要都市に置かれるようになります。

また、王領での徴税などのため「プレヴォ」という役人が置かれていたのですが、

それは機能しなくなり、彼らを監視するための「バイイ」や「セネシャル」という役人が派遣されるようになります。これが租税の確保という点から非常に大切な役割を果たし、フランスのたびたびの対外遠征を可能にするようになったのです。

また、フランス史では「売官制《ばいかんせい》（官僚の地位をお金で買うこと）」がよく知られますが、その始まりはこのような官僚制にあります。すなわち、退官者が後任候補から一定の報酬を受けとる代償に、その人を国王に推薦するということがしばしば行われ、これが次第に発展していったものと考えられるのです。国王にとっては増収元になり、新興勢力にとっては国家機構の中に参入していける道が開かれました。

百年戦争の終結は、フランスにとって新しい問題の始まりになります。この戦いによってフランス内にあるイングランド領はなくなり、当面の敵対関係は解消されました。**これ以後のフランスではドイツ＝神聖ローマ帝国＝ハプスブルク家との対立が始まります。**というのも、百年戦争中に王権と対抗したブルゴーニュ家が１４７７年に断絶します。そのブルゴーニュ家の領地はフランスが併合しましたが、その東隣のフランシュ・コンテや北部のアルザス・ロレーヌは神聖ローマ帝国領に編入されていたのです。

重ねての説明になりますが、百年戦争は1337年から始まるとされてはいますが、実は250年以上も昔のノルマンディー公のイングランド占領以来の歴史が積み重なって始まっています。さらに、中世世界は中央集権とはまったく無縁、国王の権力は小さく、諸侯といわれる人々が圧倒的に存在感のある世界でしたが、**百年戦争の終結がフランスが中央集権に向かって一歩を踏み出す、たいへん大きな意味のある戦争になったのです。**

ばら戦争の勃発――イングランドの集権化も進行する

百年戦争の主役のひとりにエドワード3世がいましたが、彼の息子たちからランカスター家とヨーク家が分家します。

エドワード3世の長男エドワード黒太子の長男として生まれたリチャードは、父黒太子の死により王太子に指名され、1377年、祖父エドワード3世が死ぬとイングランド王になります（リチャード2世）。前述したワット・タイラーの乱は、彼の時代のことでした。しかしリチャードの政治能力は優れず、1399年の革命ともいわれるクーデターでいとこのヘンリー4世が国王になり、ランカスター朝が始まります。

このヘンリー4世時代は議会の力が強く、王位を狙うものも多く、また百年戦争も続いており、必ずしも安定という状況ではありませんでした。彼自身病弱で、息子で王太子のヘンリー（のちの5世）に軍事や政治を任せることも多かったのですが、ヘンリーはよくこれに応えたといえます。彼は父の死後1413年、ヘンリー5世として国王になり、百年戦争を再開、アザンクールでの勝利にもよりイングランド王権の盛時を現出しました。

1422年、ヘンリー5世を継いだヘンリー6世はフランス王も兼ねるのですが、生後9か月での即位となります。彼の時代、フランスではジャンヌ・ダルクが活躍しますが、そのためもあり大陸政策はふるいませんでした。

1453年に百年戦争は終結します。ヘンリー6世は成人して親政を始めますが、彼自身温和な人物であり、平和な時代ならよき王になったはずなのですが、ヨーク家との**ばら戦争**が始まった混乱の中では役割を果たせませんでした。

ばら戦争の原因は、大陸での戦線が不利な状況で、**フランスとの和平を説くランカスター家の和平派と、戦争の継続を主張するヨーク家の主戦派の対立**にあります。百年戦争終結の2年後、1455年に両者は武力衝突しますが、この時はヨーク家が勝利。ランカスター家は低迷しました。しかし、王妃のマーガレットの指導でランカスター家が巻き返し、59年の戦いで敗れたヨーク家は一時カレーに避難します。翌60年、今度はヨーク家がイングランドに逆上陸し、同年の戦いに勝利して、ヘンリー6世を捕虜にしました。

ところが、議会ではヨーク公の王位継承が認められず、ヘンリー6世死後の継承が確認されました。王妃マーガレットは囚われのヘンリー6世を奪還してヨーク家と戦いますが、61年、ヨーク家のエドワードがこれに勝利し、この年ヨーク朝を開始します。

しかしランカスター家の奮闘も続きます。70年には一時、ヘンリー6世を再び王位につけることに成功しますが、ヨーク家の巻き返しで失敗、ヘンリー6世は処刑され、1470年代、エドワード4世の治世で安定しました。

83年、エドワード4世が亡くなり、弟のリチャード3世が即位しますが、これに対しランカスターの流れをくむヘンリー・チューダーが戦い、85年リチャードを廃位させました。彼がヘンリー7世として**チューダー朝**を開始します。ヘンリー7世はヨーク家の王女エリザベスと結婚して、両家の対立に終止符を打ちました。

彼は封建諸侯の力をそぎ、国王直属の星室庁《せいしつちょう》裁判所を設置、王権の強化をはかりました。また度量衡を統一し貨幣制度を安定させるなど経済政策にも意を注ぎ、イングランドの絶対主義化を進めます。それは続くヘンリー8世のイングランド版宗教改革などによって、より強力なものに推し進められていくのです。

百年戦争は、イングランドでもフランスでも、中世の封建社会に決別し、絶対王政の時代を切り開いていく歴史的な転機になったのです。

Column

ジャンヌ・ダルクは「救国の女性」の代名詞

百年戦争というと、戦争そのものを考える以前に、救国の少女ジャンヌ・ダルクが出てきてしまい、彼女ひとりの活躍で、フランスがイングランドに勝ってしまったというようなイメージが強くなっていないでしょうか。海千山千・暴虐《ぼうぎゃく》無頼《ぶらい》な傭兵たちが集まっている中世の軍隊で、突然に出てきた若い女性が彼らに命令するというようなことが果たして可能だったのかどうか、真偽のほどはわかりませんが、この「ジャンヌ・ダルク」は救国の女性というかたちで一般化され、世界各地に出現します。

NHKの大河ドラマで有名になった新島八重《にいじまやえ》も「幕末」のジャンヌ・ダルクとして知られます。その他、本書でも取りあげる、19世紀、スィパーヒーの乱で活躍するインドのラクシュミー・バーイー、時代はさかのぼりますが、後漢の時代のヴェトナムで漢の軍隊と戦ったチュン・チャク（徴側）、チュン・ニ（徴弐）の姉妹も「ジャンヌ・ダルク」の称号を得ています。

本家本元、フランスのジャンヌ・ダルクは、戦争が終わるとともにフランスでは、一部地域をのぞいて忘れられた存在になってしまいました。なんと、彼女が復活を果たすのは19世紀になってのことです。19世紀はナショナリズムの世紀、その風潮の中で救国の英雄として彼女は復活しました。それを行ったのがナポレオンです。20世紀になると、教会も態度を改め、1920年に、彼女は聖人に列せられました。

イタリア戦争

Italian Wars

ルネサンスの花開いたころ、イタリアでは北部には都市共和国が対立し、中央部には教皇領が存在、南部はスペインの強い影響力の下と、政治的には分裂状態が固定化していた。

かつて南部イタリアと関係が強かったフランスは、自身の王権強化を背景に、再びその地を支配することをもくろみ、１４９４年軍を進めた。これに反対する北イタリア都市や神聖ローマ皇帝、そしてスペインなどが入り乱れる戦争が半世紀以上も断続的に続けられた。

この結果イタリアの分裂はますます固定化されたが、同時にスペインと同じくハプスブルク家であるオーストリアの支配が強化されることとなった。

1494

ナポリから始まりヨーロッパ中を巻きこんだ大戦争

1282年、シチリア島のパレルモで起きた、いわゆる「シチリアの晩禱《ばんしょう》」事件（「ヘースティングズの戦い」参照）の結果、アンジュー家はシチリア島から撤退し、シチリア島はアラゴン家が支配するシチリア王国に、イタリア半島南部はアンジュー・シチリア家が支配するナポリ王国に分裂しました。ナポリ王国の方も「シチリア」という名前にはこだわりがあったようで、ナポリ王国では自身を「灯台のこちらのシチリア王国」、シチリア王国を「灯台のあちらのシチリア王国」と呼んでいました。

ナポリ王国では15世紀前半にアンジュー・シチリア王家が断絶し、それに代わって傍系のヴァロア・アンジュー家が王位を継承しました。しかし、両家の間でも対立が続き、事態は安定しません。その間隙をついて、15世紀の中ごろ、シチリア島を支配していたアラゴン家が南イタリアへの進出をはかりました。

ここで、ヴァロア朝のフランス王シャルル8世が、ナポリ王国の継承権を主張し、イタリア各国の対立などの混乱にも乗じて1494年、ナポリ遠征を敢行しました。

ヴァロア家と対立していたハプスブルク家の神聖ローマ帝国も介入し、この事件をきっかけにナポリをめぐる争いは「ヨーロッパ戦争」の様相を呈していったため、これをイタリア戦争の始まりという人もいます。加えて、宗教改革によるヨーロッパの混乱や、オスマン帝国の動きへの脅威もあり、半世紀以上にわたってヨーロッパは大混乱の時代となります。

すこし余談になりますが、シャルル8世がナポリから撤退した後、フランスでは奇妙な病気が流行しはじめました。フランス人はそれに「ナポリ病」、イタリア人は「フランス病」と名づけますが、病状その他から梅毒と判定されています。この戦争が始まる2年前、コロンブスが新大陸に到達するという快挙を成しとげていますが、その時の乗組員がもたらしたものが、あっという間にヨーロッパに拡大してしまったのです。ルネサンスの医学もこれにはお手上げだったようですね。

ヨーロッパの金融の中心都市、フィレンツェ

フィレンツェの起源はエトルリア人時代にさかのぼります。ローマの時代にも重要

な拠点都市のひとつで、キリスト教公認後は司教都市になり、ゲルマン民族のランゴバルド族が国家を建設したときも主要な拠点になりました。

中世にはフィレンツェも十字軍の恩恵を受けますが、ミラノの仲介貿易のような商業活動だけでなく、**毛織物や絹織物といった工業を持っていたこと**がその発展に大きく寄与しました。

あわせて、フィレンツェは金融都市としても知られていました。叙任権闘争が行われていた時代、イタリアの都市も教皇派（ゲルフ）と皇帝派（ギベリン）に分かれて対立しますが、フィレンツェは教皇派で教皇庁の財政を一手に握り、**ヨーロッパ金融の中心にのしあがっていった**のです。

この教皇派は、教皇に密着する都市貴族勢力（黒党）と、自立的な立場を主張する、富裕市民を中心にした勢力（白党）に分かれ対立しました。ルネサンスの先駆けになるダンテは白党に属していて、14世紀初めに黒党による政権奪取が行われると、フィレンツェを追われ、北イタリアの各地を流浪して、フィレンツェに戻ることはありませんでした。畢生《ひっせい》の大作『神曲《しんきょく》』はその流浪中に書き出され、最後に見つけた安住の地ラヴェンナで完成されます。いろいろな評価ができるようですが、中世キリスト教神学『神学大全《しんがくたいぜん》』の世界をダンテ流に再構成し、トスカナ方言で書いた、イタリア国民文学の始まりになる偉大な古典です。

教皇にまでのぼりつめたメディチ家

イタリアではアルプス以北の諸国のような封建制の発展はほとんどみられず、ドイツのような中世都市とも異なる、都市と周辺の農村が一体化したかたちで、コムーネといわれる独特の都市共和国が成立しました。

最初は、大地主や金融業者、大商人たちの代表によって構成される市参事会が最高権力を行使しましたが、13世紀になると、この上にポデスタといわれる行政職が出てきます。さらに中産市民の発言力が増すと、民長（カピタノ・デル・ポポロ）といわれる官職が作られ、最終的には民長が権力を握っていきます。

14世紀のフィレンツェでは、ポデスタや民長による独裁支配に対し、下層市民たちがチオンピ（毛織物の末端労働者、梳《す》き毛工）の乱を起こしました。反乱は鎮圧されますが、このような混乱の中で台頭してきたのがメディチ家です。

メディチ家系図

メディチ家

ジョヴァンニ・ディ・アヴェラルド（ビッチ）
ゴンファロニエーレ（フィレンツェ政庁長官）
（1360-1429）

コジモ・ド・メディチ
国父
（1389-1464）

ロレンツォ
（1395-1440）

ピエロ
（1416-1469）

ロレンツォ
（1449-1492）
ボッティチェリや
ミケランジェロを保護

ピエロ
（1472-1503）
アルフォンシーナ・
オルシーニと結婚

ジョヴァンニ
教皇レオ 10 世
（1475-1521）

ジュリアーノ
ヌムール公
（1479-1516）

ロレンツォ
ウルビーノ公
（1492-1519）
マドレーヌ・ド・ラ・トゥール・
ドーヴェルニュと結婚

イッポリト
枢機卿
（1511-1535）

カテリーナ（カトリーヌ）
（1519-1589）
1533 年、オルレアン公アンリ・ド・ヴァロア
（のちにフランス王アンリ２世）と結婚

アレッサンドロ
（1510-1537）
1531 年からフィレンツェ公

フランソア 2 世
（1544-1560）
スコットランド女王
メアリ・スチュアートと結婚

シャルル 9 世
（1550-1574）
オーストリア王女
エリザベートと結婚

アンリ 3 世
（1551-1589）

（　）数字は生年期間
点線は庶出子を示す

ルネサンス時代のイタリア

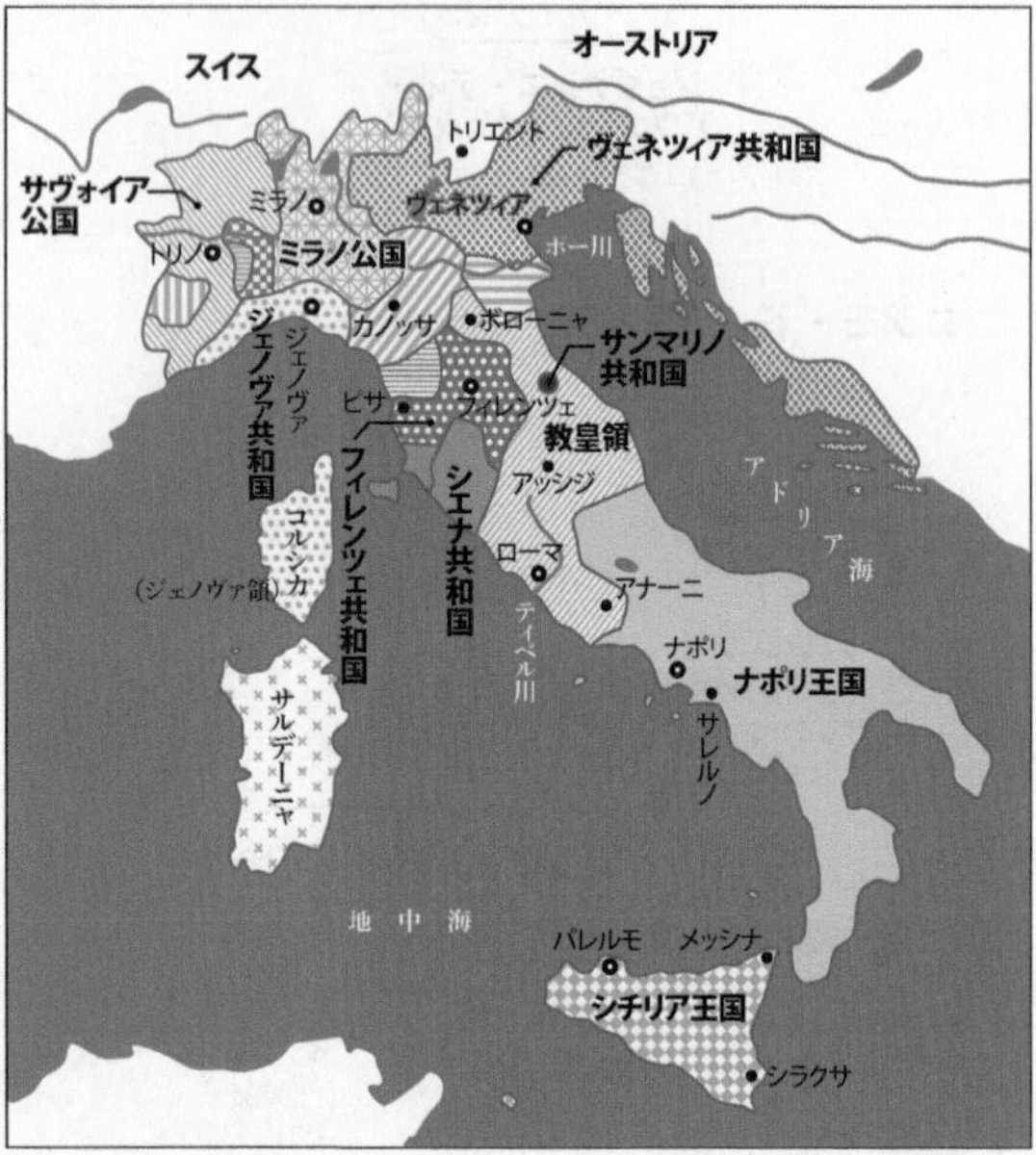

メディチ家は金融業を営んでいましたが、その名前から薬屋・医者といった職業も連想されます。このころ、銀行業によって教皇庁と緊密な関係を樹立し、15世紀中ごろに出たコジモ・ド・メディチの時代、**ヨーロッパ中に張りめぐらせた銀行網を支配し、あわせてフィレンツェの政治権力も確立しました**。

彼の息子、ピエロは病弱でしたが、メディチ家の繁栄を維持し、さらに孫のロレンツォの時代には、外交や政治的感覚でも才能を示しメディチ家のみならず、フィレンツェの全盛期を迎えました。ボッティチェリやミケランジェロを保護したのも彼の時代です。

しかし、銀行の内実は巨額の赤字を抱えこんでおり、公金の横領などの嫌疑に加え、ロレンツォが死んだこと、シャルル8世のイタリア侵入などが重なり、フランス軍への対応を誤ったことでメディチ家はフィレンツェを追われました。

このときフィレンツェに現れたのがドミニコ派の修道士サヴォナローラです。彼はフランスとの関係を改善し、綱紀《こうき》の粛清《しゅくせい》を叫んで、ルネサンスの奢侈品を焼却するいわゆる「虚飾の焼却」を行いました。一時的に市民の絶賛を浴びましたが、極端な禁欲生活が強制された市民たちの不満が高まると、最後は火刑に処せられます。

16世紀初め、メディチ家はハプスブルク家の支援を得てフィレンツェに復帰します。それればかりでなく、持ち前の政治力から、時の当主ジョヴァンニが教皇レオ10世として即位しました。彼がサン・ピエトロ寺院の改築を提唱し、その資金を集めるため**免罪符**（贖宥状《しょくゆうじょう》）の販売を認めた教皇です。

レオ10世に続いて、彼のいとこのジュリオがクレメンス7世として教皇になります。

この時代、イタリア戦争が再燃しているのですが、彼はフランスと同盟していたため、1527年、神聖ローマ帝国軍による「ローマ略奪」事件（帝国軍の中にいた新教徒兵士がローマを襲った事件）が引き起こされました。フィレンツェに続きローマがルネサンスの中心になっていたのですが、この後ヴェネツィアに中心は移ります。

海軍と十字軍を利用し、強国になったヴェネツィア共和国

ヴェネツィアはアドリア海の奥のラグーン（潟）に、ゲルマン人の侵入を避けた人々が建設した都市です。もちろん、その前から貧しい漁民たちが島々に住み着いていましたが、人口が増えると、しだいに独立国家の様相を呈していきます。

ヴェネツィアは**地中海東方（レヴァント地方）の諸都市との交易**で経済力をつけていきます。その経済力に目をつけた海賊がヴェネツィアの商船を襲いますが、それに対抗するために**海軍を建設して屈指の強国にのしあがり、アドリア海周辺に多くの領**

土を保有するようになりました。

十字軍はヴェネツィアに巨大な富をもたらしましたが、その商業倫理についてはいろいろな批判も出てきます。第4回十字軍のときに、契約であったとはいえビザンツ帝国を攻め滅ぼしたこと、少年十字軍の子どもたちを奴隷に売ったことなどが端的な例になります。またジェノヴァとの戦いも続き、14世紀にはジェノヴァを圧倒して、大航海時代までの地中海貿易を独占する勢いを示しました。

ヴェネツィアの政治には、国家形成時からドージェという最高権力者が存在しました。この称号はヴェネツィアに限ったものではないのですが、この地ではとくに知られており、中でも第4回十字軍のころのエンリコ・ダンドロは、強権をほしいままにしたことで有名です。ヴェネツィアの政治史はドージェ権力をいかに規制したかということにもなります。最終的にドージェは形式的な存在になりましたが、皮肉なことに、そのころにはヴェネツィアの覇権は終焉していました。

ヴェネツィアの産業といえばガラス工芸品が知られています。起源についてはヴェネツィアのオリジナルか、東方の影響を受けたのかはっきりしないところもありますが、ヨーロッパの需要が高まる中で発展しました。政府はその技術が外に流れることを防ぐためムラーノ島に職人を集め、逃亡者には厳罰を与えました。15～16世紀に最盛期を迎えますが、ルネサンスの終焉に対応するかのように低迷期が始まります。

低迷を決定的なものにしたのが、1508年に結成されたカンブレー同盟との戦争です。カンブレー同盟は、ロマーニャ地方の奪還をはかるローマ教皇、ミラノ周辺のヴェネツィア領を狙うフランス、地中海でヴェネツィアに代わろうとするスペイン、それにイタリアへの野望を持つドイツ（神聖ローマ帝国）が同盟して、ヴェネツィアと戦ったものでした。これはイタリア戦争の一環にもなるのですが、さすがのヴェネツィアも敗北、これ以降諸国のイタリア侵攻はさらに激しくなります。

ダ・ヴィンチも滞在したミラノ公国

ミラノはケルト人の集落に起源をもつとして、古代にはメディオラヌム（「草原の中心」の意味）と呼ばれました。ローマ時代も重要な拠点都市で、教皇に公認されるとともにキリスト教の大司教座も置かれました。ゲルマン民族の移動の時代、ミラノでも有力武将が育ち、そのような人々を中心に中世都市ミラノが誕生していきます。

ミラノはイタリアの北部、ロンバルディア平原に位置するため、アルプスを越えてくる神聖ローマ帝国やフランスにしばしば侵入されました。とくに12世紀の神聖ローマ皇帝フリードリッヒ1世との戦いでは、周辺都市とロンバルディア同盟を結び、勝利しました。13世紀になるとヴィスコンティー家、続いてスフォルツァ家が支配権を握りますが、そのスフォルツァ家に15世紀に出たのがルドヴィーコ・スフォルツァ（通称はイル・モーロ。ムーア人のような色黒顔からこのように呼ばれるようになりました）です。次節のチェーザレ・ボルジアのところで登場するカテリーナ・スフォルツァは彼の姪にあたります。

ルドヴィーコの時代、ミラノもルネサンス期を迎え、レオナルド・ダ・ヴィンチは20年ほど、彼の保護でミラノに滞在しました。しかし、ルドヴィーコはフランスとの戦いなどで失脚し、最後はフランス軍に捕まって獄死します。ミラノ公国は、フランスとスペインの争いの中で、最終的にスペインの支配を受けるようになりました。レオナルド・ダ・ヴィンチはその後フランス王、フランソア1世などの保護を受けます。

チェーザレ・ボルジアの出世と失脚

──マキャベリが期待した理想の政治家

シャルル8世がイタリア戦争を始める2年前の1492年、ロドリゴ・ボルジアがアレクサンドル6世としてローマ教皇に選ばれました。このとき、息子のチェーザレ・ボルジアは17歳でスペインのバレンシア大司教になり、出世の階段をのぼりはじめます。

2年後に起きたイタリア戦争で、チェーザレはヴァチカンにせまったシャルル8世と、教皇アレクサンドル6世の間を橋渡しする外交官のような役割をしました。このとき、彼は人質としてフランス軍の保護下に置かれましたが、のちに逃亡します。その後もシャルル8世に代わったルイ12世の後ろ盾を得るなど、フランスとの関係は微妙でした。

ローマ教皇には多くの敵がいましたが、フィレンツェ北東方、ロマーニャ地方の、イーモラとフォルリの領主だった女傑カテリーナ・スフォルツァもそのひとりでした。

彼女は教皇暗殺をはかったりする曲者ですが、父アレクサンドル6世の命令でチェーザレはここを攻撃し、占領しました。彼は両地域の支配権を与えられますが、さらに周辺に領土を拡大し、ロマーニャ公に任じられました。

チェーザレはその他の地域にも露骨な侵略行為を続けます。彼の権力の背後には父親である教皇アレクサンドル6世がいたのですから、その父親の死が、彼の失脚の引き金になったのは当然だったかもしれません。

短命に終わったピウス3世の後、教皇になったユリウス2世は、かつてアレクサンドル6世と対立した人物で、ここにいたってチェーザレは失脚して再起はなりませんでした。親の七光を利用したとしても、彼の行動は、この時代のイタリア人の心に訴えかけるものがあったようです。それを見過ごさなかったのがフィレンツェの外交官であった**マキャベリ**です。

フィレンツェに育ったマキャベリの青春時代は、ロレンツォ・ド・メディチの独裁からサヴォナローラの神聖政治とその失脚、そしてシャルル8世のナポリ遠征と、まさに激動の時代でした。

そのマキャベリが執念を燃やしたのが、フィレンツェにとって外港となるピサの併合です。しかし、フランスやスイスの傭兵を使ったその作戦は失敗、マキャベリは自国軍を持つ必要性を強く認識し、それがのちの『君主論《くんしゅろん》』にも生かされていくことになります。これは、周囲の大国からの危機に対抗するためにはイタリアの統一が急務であると論じたもので、そのためには「獅子の勇猛さと狐の狡智こそ必要である」と主張しました。**近代政治学の先駆け的著作**といわれています。

マキャベリの立場は必ずしも恵まれたものではなく、フィレンツェの邸宅で自給自足的な生活を続けていました。その間に『君主論』などを著し、そこで、チェーザレ・ボルジアの行動力を讃え、復活したメディチ家の顧問的立場で『フィレンツェ史』を著述しました。しかし、1527年の「ローマ略奪」でメディチ家がフィレンツェを追われると彼も失脚し、やがて亡くなります。

イタリア戦争という名の「ヨーロッパ戦争」
――フランソア1世VSカール5世

教皇アレクサンドル6世の死後、短命に終わったピウス3世に続いて教皇になったのが、かつてアレクサンドル6世と対立したユリウス2世です。この教皇はルネサンス芸術の保護者として知られますが、外国勢力をイタリアから排除するよう画策し、イタリア戦争を本格化させました。

彼の行動はまずローマからボルジア家を排除することから始まり、それに成功します。続いてヴェネツィアの影響力をそぐため、カンブレー同盟を結びました。

このようなユリウス2世にとって、大きな脅威になってきたのがフランスです。1511年にはスペイン、神聖ローマ帝国、ヴェネツィアに加え、スイスやイングランドまでを含めた神聖同盟を締結しましたが、同盟諸国間の利害も対立、フランスを排除しますが、懸案の解決にはなりませんでした。ユリウス2世亡き後に、問題は再燃します。

16世紀半ばのヨーロッパ

1513年、ユリウス2世を継承したレオ10世はメディチ家出身で、ルネサンス教皇としてミケランジェロやラファエロを保護し、ローマをルネサンスの中心にしたことでも知られる人物です。しかし、それ以上に政争を好み、フランス王フランソワ1世とドイツ王カール5世が争った神聖ローマ皇帝選挙ではフランソワ1世を支援しながら、ルターが宗教改革を始めるとカール5世を支援しました。

1521年から、**フランソワ1世が、神聖ローマ帝国領である北イタリアへの進出を始めます。**これがいわゆるイタリア戦争の始まりです。このときフランソア1世は捕虜になり、解放はされますが、神聖ローマ皇帝カール5世の勢力の大きさを知った諸国は、教皇を含め反カール5世の同盟（コニャック同盟）を結びます。

これに怒った神聖ローマ帝国軍は1527年ローマを攻め、略奪を行いました。ドイツでは宗教改革が進行している過程で、ルター派を信仰する兵士たちが多かったために事態は悪化したのです。

このとき、もうひとつ、中世的な宗教感覚では信じられないことが起きました。1529年の**オスマン帝国軍によるウィーン包囲**です。かつてイスラム世界に十字軍を派遣したヨーロッパ諸国ですが、いまや宗教を超えた国際関係が形成されつつあり、神聖ローマ帝国という共通の敵をもつということで、フランスとオスマン帝国との友好関係が樹立されていたのです。ウィーンは守られましたが、ハンガリーなどがオスマン帝国領になりました。

この後も、フランスと神聖ローマ帝国（ハプスブルクが継承したためスペインも含めて）の争いは続きます。北イタリアの諸国ももちろん絡みますが、戦場はドイツとフランスの国境などまで拡大しました。

やがてフランソア1世は亡くなり、カール5世も退位します。1559年になり、カトー・カンブレジス条約が締結され、15世紀末から続いてきた戦争状態に一応の終止符がうたれました。フランスはイタリアからは撤退し、イタリアではスペインの勢力が大きくなりました。また、ミラノはオーストリア（ハプスブルク家）の支配下に入ります。

イタリア戦争は、イタリアを舞台にした「ヨーロッパ戦争」でした。実際問題として、当時のヨーロッパでは、フランスやイングランドで中央集権化が進み、スペインでもイスラム勢力を排除して**国民国家が形成されている段階であり、各国で「国益」が意識されるようになってきます。**

中世では、諸侯たちが自身の利益を守るために戦うことはありましたが、まだ「国益」といった考え方は出てきません。そもそも国家という意識がなかったわけですから、これは当然のことなのですが。こういう点でも新しい時代の到来をみることができますが、もうひとつ、**教会的倫理観から離れた政治思想が出てきている**ことにも注目してください。その新しい時代の寵児《ちょうじ》がチェーザレ・ボルジアとマキャベリということができるでしょう。

周辺諸国が侵入してくるイタリアで、マキャベリのような危機感を持った人々も出てきました。しかし彼らの憂国の情も、国内の混乱を収拾する力にはならず、強大化した周辺国家によって圧迫され続けます。さらに**大航海時代の到来によって、地中海経済は低迷**します。

北イタリアではハプスブルク家の脅威が大きくなってきました。17〜18世紀になると、スペインの南イタリア支配は続きますが、

1559年に締結されたカトー・カンブレジ条約にちなんで、16世紀後半の国際秩序をカトー・カンブレジ体制ということがあります。のちに出てくるウエストファリア体制やウィーン体制などの先駆になります。

Column

ルネサンスはなぜイタリアで始まったのか

1453年、古代ローマ以来の精神を継承してきた東ローマ帝国(ビザンツ帝国)が、オスマン帝国によって滅ぼされました。といっても、当時のビザンツ帝国はコンスタンティノープル周辺のみを有するだけの、「帝国」の名を冠するのははばかられるような存在ではあったのですが。

しかし、この事件が、ヨーロッパにとって大きな衝撃になったのはいうまでもありません。中でもイタリアの危機感は非常に大きなものがあり、翌1454年、当時のイタリア半島で大きな力を持っていた5つの勢力、ローマ教皇・ヴェネツィア共和国・ミラノ公国・フィレンツェ共和国・ナポリ王国は、ロンバルディアのローディに集まり、それまでの対立状態に終止符をうち和平を約束しました。この約束は以後40年あまりイタリアに平和をもたらし、イタリアのルネサンスは盛時を迎えました。

古代ローマ帝国の末期にキリスト教が公認・国教化されてからほぼ1000年の時間が経った14世紀、イタリアで新しい人間観が認識されはじめます。中世の「まず神がありき、人間は神に服従すべき」という考え方に対し、人間とは素晴らしい能力を持った存在ではないかという考え方です。ルネサンスはこのような考え方をもとに、絵画、建築、文学、自然科学など、さまざまな分野で展開していきました。この思想が出てきた背景には、キリスト教成立以前の世界、つまりギリシアやローマの時代の人々の生き方に人々の注目が集まりはじめたことがあります。

では、なぜギリシア・ローマの価値観に注目が集まったのでしょうか。それは、十字軍によって東西の文化交流が盛んになり、イスラム文化をはさんで、古代ギリシアの学問に接する機会が増えてきたからです。また、オスマン帝国がビザンツ帝国を攻撃し、多くのギリシア人学者たちがイタリア方面に亡命してきて、彼らから直接古典古代の文化を学べるようにもなったのです。

それに加えて、イタリア半島はかつてのローマ帝国の中心で、古典古代の遺跡にあふれていました。このような環境の中で、人間に対して厳しい束縛を要求する神から離れ、人々は人間の自由を求め、謳歌するようになりました。ルネサンス運動の前提となるヒューマニズムは人文主義と訳しますが、まさしく人間中心主義になります。ただし、決して神を否定したのではありません。人間の立場で神を考えるようになってきたのです。

もうひとつ、北イタリアの都市は、地中海貿易で繁栄しており、そのため大きな財力を持った市民が多くいました。彼らは同時に合理主義的精神にも富んでおり、新しい文化運動を理解して、その担い手になったことにも注目しなければなりません。

しかし、このルネサンスの繁栄の背後で、15世紀の後半からイタリアは戦乱の舞台になります。中央集権を進めたフランスが南イタリアの支配の拡大をはかるのですが、これにスペインが反抗、さらにハプスブルク家やオスマン帝国までもが絡むイタリアを舞台にした「ヨーロッパ戦争」が展

開されることになりました。これがイタリア戦争といわれるものであり、
その混乱の中でイタリア・ルネサンスは終焉します。

Column

レオナルド・ダ・ヴィンチとミケランジェロは、同じ広間で絵を描いた！

15世紀の北イタリアでは、諸邦間でも領地をめぐる戦いがくり広げられていました。そのひとつ、フィレンツェとミラノが戦った「アンギアーリの戦い」は、のちにフィレンツェ政府から依頼されたレオナルド・ダ・ヴィンチが描いたことで知られています。原画は現在のところ発見されておらず、ルーベンスに模写が残るのみですが、迫力がある人物の相貌が描かれています。

ダ・ヴィンチがフィレンツェの政庁舎（ヴェッキオ宮殿）の大広間の壁面に「アンギアーリの戦い」を創作している時、ミケランジェロは同じ広間の反対側の壁面に、フィレンツェとピサの「カッシーナの戦い」の場面を描いていました。残念ながら両作品ともに未完に終わってしまったのですが、これが完成していたら美術史上の大きな話題になっていたことでしょう。

それにもうひとつ、この時ダ・ヴィンチと創作の契約をしたのがマキャベリであったというのも驚かされます。ちなみに、ミケランジェロに依頼したのは、サヴォナローラ失脚後にフィレンツェの政治を指導していたピエロ・ソデリーニで、マキャベリもこの人物の下で活躍していました。

三十年戦争

Thirty Years' War

ルターの改革以来1世紀を経てもなお、ドイツでは宗教的対立が続いていた。１６１８年、ドイツ領であったボヘミア（チェコ）での新旧両教徒の対立をきっかけにして、最後にして最大といわれる宗教戦争が勃発した。

30年におよぶこの戦争は、当初ドイツ国内の宗教内乱であったが、これに周辺諸国が介入し、単なる宗教問題を超え、このころ形成されつつある「主権国家」が国益を拡大するために戦う国際戦争になった。

48年のウエストファリア条約で終結するが、この結果、ドイツは３００あまりの領邦国家の集合体になり、神聖ローマ帝国は名前だけの存在になった。その中でプロイセンが台頭していく。

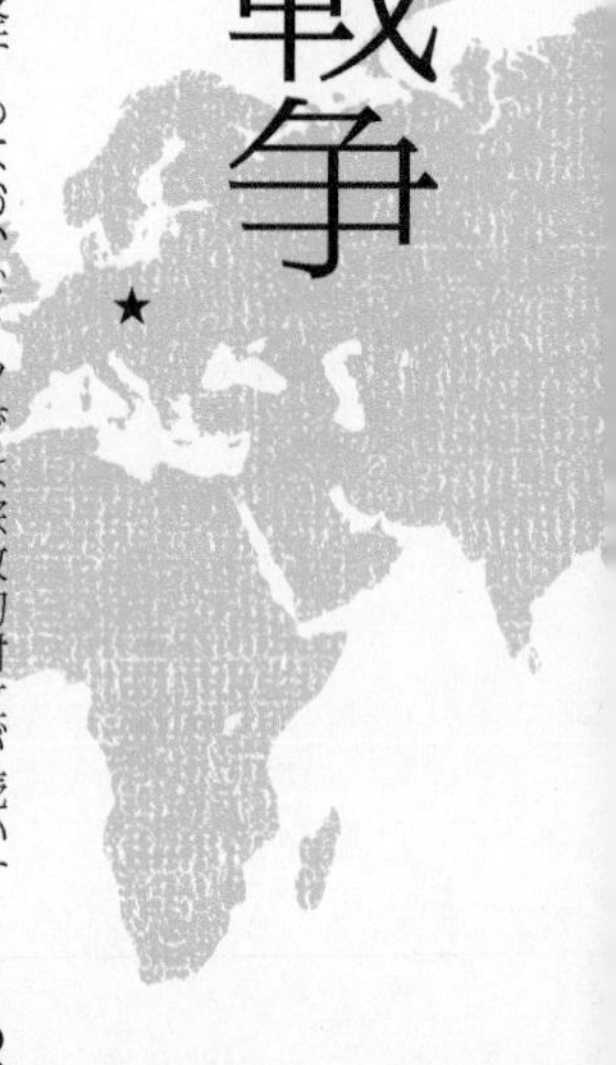

1618

のちの三十年戦争を準備した、ルターとカルヴァン

1517年、**マルチン・ルター**が免罪符《めんざいふ》について素朴な疑問を「95か条の論題」として世に問いました。免罪符とは、「買うだけで罪が許される」として、カトリック教会が販売した証明書です。発表した時、ルターがこれほどの問題になると考えていたかは定かではありませんが、彼は**聖書こそが信仰の拠り所で、聖書に基づく信仰こそが真実の信仰であるとして、儀式に甘んじる教会のあり方を批判**し、教会との対立を深めていきます。

教皇レオ10世は例によってルターを破門しますが、彼は破門状を破り捨てて決意を示します。ザクセン公に保護されたルターは、そこで聖書のドイツ語訳を行い、ドイツ人が自分自身の言葉で読み、理解できる聖書の普及に（これ以前は、普通の市民は読めないラテン語で書かれていました）つとめたのです。印刷術の果たした役割は、ここでも非常に大きいものがありました。

1524年、ルターにとって、予期せぬことが起こりました。領邦君主の力が強く、

そのもとに抑えられていた農民（農奴《のうど》）が、指導者T・ミュンツァーに率いられ、反乱を起こしたのです（**ドイツ農民戦争**）。彼らは農奴状態の立場の改善を要求するのですが、このような動きに対しルターは「神のお作りになった秩序の破壊は許されない」とし、諸侯たちにその鎮圧を進めました。ルターの教説が、ドイツや北欧の君主に採用されていく理由はここにあります。農民からは「うそつき博士」と酷評されるのも当然です。

一方、ルターにやや遅れてスイスのジュネーブでは、フランス人の**カルヴァン**も『キリスト教綱要』を著し、教会批判を行っていました。ルターが信仰の本質を示したとすれば、カルヴァンは、信仰を持った人間の生き方、とくに経済的問題への新しい指針を与えたことが注目されます。

彼は「救霊予定説《きゅうれいよていせつ》」、つまり、人間が救済されるかどうかは神のみが知ることで、人知を超えているという立場から始めます。さらに「職業召命説《しょくぎょうしょうめいせつ》」を展開し、自分の救済を「確信」するためには、与えられた職業にひたすらはげむことがよいと奨励したのです。これは、当時各地で成長していた市民階級の支持を集めたのはいうまでもありません。カルヴァンの信者をフランスでは**ユグノー**、オランダでは**ゴイセン**、イングランドでは**ピューリタン**、スコットランドでは**プレスビテリアン**といい、彼らがそれぞれの国家を変える指導勢力になっていくのです。

ドイツの宗教社会学者**マックス・ウェーバー**は、**カルヴァンの「召命説」が近代資本主義を生み出す精神的支柱になったと説いています**。つまり、禁欲に徹して仕事に従事したらお金がたまりますが、それは神の「ご褒美」であり、それを元手に新しい仕事を行うのは倫理的になんの問題もないというのです。資本主義の原点についてはいろいろな研究が行われていますが、ウェーバーの示した立場はきわだって話題になります。

ところで、宗教戦争というと新教と旧教の対立という構図で考えることが多いですが、新教と新教の対立もありました。これらは、自らの信仰を強調するがゆえの、相手への不寛容が原因となります。ルターの農民戦争への対応は紹介しましたが、カルヴァンも、彼を批判した自由主義的な思想家で生理学者のセルヴェを火刑に処しました。

当時、フランスのヴァロア朝と神聖ローマ帝国のハプスブルク家がイタリアをめぐって争っていました（イタリア戦争）が、ドイツ国内ではシュマルカルデン戦争やドイツ農民戦争などの争いが続いていました。ハプスブルク家の神聖ローマ皇帝カール5世は1555年、アウグスブルクの宗教和議を発表し、ルター派の信仰を認めることで、とりあえずの混乱の収拾をはかりました。しかし、**カルヴァン派は認められず、信仰の自由も都市・領邦単位で個人には認められず**、将来の三十年戦争を防ぐことはできませんでした。

オランダ独立戦争は、宗教戦争でもあり市民革命でもあった

今日、オランダ・ベルギー・ルクセンブルクをまとめてベネルクス3国といいます。この3国がある地域は15～16世紀、支配者の大きな変動を経験しました。その帰結が、これから紹介するオランダの独立です。**オランダ独立戦争**はゴイセンといわれる新教徒が旧教国スペインの支配から独立したという点でいろいろな評価が出てくる、興味深い「戦争」でした。

百年戦争で、イングランドとフランスの間の領土問題は一応解決されました。続いて問題になるのが**ドイツ（神聖ローマ帝国）とフランスの、境界地帯の領有問題**です。

その前提として注目しなければならないのが、百年戦争の後半、重要な役割を演じたブルゴーニュ公です。現在のフランス東部の中央、アルザスの南方地域を中心に支配した諸侯で、当時は神聖ローマ帝国領でした。百年戦争が終わったとき、このブルゴーニュ公がネーデルランド（ベルギー・オランダ）を領有していたのです。

1477年、この公家が断絶します。

この時、のちに神聖ローマ皇帝になるマクシミリアン1世はブルゴーニュ公の娘マリアと結婚し、彼がブルゴーニュ公の領地すべてを領有しました。

マクシミリアン1世の没後、その孫で、神聖ローマ皇帝になったカール5世は、スペインのみならず新大陸のスペイン領も支配することになりました。カールはフランドルのガン（ゲント）の生まれで、生地であるこの地域への圧迫を徐々に強化します。この地にはカルヴァン派の新教徒も多く流入し、異端尋問なども強化されていき、彼の息子フェリペ2世の時代になってそれはますます激しいものとなりました。

カールの引退後、ハプスブルク家は大きくスペイン系とオーストリア系に分裂します。この時、ネーデルランドはスペイン領になり、フェリペ2世が君臨しました。彼はアルバ公を派遣し、恐怖政治によるカトリック強制策を行いますが、これに対してネーデルランドの17州は協力して抵抗し、1568年から**独立戦争**が始まります。

当初は17州で始まりましたが、スペインの懐柔《かいじゅう》策もありカトリックの多い南部の10州（＝ベルギー）は離脱しました。一方の北部7州は79年、**ユトレヒト同盟**を結成し、81年には独立宣言ともいえる、フェリペ2世の統治を拒否する宣言を発表しました。さらに88年には、アルマダの海戦でイングランドがスペインを破り、側面的な支援も受けます。しかし、両国ともに財政悪化のため戦争の継続が不可能になり、1609年に12年間の休戦協定が結ばれました。

この協定時間が過ぎ、21年になると、オランダは三十年戦争に巻き込まれるかたちで、再びスペインと争います。画家ベラスケスの「ブレダの開城」は、1627年に、オランダ南部の拠点都市ブレダがスペインに降伏したときの模様を描いたものになります。オランダの独立が三十年戦争後のウエストファリア条約で国際的に認められることになるのは、このような事情によるのです。

中世以来、経済活動の盛んであったネーデルランド地方ですから、独立後の経済発展は目覚ましいものがありました。宗教に寛大であったため、迫害を嫌った商工業者がオランダに亡命してきたことはオランダに幸いします。また、1602年に設立された東インド会社がオランダ経済をけん引し、さらに1609年にアムステルダム銀行が設立され、オランダの通貨を安定させただけでなく、世界金融の中心としての役割を担うようになりました。**17世紀はオランダが世界経済の覇権を担うことになるのです。**

しかし1651年、イングランド議会がオランダの貿易を標的にした航海法を発布したため、両国は3度にわたり戦い、徐々にイングランドの優位が明らかになっていきます。

独立したオランダでは、政治体制は「共和政」が採用されました。このため、7つの州の対立も起き、統一という点では欠けるところもありましたが、自由主義的な傾向と経済の繁栄は多くの人々を集め、アムステルダムはヨーロッパ有数の都市になりました。このような点から、**オランダにとっての三十年戦争は、独立戦争であり、市民革命でもあり、そして宗教戦争でもあった**ということができます。

ユグノー戦争の混乱で成立したブルボン朝

ドイツで始まった宗教改革の波は、フランスにも波及してきました。最初ルターの影響が強かったのですが、カルヴァン派が流入してくると、商工業者を中心に貴族や知識人の間にも信者が増えていきます。

フランソワ1世は新教に融和的なところもあったのですが、次のシャルル9世の時代、事態は動きます。彼の母はフィレンツェのメディチ家出身のカトリーヌで、彼女も新旧の宥和をはかりましたが、これはかえってユグノー（カルヴァンの信者）側を増長させてしまいました。1562年、保守派のギーズ公がヴァシーでユグノーの大虐殺を行ったことで、戦争が勃発しました。これが**ユグノー戦争**です。

戦闘は断続的に続けられ、何回かの平和協定でユグノーの立場は徐々によくなっていきました。そのような中、1572年、国王シャルル9世の妹と、プロテスタントの代表ナヴァル王アンリ（のちの**ブルボン朝アンリ4世**）が結婚し、両者の和解を一挙に進めようとします。しかし、この機会をチャンスと考えたカトリーヌの策略で、ギーズ公アンリの軍隊によって、集まった新教系の貴族たちが再び大虐殺されました。このとき幽閉《ゆうへい》されたナヴァル王のアンリは新教から旧教に改宗し、危うく難を逃れたのですが、プロテスタント側の有力者コリニー提督は混乱の中で虐殺されました。これが**サン・バルテルミーの虐殺事件**といわれるものです。なおナヴァルのアンリはこの後再び新教に改宗します。

これらの混乱は、ギーズ公のアンリ、ナヴァル王のアンリ、そしてフランス国王のアンリ3世の3人が中心人物になったため「3アンリの戦い」といわれるようになります。シャルルの次に即位したアンリ3世は新旧の調停をはかったのですが、1589年、カトリックの過激派によって暗殺され、ヴァロア朝が断絶するという事態になりました。このため、ナヴァルのアンリが再び旧教に改宗し、アンリ4世として即位し、ここにブルボン朝が始まります。

ユグノー戦争は、アンリ4世が1598年に発布した**ナントの王令**で終結します。これによって**制限つきとはいえユグノーにもカトリックと同様の権利が認められ、また個人の信仰の自由が認められた**という点で画期的なものでした。フランスの宗教的対立は妥協的な立場で収拾されたことになります。

三十年戦争――「最後にして最大の宗教戦争」

1555年のアウグスブルクの宗教和議については、先ほど説明した通り、信仰の自由は「都市・領邦単位とする（領主の宗教を支配下の人々は強制される）」という奇妙なものでしたし、このとき、カルヴァン派は認められていませんでした。このため、この和議以降も宗教的不満は渦巻いていきます。

最初に、宗教戦争といわれるこの戦争の非宗教性を紹介しておきます。戦争が始まる前、ドイツにはプロテスタント同盟（ウニオン、ユニオン）とカトリック同盟（リガ、リーグ）が結成されていました。三十年戦争はボヘミア新教徒の反乱から始まるのですが、ザクセン公やブランデンブルクは彼らを見捨てます。ザクセンにいたっては戦争の情勢を見ながら新教側についたり、旧教側に走ったりと態度が一定しません。**宗教問題よりも国益がからんでくる**のです。その最大の国家がフランスで、カトリックでありながら反ハプスブルクの立場で新教側について参戦します。

三十年戦争は、ドイツの内乱で終わっても不思議ではなかったのですが、国際紛争になったのは、**「主権国家」の成長**があったからです。最大の問題は、当時、スペインとオーストリア（神聖ローマ帝国）にハプスブルク家が君臨していたことでしょう。その間に位置するフランスにとって、両方の国家の動きは無視できませんでした。デンマークやスウェーデンという北欧の大国も、領土の拡大を狙っていました。イングランドやオランダにとってもヨーロッパの国際関係は重大な問題になってきます。このような事情が解決を長引かせることになってしまったのです。

チェコから始まり、北欧まで巻き込んだ戦い

かつて宗教改革の先駆、ヤン・フスを生んだボヘミア（現在のチェコ）は反教皇的雰囲気が強い地方でしたが、16世紀はハプスブルク家の支配下に入っていました。１６１７年、**フェルジナンド2世**（１６１９年に神聖ローマ皇帝）が新しくボヘミア王に就任すると、彼は当地でカトリックを強制しはじめます。

それに対して、ボヘミアの新教徒はプラハの王宮を襲い、国王の顧問官３人を窓からつき落とすという事件を起こしました。反乱を起こした諸侯たちは団結し、ファルツ選帝侯《せんていこう》の**フリードリッヒ5世**をボヘミア王に擁立し、フェルジナンド２世に対抗しました。ここに始まった三十年戦争の第１段階をボヘミア・ファルツ戦争といいます。

１６２０年、プラハ近郊の白山《はくさん》の戦いでボヘミアの新教徒は敗れ、ボヘミアはほぼ完全にハプスブルク家の支配下に編入されました。このとき反乱を指導した貴族や騎士は厳しく処刑されましたが、このときの処刑が厳しすぎるものであったことが、周辺の新教勢力が介入する理由になったといわれます。いうまでもないことですが、ボ

17世紀半ばのヨーロッパ

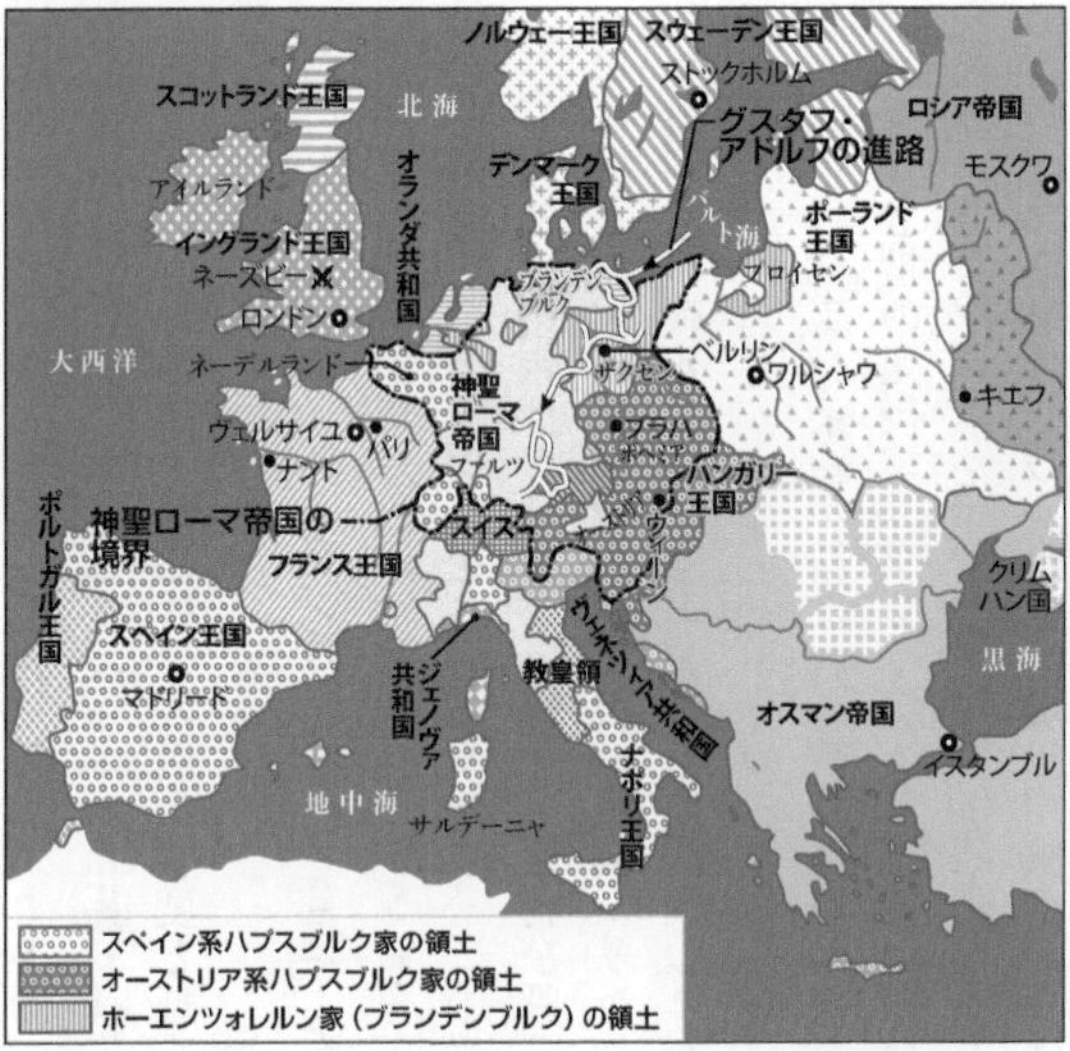

へミアではカトリックが強制され、言語もドイツ語の使用が義務づけられました。

1625年から三十年戦争は第2段階に入り、北欧のデンマーク王クリスチャン4世が介入しました。デンマークはイングランドその他のプロテスタント系の国家の支援を受けているのですが、戦闘はデンマークが中心になったのでデンマーク戦争といわれます。

対するフェルジナンド2世が採用した傭兵部隊の司令官が**ワレンシュタイン**で、まとまりのつかなかったデンマーク軍を圧倒、デンマークはスウェーデンの支援も得るのですが最終的には敗北し、29年リューベックの和約を結んで、デンマークは撤退しました。この後、ワレンシュタインは彼の傲慢《ごうまん》な態度と野心に反感を持った皇帝によって一時失脚します。

30年になると、スウェーデンの**グスタフ2世・アドルフ**が、この戦争に介入します。これが三十年戦争の第3段階、スウェーデン戦争です。スウェーデン軍は向かうところ敵なしの勢いでドイツ軍を打ち破ります。この過程で皇帝の腹心《ふくしん》ティリーが戦死したこともあり、皇帝はワレンシュタインを再び呼び戻しました。

32年に起きた、三十年戦争中最大の戦闘がリュッツェンの戦いです。グスタフ・アドルフの不慮の戦死でスウェーデン軍は混乱しました。皇帝は強力な敵の突然の死に自信を持ち、かねてから嫌っていたワレンシュタインを暗殺するという手に出ます。そして35年、プラハ条約が結ばれ、戦闘はいったん終結しました。

グスタフ2世の死後、スウェーデンの王位を継いだのがクリスティナ王女です。哲学者デカルトとの親交も深かった聡明な女王ですが、彼女は三十年戦争を継続します。このためにフランスとの同盟を実現し、35年からは第4段階、いわゆるフランス・スウェーデン戦争になりました。フランスはテュレンヌ将軍を派遣し、それに助けられてスウェーデンは巻き返しをはかりました。

このころ、国際関係も変わっていきます。オランダはスペインからの独立戦争を有利に進められるようになりました。逆にスペインはフランスとの戦いでも劣勢になり、その覇権は徐々に低下していきます。神聖ローマ皇帝に新しく就任したフェルジナンド3世は和平への動きを開始します。また東方の有力領邦ブランデンブルク（プロイセン）で、新しくフリードリッヒ・ヴィルヘルム（のちに「大選帝侯」と呼ばれる）が即位して、防衛戦争に方針を切り替えました。

このような中で、講和に向けての話し合いが、ウエストファリア地方のオスナブリュックとミュンスターで始められるのです。講和会議中も各地で戦闘は続いていましたが、**48年、各国が講和条約に調印し、三十年戦争に終止符がうたれました。**

なお、フランスとスペインの戦いはこれでは決着がつかず、59年のピレネー条約締結まで、10年以上戦いが続きました。この条約でフランス王ルイ14世とスペイン王女の結婚が決まりますが、これは将来のスペイン継承戦争の遠因となります。

ウエストファリア条約
——多国家間で結ばれた、初めての国際条約

ウエストファリア地方で講和会議が始まったのは1645年のことで、3年の時間をかけて48年に締結し、三十年戦争に終止符が打たれたことになります。アウグスブルクの宗教和議に続く宗教戦争の講和条約になりますが、ほぼ100年の年月を経て、世の中のありようが大きく変わってきたことを示している内容になっています。またこれは初めての本格的な多国間条約であり、近代国際法の祖ともいわれます。

宗教面では基本的にアウグスブルクの和議の内容と変わっていません。変わった点はカルヴァン派も公認されたくらいで、都市・領邦単位での信仰という条項は手付かずでした。その領邦と都市に関してですが、**外交に関する完全な主権**が認められます。これは、外国と自由に条約が結べるということになり、**都市や領邦が実質的に独立の国家になった**ことを意味しています。神聖ローマ帝国は維持されますが、それを構成する領邦の主権の承認によって、名目だけの存在になりました。この条約が「神聖ロ

ーマ帝国の死亡診断書」と評価される理由はこの点にあります。

領土問題では、フランスがアルザスとロレーヌの一部を獲得し、この地域はさらにこの後も、ドイツ・フランス間の重大問題になっていきます。スウェーデンは西部ポンメルン（ドイツ）を獲得し、バルト海の対岸に領土を確保して、のちの「バルト帝国」の威容を整えていきます。ブランデンブルク・プロイセンは東部ポンメルンを獲得しました。

また、事実上は果たしていたスイスとオランダの独立が、ここで正式に承認されます。

ウエストファリア体制で、各国の絶対王政化が進む

最後で最大の宗教戦争といわれる三十年戦争は、このようにして終結しました。最後の宗教戦争というにもかかわらず、宗教問題に決定的な解決を与えられなかったことに、この時代の前近代性を読みとることができます。逆に、**各国の君主は宗教を抑え、軍備を強化したことで、絶対王政への道を歩む**ことができました。この戦争の最

大の受益者は絶対君主だったといえましょう。

いちばんの被害国になったのはドイツです。戦場がドイツであったことからそれはしかたなかったともいえますが、人口の減少、耕地の荒廃などドイツ経済は深刻な状況になり、イングランドやフランスに比べ２００～３００年の遅れをとったといわれます。

また、**ハプスブルク家の権威が低下**したことは否めません。３００あまりの領邦や都市が群立する状況が固定化しました。しかし、ハプスブルク家は伝統による力があり、またプロイセンは、国土が主戦場にならなかったことにも助けられて、以後徐々に発展していきます。

フランスでは、この戦争中に即位したルイ14世がマザランをはじめとする賢臣に支えられて、**中央集権化を進めていきます**。もちろん三十年戦争がこれに大きく貢献したというわけではありませんが、隣国ドイツの弱体化がフランスに幸いしたのはいうまでもありません。

北欧諸国、とくにスウェーデンはこの戦争でドイツ内に領土を確保し、神聖ローマ帝国の帝国議会にも列席する権利を獲得しました。18世紀には**バルト帝国**ともいわれる強勢を誇ることになります。

イングランドは、ちょうど革命中だったわけですが、三十年戦争に諸国の目が向いたため、フランス革命のように周辺諸国から大規模に干渉されることはなく、曲がりなりにも**市民革命を実現し**、**議会主義が確立**しました。そのあたりの事情を続いて紹介します。

イングランドの宗教改革とチューダー朝の絶対王政

チューダー朝第3代の王ヘンリー8世は、ルターの宗教改革に反対し、教皇から「カトリックの擁護者」と讃えられた君主でした。しかし彼には、宗教以上に切実な問題がありました。

最初の妻カザリンは、スペインのカルロス1世(神聖ローマ皇帝カール5世)の伯母で、出自に関しては文句がなかったのですが、生まれた子どもはメアリひとり。男子がほしかったのですがそれは望めない状態にありました。そのような時、侍女のアン・ブーリンとの間に子どもができます。彼は強引にカザリンと離婚し、アン・ブーリンと再婚しました。

この事態に、ローマ教皇はスペインへの配慮もありヘンリー8世を破門しますが、王は「首長令《しゅちょうれい》（国王至上法）」を発布、イングランドの教会の最高権力者はイングランド国王であるというかたちで、イングランド教会のローマからの独立を宣言したのです。儀式（典礼）は旧教のものを継承していましたが、のちに新教系の教義を採用することになり、**イングランドの宗教改革は、国王主導で推進されたのです**。なお、この時にヘンリー8世に反対した大法官のトマス・モアは処刑され、また反対した修道院は解散させられて、その土地を没収することで王室の財政基盤は強化されました。

ところが、アン・ブーリンとの間にできた子も女子（のちのエリザベス女王）だったため、さらにヘンリー8世はジェーン・シーモアと結婚、やっと待望の男子（のちのエドワード6世）を授かります。ヘンリー8世の死後このエドワード6世が即位し、彼の治世は宗教的には融和策がとられ、新旧の対立で大きな混乱は生じませんでした。ところが彼の死後、問題が続きます。

エドワード6世に続いて、最初の妻カザリンとの娘、メアリが王位を継承しました。彼女はカトリックを復活させ、スペインのフェリペ2世と結婚したため、多くの新教徒を弾圧し、国内に混乱をもたらしました。「血《ブラッディ》のメアリ」のあだ名はこれに由来します。

メアリの死後、即位したエリザベス（アン・ブーリンとの娘）は**「統一法」を発布し、ここにイングランド国教会を確立**します。しかし、彼女の前にもうひとつ大きな問題が立ちはだかりました。

グレートブリテン島の北部スコットランドは当時、イングランドとは別の国家でした。そのスコットランド女王であったメアリ（先ほどの「血のメアリ」とは別人です）が、彼女の自分勝手なふるまいを嫌った貴族の反乱でスコットランドを追われ、イングランドに亡命してきたのです。エリザベスはこれを受け入れ、比較的自由にさせていましたが、メアリはカトリックで、スペインのフェリペ2世とも懇意でした。さらに、イングランド内の反エリザベス派に利用されるところにもなり、エリザベス暗殺未遂事件にかかわったとして87年に処刑されました。

これに対してフェリペ2世が動きました。彼は、単に宗教上の問題だけでなく、スペインの後を追うかたちで大西洋、新大陸に進出していたイングランドの私掠船《しりゃくせん》（海賊）によるスペイン船への襲撃に、業を煮やしていました。このような事情を背景に、フェリペ2世は「無敵」といわれた艦隊アルマダをイングランドに送ります。

当時のイングランドはまだ新興国で、正面からスペイン艦隊と戦える状況ではなかったのですが、ドレーク船長をはじめ国民の団結は固く、無敵艦隊を破りました。当時はオランダ独立戦争の最中で、スペインの敗戦はオランダを勢いづけ、**スペインは衰退に向かいます**。

さらにこの時代のイングランドについてもうひとつ重要なことがあります。もともとイングランドは、対岸のネーデルランドに向けて羊毛の輸出が盛んだったのですが、16世紀になると、国内でも毛織物産業が盛んになってきました。この結果、羊を飼うための牧羊地の確保のため、地主たちが土地を**囲い込み**（エンクロージャー）したのです。これにより**多くの農民たちが土地を追われる**ことになりました。

ヘンリー8世に反抗して処刑されたトマス・モアがその著作『ユートピア』で「羊が人間を食う」といったのはこの状況を指しています。このような状況で育っていた市民たちが、17世紀のイギリス革命の主役を演じることになるのです。

さらに、16〜17世紀、農村の変化をはじめとして、イングランドでは貧富の差が大きくなっていました。かつては教会や修道院が、貧しい庶民の慈善活動の受け皿になっていたのですが、修道院の破壊などでそれができなくなっていました。やがて起きるイギリス革命で、貧民の要求が過激化していく背景には、このような事情もあったのです。

清教徒革命——市民革命であり宗教戦争でもあった内乱

エリザベスは結婚もせず、継承者のないままに死亡したため、チューダー朝は彼女の死によって断絶します。このため、イングランド王位を継承したのは姻戚関係のあったスコットランドの国王、スチュアート家のジェームズ6世（処刑されたスコットランド女王メアリの息子）で、1603年、彼がジェームズ1世として即位しました。スチュアート朝の始まりです。これにより、イングランドとスコットランドは主権は別でありながら同じ君主をもつ「同君連合」となりました。

ジェームズ1世は**王権神授説を掲げてカトリックを強制**しはじめます。穏健と思われていた人物がそのような厳しい政策を行ったのは、イングランドでは、スコットランドからやってきた彼の支持勢力が少なかったという事情も考えられています。イングランドではカルヴァン派の信仰が広まり、農民や商工業者に広がっていました。彼らピューリタンに対してジェームズ1世は厳しく対応したのですが、市民の不満は徐々に拡大されていきました。なお、ピルグリム・ファーザーズ（アメリカでプリマス植民地を建設したピューリタンたち）が新大陸に植民を行ったのは1620年のことです。

ジェームズ1世の亡き後、チャールズ1世が即位しましたが、専制政治を改める気はまったくありませんでした。このため、イングランドの議会は1628年「**権利の請願**《せいがん》」を国王に突きつけ、議会の同意なしでの課税を禁止することや、恣意的な逮捕、投獄をしないことを認めさせました。

怒ったチャールズ1世は、以後11年間も議会を開かず、保守勢力を固めて専制政治を行いました。しかし40年4月、スコットランドで内乱が起きると、課税のために議会を開かざるを得なくなり招集します。ここで招集された議会は対立が激しく、3週間で閉鎖されました（短期議会）。改めて11月に招集された議会は対立が続くままに、

53年に**オリバー・クロムウェル**が閉鎖するまで続きます（長期議会）。この間の41年、国王の権力を支えてきた星室庁が廃止されました。

さらにこの間、カトリック教徒の多いアイルランドではイングランド支配に対する反乱が起きました。それが誇張されて伝えられてくる中、人々の間に反カトリックの意識が増幅されていきます。41年、国王の専制政治を列挙した「大抗議書」が議会に提出され、僅差で可決されました。国王は改革派の議員の逮捕を試みましたが失敗し、**イングランドは国王派と議会派に分かれて内乱に突入**します。

最初は貴族やジェントリー（百年戦争からばら戦争を通じて成長してきた下層の地主階級）を中心にした国王派が優勢だったのですが、やがて新興商人や手工業者、労働者・農民などが支持基盤になった議会派にクロムウェルが出ます。彼は鉄騎隊《てっきたい》を率いてマーストン・ムーアの戦いに勝利、さらに新型軍を組織してネーズビーの戦いで決定的な勝利を収めました。**49年には国王チャールズ1世を処刑し、共和政を樹立します。これが清教《せいきょう》徒《と》革命《かくめい》です。**

ところが、この後議会派の内部で長老派・独立派・平等派（水平派）の3つの勢力の対立が激しくなりはじめます。長老派は国王を否定せず立憲君主政を目指す穏健派なのに対し、独立派は、共和制で有産市民を中心にした制限選挙を主張します。さらに、平等派は共和政を目指すという点では独立派と同じですが、主権在民の実現を主張しました。長老派とこの2派との対立は避けられませんでした。

独立派と平等派は47年以来パトニで話し合いを行っていたのですが、長老派や国王の巻き返しに対して歩み寄り、48年には長老派を議会から追放しました。

護国卿クロムウェルの独裁

権力を握ったクロムウェルは、49年1月に王チャールズ1世を処刑したのち、3月には貴族院を廃止、続いて平等派を弾圧します。5月には共和政が正式に宣言されますが、この間、土地の平等分配を求めるなどより急進的な真正平等派などを弾圧し、**独裁体制**を強固なものにしていきました。

さらに、反革命勢力の逃亡したアイルランドやスコットランドへの遠征を行うのですが、とくにアイルランドではケルト人の土地が奪われ、アイルランドの植民地化の契機になりました。なお、哲学者・政治学者のホッブズが『リヴァイアサン』を著し、社会契約説に基づいて絶対王政を正当化したのは51年のことになります。

独立派の政権は、絶対君主を倒したという点ではたしかに市民革命といえるのでしょうが、その後のクロムウェルの政治をみると、**宗教の復古主義的動き**ではないかと思える部分もあります。実際、議会ではクロムウェルでさえも驚くような宗教右派の発言が目立ちます。クロムウェル自身も、ピューリタニズムに基づき一切の娯楽を禁じるという禁欲を市民に強制するわけですから、単純に市民革命とはいえないような状況でした。庶民の不満が大きくなったのはいうまでもありません。

53年、軍隊が用意した成文憲法「統治の章典」によってクロムウェルは**護国卿**《ごこくきょう》(ロード・プロテクター。政治・軍事の最高官職)に選出されました。しかし、政治的な安定が保証されたわけではありません。原理主義的な急進派の動きもある一方、国王派の反乱も起こりました。これに対し、クロムウェルは軍事的独裁体制を強化していきます。彼を支える議会は、彼を国王にすることで国民の不満を抑えようと考えましたが、クロムウェルは拒否しました。

このころ、経済的に画期的な状況が生まれていました。議会内のロンドンの大商人のグループが51年に「**航海法**《こうかいほう》(**航海条例**)」を制定させ、イングランドの関わる貿易活動からオランダ船の排除をくわだてたのです。クロムウェル自身はアイルランドに遠征中で、かつ、彼はオランダと事を構えるのには反対だったのですが、結果として52年、**英蘭戦争**が勃発します。これに勝利したイングランドは、さらにスペインとも戦いながら、**18世紀の海洋覇権に向けて対外活動を本格化**させていきました。

イギリス議会主義を確立させた名誉革命

58年、クロムウェルは病没します。彼の息子リチャード・クロムウェルが護国卿に就任しますが、政治の混乱を収拾する力はなく、翌年には辞退してしまいました。60年になると貴族院が復活し、新しく議会が招集され、追放されていた王党派が復帰してきます。海外に亡命中であった、先王チャールズ1世の息子が復帰し、**チャールズ2世**として王位につきました。彼は帰国に際して、オランダで「ブレダ宣言」を発表し、革命関係者の大赦《たいしゃ》、信仰の自由、革命中の土地所有権の不問などを確認して**スチュアート朝を復活**させました（**王政復古**《おうせいふっこ》）。新しい体制は議会を重視するものであり単純な絶対王政の復活ではありませんでした。

しかし、国王は専制化するものです。チャールズ2世も例外ではありませんでした。この時代に多くのピューリタンが新大陸へ移住したことは、国王が行った報復ともいえる圧政と関連しています。

さらに、イングランドは国教会の国家であるにもかかわらず、チャールズ2世はカトリックを擁護しようとしました。亡命中に旧教国であるフランスで受けた恩に報いようとするものでしたが、70年、ルイ14世とチャールズ2世の間で結ばれた「ドーバーの密約」が問題化します。これは、イングランド国王がカトリックに改宗したらフランスが軍事支援をするというものでした。このような国王に対し、議会は73年、非国教徒は公務員になれないことを定めた**審査法**《しんさほう》で対抗、さらに79年には、不法な逮捕・投獄を禁じた人身保護法が制定されました。

85年、チャールズ2世の死に伴い、弟が即位して**ジェームズ2世**となります。彼はフランス亡命中にカトリックに改宗しており、彼の即位によりイングランドにカトリック国王が君臨することになりました。**イングランドには、カトリック化と絶対主義の復活という2つの危機が訪れた**ことになります。実際にジェームズ2世は、カトリック化に反対する勢力を弾圧しながら専制体制の強化をはかっていきます。

ところで、1670年代、イングランドでは地主勢力を中心にした王権擁護派の**トーリー党**と、商工業者や非国教徒を中心にした**ホイッグ党**が結成されていました。ジェームズ2世の専横に対し、両党は協力し、ジェームズ2世の娘メアリと結婚していたオラニエ公のウィリアムを、国王として招くことを決定します。抵抗が不可能と考えたジェームズ2世はフランスに亡命し、2人がウィリアム3世とメアリ2世として王位につきました。この無血で実現されたクーデターを、**名誉《めいよ》革命《かくめい》**といいます。

89年、議会は「**権利の宣言**」を発表し、国王はそれを「**権利の章典**」として発布しました。これにより、**王権は規制され、議会が主権を行使する立憲君主体制が確立されたことになります**。

ハノーヴァー朝の成立
――「国王は君臨すれども統治せず」の原則が生まれる

イングランドの「市民革命」はこのようにして行われたのですが、前半の清教徒革命は、三十年戦争の時代に対応し、事態は宗教的要素が多分に絡んで進行しました。後で紹介するフランス革命でも、カトリック教会との関係が大きな問題になります。キリスト教会が、いかに深くヨーロッパの人々の精神世界に根を張っていたかを考えさせられます。

ウィリアム3世亡き後、メアリ2世の妹であるアンが国王になります。アンにも子どもがいなかったため、彼女の死後、王位はジェームズ1世の家系に戻り、孫のソフィアの息子であるドイツのハノーヴァー選帝侯が、**ジョージ1世**としてイギリスに君臨します。こうして1714年、スチュアート朝に代わり**ハノーヴァー朝**が成立しました。

ジョージ1世は英語が得意でなく、さらにしばしばドイツに戻ったため、国王の責任問題から1720年代、**ウォルポール内閣の下、責任内閣制**が成立します。内閣が議会（国民）に対して責任を持つというもので、ここにイギリスでは**「国王は君臨すれども統治せず」**という原則が確立されることになります。

Column

バランス・オブ・パワー（勢力均衡）をめぐる争い

高校時代に世界史を選択された皆さんは、中間テストや期末試験、あるいは大学の世界史の入試問題で、ある条約でどの国がどの地域を獲得したか、あるいは、どの国にどこを割譲したかといった問題を嫌というほど目にしてきたのではないでしょうか。戦争を終結させた条約は、かなりの部分、このような領土のやりとりが問題にされます。

ところが、**第二次世界大戦から、その種の土地のやりとりは、多少の例外をのぞいて、ほとんどなくなります。**明確な国境線が決定していない国家間の争いが続いている地域もあり、一概にはいえませんが、国民国家がだいたい固定してしまったからと説明することができます。

16世紀以降、主権国家が誕生してくるとともに、隣国との国境問題が明らかになってきます。さまざまな民族が混在している地域の領土問題や国境問題は簡単には解決されません。19世紀以前には、民族という意識が出てきた場合もあるでしょうが、単純に経済的・戦略的な問題から領土を争ったことが多かったと思われます。

そして、一国だけが力に任せて領土を広げてしまうというのは周辺諸国には由々しき問題であり、バランス・オブ・パワー（勢力均衡《せいりょくきんこう》）という観点からも、戦いに諸国が干渉します。15～16世紀のイタリア戦争にそれは現れていますが、三十年戦争がその本格的始まりになります。

ルイ14世の侵略戦争

Wars of Louis XIV

1667

ヨーロッパの17～18世紀は絶対王政の最盛期である。その象徴的存在といえるルイ14世の時代、フランスは戦争に明け暮れた。原因は多くが継承問題、あるいは、敗北した戦争の復讐戦となるが、1701年に始まるスペイン継承戦争はその典型であった。これらの戦争は、あわせて新大陸をはじめとする植民地での戦争にも連動していった。

ルイ14世の没後、オーストリアのマリア・テレジアとプロイセンのフリードリッヒ2世の間で2回の戦争が行われるが、このような国際関係の中で国益優先の外交が展開され、イギリスは世界最大の植民地保有国家に成長していった。

ルイ14世の侵略戦争第1弾
——南ネーデルランド（フランドル）戦争

三十年戦争がウエストファリア条約で終わった後も、ハプスブルグ家のスペインとブルボン家のフランスだけは戦いを続けていました。1659年のピレネー条約で休戦が成立し、フランス王ルイ14世はスペイン王女マリー・テレーズと結婚し、その持参金と相殺して、スペイン王位の継承権を放棄することを約束していました。しかし、その持参金が支払われないことを理由にフランスはスペイン領ネーデルランド（ベルギー）を求め、スペインと開戦します。

この戦争はオランダにとって大きな脅威になったため、オランダは第一次英蘭戦争（「三十年戦争」参照）を休戦してイングランドと手を組み、さらにスウェーデンを入れて三国の同盟を結びフランスと戦いました。フランスは休戦条約を結ばざるを得なくなり（アーヘンの和約）、ネーデルランドでいくつかの都市などを獲得しますが大きな成果は得ずに終わります。

オランダ戦争――オランダの凋落が始まっていく

ネーデルランド戦争でのオランダの対応を根に持ったルイ14世は、イングランドのチャールズ2世と密約を結び（ドーバーの密約）、オランダ侵略戦争でイングランドはフランス側で参戦するという約束をとりつけて、オランダ・イングランド・スウェーデンが結んでいた三国同盟を切り崩しました。

さらに、その後スウェーデンも取りこんだだけでなく、ドイツ（神聖ローマ帝国）の多くの諸侯とも結び、オランダ包囲網を完成させます。1672年、いち早く第三次英蘭戦争を始めたイングランドに続き、**フランスもオランダに宣戦**しました。

この戦争では、オランダのほとんどの地域が占領されますが、共和派が強くこれまで不遇をかこっていた、オランダ独立戦争以来の名門オラニエ（オレンジ）公のウィレム（ウィリアム）3世がオランダ総督に擁立され、反攻に転じます。

彼は、オーストリア（神聖ローマ皇帝アルプレヒト1世）やブランデンブルク辺境伯（大選帝侯フリードリッヒ・ヴィルヘルム）、さらにスペインなどと同盟を結び、逆にフランス包囲網を作りあげました。軍事作戦では大きな成果はなかったのですが、イングランド議会でも戦争継続に反対する勢力が大きくなり、74年に戦線を離脱、状況は徐々にオランダに有利になっていきました。

実際、オランダ内での戦闘よりも、ドイツ内でのフランスとドイツ諸侯との戦いが激しくなっていきます。フランスはハプスブルク家領のフランシュ・コンテ（ブルゴーニュ伯領）を占領しますが、オランダと同盟したブランデンブルク・プロイセンがフランスと同盟したスウェーデンに勝利するなど、全体としてフランス側は劣勢で、1677年、オラニエ公ウィレム3世が、イングランドのチャールズ2世の姪、メアリと結婚するにおよび、フランスの財政も悪化して休戦に向かいました。

1679年に結ばれたナイメーヘン条約で、フランスはフランシュ・コンテといくつかの都市の領有を認められました。ところがルイ14世は戦後も周辺地域に対して露骨な動きをし、ストラスブールなどを併合します。

ちょうどオランダ戦争を始めた年、ルイ14世はヴェルサイユ宮殿への移転を始めています。まさしくブルボン朝絶対王政の最盛期であり、85年にはナントの王令の廃止によってユグノーを国外に追放するなど、彼の高圧的な行動が周辺諸国家の危機感をあおり、ファルツ継承戦争へと連なっていくことになるのです。

ファルツ継承戦争
――ヨーロッパの侵略戦争は、植民地戦争の先駆けとなった

ラインラントの名門ファルツ選帝侯（ライン宮中伯）であるカール2世が1685年に亡くなると、ルイ14世は弟のオルレアン公の妃に継承権があると主張しました。これに対して、オーストリア（神聖ローマ皇帝レオポルド1世）の他、ドイツ諸侯、スペインやオランダなどはアウグスブルクに集まり、ルイ14世に反対の意思を示します。参戦はしませんがスウェーデンもこれを支援しました。

1688年になると、ケルン選帝侯でも継承問題が起こり、ここにもルイ14世が介入したため、ケルンは反フランスの立場でアウグスブルク同盟に参加しました。さらにこの年はイングランドで名誉革命が起き、ジェームズ2世がフランスに亡命します。翌年、オランダのウィリアム（ウィレム）3世がメアリ2世とともにイングランド王

になると、イングランドも反フランスの同盟に入り、フランス包囲網がより強化されました。

戦闘はフランス軍のファルツ侵入から始まりました。この時フランスの行った残虐な作戦はその後長くドイツ国民にフランスへの敵愾心《てきがいしん》を植えつけたといわれます。フランス軍はイタリア方面の戦いでも海上の戦いでも優勢だったのですが、イングランド・オランダ両国が海軍を再建し、ドーバーの戦いでフランス艦隊を打ち破りました。フランスはそれに有効な対応をせず、ブリテン島上陸作戦も不可能な状態になりました。

この戦争は海外にも波及し、新大陸での戦いにもなりましたが、フランスは海上輸送力の不足に悩まされ、海外の領土を奪われることになりました。

ヨーロッパのほとんどの国を相手にしたため、また、フランス軍の有能な将軍が戦死するなどし、財政負担も大きくなって、フランスには休戦の動きが出てきます。1697年、オランダのライスウィックで平和条約が結ばれ終結しました。

領土問題では大きな変更はなかったのですが、フランスは戦争中にオランダが占領したインドのポンディシェリーを回復するなど、**このころから植民地での領土も問題**

になってきます。ヨーロッパの戦いが新大陸やインドにも波及したため、植民地ではイングランド王にちなんでウィリアム王戦争といわれますが、これからフランス革命に続くナポレオン戦争にいたるまでの一世紀以上にわたって行われる、**植民地戦争の先駆け**にもなりました。

スペイン継承戦争
──スペインの王はハプスブルク家からブルボン家へ

ファルツ継承戦争後、ヨーロッパ諸国の関心はスペイン王カルロス2世に集まりました。彼は病弱で嫡子の誕生が期待できず、彼の死後にスペイン・ハプスブルク家が断絶することは自明のことでした。このため、諸国はその後継者のことを取りざたしていたのです。

しかし、カルロス2世は、領土を分割しないことを条件に、ルイ14世の孫であるアンジュー公のフィリップ（スペイン語読みはフェリペ）を後継者にすることを遺言書

スペイン継承戦争前の
スペイン王とフランス王の関係

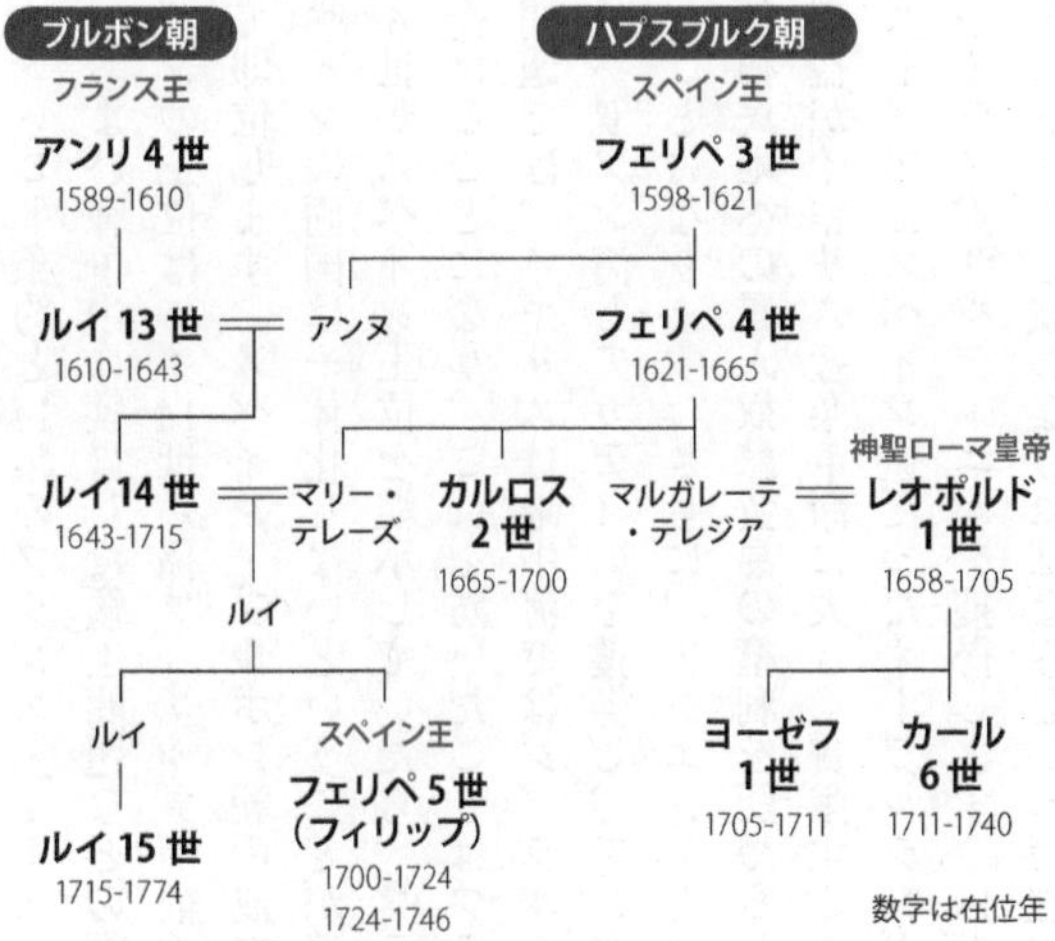

に記していました。カルロス2世はフランスの国力で、スペインの分割が避けられることを期待したものと思われます。

　これにオーストリア・イギリス・オランダが反対し、再び戦闘が始まりました。戦闘はヨーロッパ各地や新大陸にもおよびました。長びく戦争に厭戦《えんせん》気分も高まりますが、王位継承問題を中心に講和条件が折りあわず、戦争は続きます。

　しかし、イギリス国内でも和平を望む声が大きくなり、1713年のフランス・イギリス間のユトレヒト条約と14年のフランス・オーストリア間のラシュタット条約で、継承問題、および戦争中に獲得した領土問題などの調停がはかられました。

スペインの王位はルイ14世の孫フィリップが継承することとなり、彼がフェリペ5世として即位します。**スペイン・ブルボン朝の成立**です。ただし条件として、フランス・スペインの両国は一体化しないということが確認されます。もしオーストリアのカール6世がスペイン王位を継承していたら、フランスはハプスブルク家の脅威を東西から受けることになり、これを防いだことはフランス外交の勝利といえます。

領土問題では、イギリスは地中海ではジブラルタルとミノルカ島を獲得、さらに新大陸ではハドソン湾とアカディアを獲得し、アン女王戦争といわれる植民地戦争にも勝利したことになります。さらに、アシエントといいますが、**イギリスは新大陸のスペイン領植民地への黒人奴隷貿易の権利を認められました**。後で紹介しますが、これによる利益がイギリス産業革命に大きく貢献することになります。

オーストリアはスペイン領だったネーデルランド（ベルギー）のほか、イタリアでナポリやミラノ、サルデーニャを獲得します。19世紀のイタリア統一戦争で、イタリアがオーストリアと戦わなければならなかった理由はここにあるのです。逆にイタリアの立場から考えると、中央集権化に遅れた国家の悲哀を痛感させられることになります。

スペイン継承戦争で、ヨーロッパの新しい勢力図ができあがる

このスペイン継承戦争を利用して、プロイセンはその立場を向上させました。この プロイセンという国家は、第3回十字軍の時に結成されたドイツ騎士団が、東方植民で獲得した騎士団領が出発点になります。15世紀、騎士団長にホーエンツォレルン家が就任し、1525年、宗教改革の混乱の中でルター派を採用、あわせて世俗化して、プロイセン公を名乗りました。

さらに1618年にはブランデンブルク選帝侯と同君連合となり、ブランデンブルク・プロイセン公国となりました。1701年には、プロイセン王国を名乗るようになります。この王号を承認されることの代償に、プロイセンは反フランスの立場で参

戦を約束したのです。

同時代ということで、ここで紹介しておきますが、1702年、イングランドではウィリアム3世が亡くなり、王妃メアリ2世の妹アンが王位を継承しました。ウィリアム3世はルイ14世と戦い続けてきた人物ですが、アンはもウィリアムと同じ立場でルイ14世とは対立し続けてきました。

アンの時代の1707年、**イングランドとスコットランドが合同します**。一応区分して、これ以後はイングランドではなく「イギリス」と表記します。さらに、このアンの死によってスチュアート朝が絶え、ドイツのハノーヴァー家のジョージ1世がイギリス国王になり、ハノーヴァー朝が始まりました。第一次世界大戦中、敵国ドイツの王朝名はないだろうということでウィンザー朝と改称しますが、今日まで続く王家です。

1711年、オーストリアではヨーゼフ1世が亡くなりカール6世が即位します。彼の一人娘がマリア・テレジアで、のちに広大なハプスブルク家領を統治することになりました。**戦いの主要舞台は、ブルボン朝・ルイ14世のフランスから、今度はハプスブルク朝・オーストリアに移されていきます。**

また、「ウエストファリア体制」や「ウィーン体制」ほど有名ではありませんが、スペイン継承戦争後の講和条約にちなむ、18世紀の国際秩序を「ユトレヒト体制」といいます。

北方戦争──スウェーデンが衰退し、ロシアが頭角をあらわす

スペイン継承戦争と同じ1700年前後、北方に出ていた君主を、さらにもう2人紹介しておきます。ひとりはスウェーデンのカール（チャールズ）12世で、もうひとりがロシアのピョートル大帝です。

カール12世は少年期に父母を失いますが、文武に優れた才能を持ち、15歳にして親政を開始します。当時のスウェーデンはフィンランドやバルト三国周辺、さらにバルト海周辺部に領土を持ち、まさしく「バルト帝国」の威容を誇っていました。このようなスウェーデンに対し、デンマークやポーランドなどは大きな脅威を感じていました。

一方のピョートル大帝は、後進国ロシアの近代化を進めた人物です。自ら西欧を視

察旅行し、進んだ文物の導入をはかりましたが、あわせて外国人も積極的に登用し、軍隊の指揮の効率化を推進しました。

また、ロシアの南方にはオスマン帝国が存在します。冬季は北方航路（白海、スカンディナビア半島北部を経由して北海に出るルート）が使えなくなるロシアにとって、バルト海での自由な航行権を得ることは西方へ自由に航行するために非常に大きな意味をもちます。それを認識した彼は、バルト海周辺の覇権国家スウェーデンとの戦争を決意し、実に治世の半分をかけて、進めたのです。

北方戦争はバルト海を中心にしたスウェーデンの覇権に対し、北欧・中欧・東欧諸国の反スウェーデン同盟の間で戦われました。この時、興味深いのは、オスマン帝国とスウェーデンが接近したことです。オスマン帝国は拡大するロシアやオーストリアと対立しており、共通の敵をもつということで、スウェーデンとの協力は国際関係の中で当然出てくることでした。

反スウェーデン同盟は、ロシアとデンマーク・ノルウェー連合王国、そしてポーランド・リトアニア連合王国で形成されていました。戦いは、デンマークがホルシュタイン地方、ポーランドがリヴォニア地方、ロシアがネヴァ川下流域（イングリア、現在のペテルブルク周辺）に侵入するところから始まります。

緒戦ではスウェーデンが優勢で、ロシア軍もナルヴァの戦いで敗れました。ピョートルはこの敗戦を反省材料に、軍隊の改革などを行い、さらにネヴァ川の下流域に新都ペテルブルクの建設を始めます。

一方、スウェーデンのカール12世はポーランドやデンマークなどを次々に破り、残るはロシアだけになるまで追いこみます。１７０７年からスウェーデンのロシアへの攻撃が開始されましたが、ロシア軍の焦土作戦や冬の寒さなどに苦しめられました。そして、１７０９年７月に行われたのが、北方戦争中最大の会戦となったポルタヴァの戦いです。

ポルタヴァ包囲作戦中にカール12世が負傷し、直接の指揮ができなかったこともあるのですが、ピョートルの指揮するロシア軍の装備や作戦が完ぺきだったこともあり、スウェーデン軍は大敗しました。

それまで優勢だったスウェーデンが、これ以降守勢に立たされます。この戦闘後、カール12世は南方に逃れ、オスマン帝国の庇護《ひご》を受けました。ロシア軍もこの時はカール12世の追撃を中断しました。

ここにいたって反スウェーデン同盟が再興され、プロイセンも含めた各国がスウェーデンを攻撃します。そのような中、18年にはカール12世が戦死、スウェーデン軍の敗北も続き、各国に領土を割譲していきました。最終的に21年、ロシアとの間にニスタット条約が結ばれ、戦争は終結します。戦争中から建設されていたペテルブルクは、ロシアにとって西方への窓になり、**ロシアがヨーロッパの強国のひとつになりました。**

ピョートル大帝は1725年、ネヴァ川河口に乗りあげた船の救出作業中、自らも水中に飛びこんだことが原因で体調を崩し、亡くなります。男子に恵まれなかったため、王妃マルファがエカチェリーナ1世として即位しました。しかし、傑物だったピョートルを失った後、ロシアはしばらく混乱し、18世紀後半のエカチェリーナ2世の時代になって再び大きく飛躍することになります。

ポーランド継承戦争で、フランスが領土を得る

中世にはヤゲロ朝の下で強大な覇権を誇ったポーランドは、1572年にその王朝が断絶、以後選挙で国王が選出される「共和制王政」といわれる体制になり、国王選

挙のたびに混乱が起きていました。1733年、ザクセン選帝侯でもあるアウグスト2世が亡くなるとともに、混乱は周辺諸国まで巻きこむ戦争へと拡大します。

33年、シュラフタといわれるポーランド貴族の中の有力者、スタニスワフ・レシチニスキが王位を要求すると、アウグスト2世の息子フリードリッヒ・アウグスト2世もアウグスト3世を名乗り、王位を要求しました。アウグスト側を支持するロシア軍がポーランドに侵入、戦いが始まります。これをポーランド継承戦争といいます。スタニスワフは娘がフランス王ルイ15世と結婚していたためフランスに亡命し、オーストリアはアウグスト側を支援して参戦します。一方、スペインやサルデーニャはフランス側で参戦しました。これは、スペインには、スペイン継承戦争でオーストリアに割譲したナポリやシチリアの回復を、新興のサルデーニャはロンバルディアでのオーストリアの覇権を削《そ》ぎたいという思惑があったからです。

35年のウィーン条約（38年に調印）で、アウグスト3世の即位が認められ、スペインはナポリとシチリアを得た代償にパルマをオーストリアに割譲、スタニスワフはロレーヌ公になり、ロレーヌ公のフランツ・シュテファンはトスカナ大公に就任します。

この時フランスは「ロレーヌ」地方の併合にこだわりました。三十年戦争後、アル

18世紀半ばのヨーロッパ

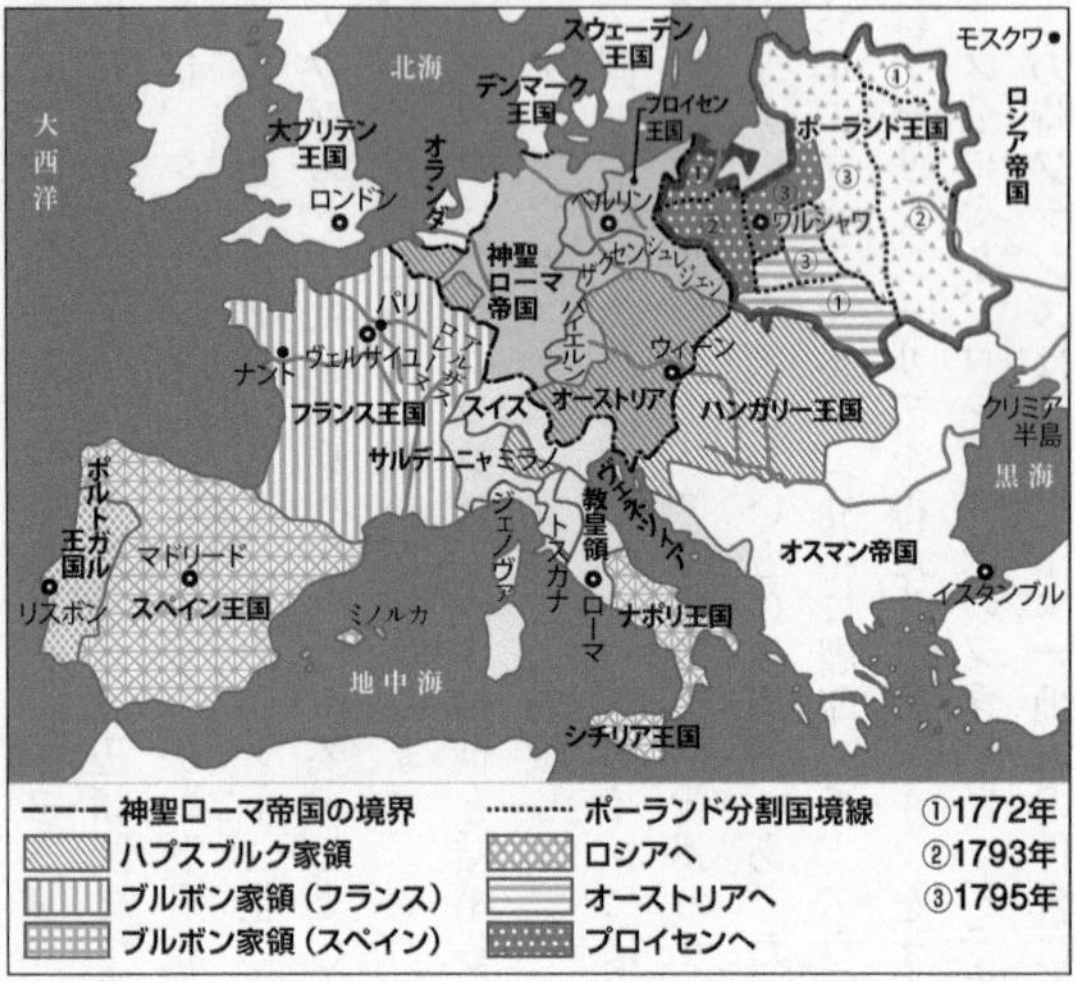

ザスはほとんどを得たものの、ロレーヌは一部しか領有できず、この地方への思い入れが大きくなっていたようです。結局、フランスのロレーヌ領有は認められるのですが、そのため領地を失ったロレーヌ公のフランツ・シュテファンには、たまたまメディチ家が絶えていたトスカナ大公国が与えられたのです。ずいぶんと勝手なことが行われていたことになります。

ちなみに、ここに出てきたロレーヌ公のフランツ・シュテファンとは将来、マリア・テレジアと結婚する人物です。この2人は、当時珍しい恋愛結婚だったそうですが、結婚後は、フランスの小貴族ということで夫君の影は薄く、マリア・テレジアひとりの活躍が目立つことはいうまでもありません。

ポーランド分割——18世紀最大の悲劇、国家の消滅

ポーランド継承戦争から40年あまりを経た後、ポーランドは再び大きな試練を経験します。継承戦争の結果即位したアウグスト3世が62年に死去した後、ロシアのエカチェリーナ2世が愛人のスタニスワフ2世を王位につけ、露骨に内政干渉を始めるのです。

これに危機感を持ったプロイセンのフリードリッヒ2世やオーストリアのマリア・テレジア（ヨゼフ2世）はこのポーランドの周辺部分、3国に接する地域を分割します（第1回ポーランド分割）。このためスタニスワフ2世はポーランドの改革を企図し、91年には憲法を制定、立憲君主国家への道を歩みはじめました。

しかし、国内の保守派の中には、このような改革に反対する者も多く、彼らはエカチェリーナ2世と結託します。こうして、ロシアがポーランドに攻め入るという事態

にまでなりました。

このような状況で93年、第2回分割が行われます。この時マリア・テレジアは娘も関わるフランス革命に目がいっており参加できず、分割はプロイセンとロシアの2か国で行われます。

周辺諸国の圧力に、ポーランドの愛国者、コシューシコが抵抗しましたが、これも鎮圧され、95年には第3回目の分割で（オーストリアも再参加）、**残るポーランドの領土はすべて奪われ、国家は消滅しました**。ナポレオン時代に傀儡《かいらい》国家ワルシャワ大公国が建設され、ウィーン会議ではポーランド王国が成立しますが、実質ロシアの支配下にあり、ポーランドの独立の回復は第一次世界大戦後の１９１９年のことになります。

フランスにとってポーランドは、宿敵のハプスブルク家が君臨するオーストリアを間にはさむ重要な友好国でしたが、分割により消滅してしまいます。プロイセンの台頭とポーランドの消滅は、スウェーデンの弱体化やオスマン帝国の動揺と相まって、18世紀までの国際関係から19世紀の新しい関係へと大きく再編成されていくことを意味しています。

オーストリア継承戦争——女王、マリア・テレジアの登場

オーストリア継承戦争は、絶対王政時代の「継承戦争」でスペイン継承戦争と並ぶ大戦争です。戦争の口実は女性の継承問題で、単純といえば単純なものです。オーストリア国王で神聖ローマ皇帝でもあるカール（のちのカール6世）は、オーストリア国王を継承する前、スペイン継承戦争で、反フランス・スペイン同盟の一員としてイベリア半島などで戦っていました。

彼が1711年にオーストリア王になったことで事態が大きく変わります。もし、このカール6世がスペイン王位も継承したら、16世紀前半、カール5世の時代のハプスブルク家が再現されるという危機感が生まれ、フランス王ルイ14世の孫がフィリペ5世として即位することとなって戦争は終結したのです。

カール6世にとって、晩年の心配事は男子の嫡子がいないことでした。彼は「プラグマティッシェ・ザンクチオン（国事詔書《こくじしょうしょ》）」を発表して、娘マリア・テレジアの相続をフランスなどの諸国に認めさせました。ところが、神聖ローマ皇帝には女性の即

位が認められないため、マリアの夫、フランツ・シュテファンをつけようとします。

これらの問題が国際関係と絡みあい起きたのが、**オーストリア継承戦争**でした。

マリア・テレジアと同じ年に即位したプロイセンのフリードリッヒ2世の父は、兵隊王といわれ、プロイセンの軍備拡大を成し遂げたフリードリッヒ・ヴィルヘルム1世でした。彼はその遺産を受け継ぎ、軍事力でフランスやスペイン、バイエルンなどとともにオーストリアに立ち向かいました。なお、この時オーストリアを支援したのはイギリスとオランダです。

カール6世の没後、プロイセンのフリードリッヒ2世は、神聖ローマ皇帝の選挙でフランツ・シュテファンに投票することを条件に、シュレジエン（シレジア）を要求します。これにマリア・テレジアが激怒し開戦しました。この時の戦いでオーストリアがプロイセンを圧倒したため、フランスなどの介入を招き、危機感を持ったマリア・テレジアはイギリスの仲介を依頼、シュレジエンをプロイセンに譲渡します。

このような中、バイエルン選帝侯がフランスの支援を得て、自ら神聖ローマ皇帝カール7世として即位しました。この時、マリア・テレジアはハンガリー貴族の支援を得てカール7世を追い、その後フランツ・シュテファンが正式に神聖ローマ皇帝位を継承します。

カール7世をめぐる戦争を経て、イギリスやオーストリア軍の動きを自国への脅威とみたプロイセンのフリードリッヒ2世は、着実に軍隊の強化を行っていきました。外交でもスウェーデンの王位継承者に自分の妹を嫁がせて姻戚関係を作り、さらにロシアの皇太子に彼の臣下の娘（のちのエカチェリーナ2世）を嫁がせ、両国との関係を強化しました。

フリードリッヒ2世は、このような巧みな外交を行いながらカール7世を支持、さらにはフランスとの関係を強化して44年、オーストリアとの戦争を再開しました。戦闘はフリードリッヒ2世の作戦通りに進むかにみえたのですがフランスのルイ15世が病気で倒れ、戦争への意欲がなくなってしまうという誤算が生じます。44年から45年にかけてプロイセン軍は敗北が続き、軍隊にも厭戦機運が高まり、フリードリッヒ2世に危機が迫ってきました。

さらに45年、そもそも開戦の目的のひとつであった皇帝カール7世が死去したため、戦争の口実がなくなり、フリードリッヒ2世の立場はますます悪くなりました。それでもフリードリッヒ2世は軍隊を立て直し対抗します。一方のマリア・テレジアも、和平の提案を拒否、攻撃の手を緩めることはありませんでした。

1748年、アーヘンの和約が結ばれ、休戦が成立します。マリア・テレジアのオーストリア王位の継承が認められ、プロイセンはシュレジエンを死守しました。北イタリアなどのシュレジエン以外の係争地はオーストリアが回復しましたが、マリア・テレジアの怒りが解けたわけではありません。

外交革命
――因縁のライバル、ハプスブルク家とブルボン家が手を結ぶ

オーストリア継承戦争の後、マリア・テレジアの宰相カウニッツは、イタリア戦争、三十年戦争、スペイン継承戦争など、オーストリア（ハプスブルク家）の敵はいつもフランス（ブルボン家）であったけれど、今やプロイセンが大きな脅威になってきている状況で、フランスを敵にしているのは得策ではない、かえってフランスと組んでプロイセンと戦うべきではないかという意見を出します。またオーストリアにとって

は、本当にオーストリアの味方に立っているのかというイギリスの態度に対する不信感も大きかったようです。

一方のフランスは、当初オーストリアの申し出に対し必ずしも乗り気ではありませんでした。というのも、オーストリア継承戦争（新大陸ではジョージ王戦争）の時、反ハプスブルクの立場からフランスはプロイセン側を支援していたからです。

フランスは新大陸では植民地をめぐりイギリスと戦っていました。イギリスはオーストリアを支援していましたから、イギリスとプロイセンは敵対関係にありました。つまり、フランス・プロイセンvsイギリス・オーストリアという構図です。

1714年、イギリスでハノーヴァー朝が成立すると、プロイセンがハノーヴァーを攻撃する可能性が出てきます。これを恐れたイギリスはロシアに接近し、もしプロイセンがハノーヴァーを攻撃したら、ロシアがプロイセンを攻撃することを取りきめます。このため、プロイセンはイギリスに対し、ハノーヴァーを攻撃しないことを約束しました。

フランスは、支援していたプロイセンが、敵対国イギリスと接近する態度をとったため不信感を持ちました。この結果、**フランスがオーストリアに接近します**。**イタリ**

ア戦争以来続いていた、ハプスブルク家とブルボン家の対立が終わり、協力関係に転じたこのできごとを「外交革命《がいこうかくめい》」と呼びます。オーストリアの王女マリー・アントワネットがフランスの王太子（のちのルイ16世）に嫁ぐのは、このような国際関係が背景になっているのです。

七年戦争――巻き返しを狙うも失敗するマリア・テレジア

オーストリアのマリア・テレジアは、宿敵ブルボン家のフランスと結ぶという「外交革命」を行ってまで、次のプロイセンとの戦争での必勝を期していました。

1755年、新大陸で始まったフレンチ・アンド・インディアン戦争（イギリス・フランスの4度めの植民地戦争）が旧大陸に飛び火するかたちで、ヨーロッパの緊張が高まっていました。今度は、フランス・オーストリアVSイギリス・プロイセンという構図です。

外交革命の結果、圧倒的に状況が悪くなったプロイセンのフリードリッヒ2世は先制攻撃をしかけます。七年戦争の始まりです。緒戦ではプロイセンが優勢で、同盟国のイギリスも、最初は準備不足で苦戦したものの徐々に体制を立て直し、プロイセンへの支援を強化しました。とはいうものの、フランスもイギリスも、新大陸の戦争では苦しみ、決して余裕のある戦争を行っていたわけではありません。

部分的には善戦しましたが、全体的にはプロイセンは圧倒的に不利で、首都ベルリンも陥落の直前にまで追いつめられました。しかし、プロイセンに幸いしたのは、62年にロシアのエリザベータ女帝が亡くなったことです。ロシアはオーストリア側についていたのですが、エリザベータの跡を継承したピョートル3世はプロイセンのフリードリッヒ2世を崇拝していたため、戦線を離脱しました。このためオーストリアは単独で軍を進めることができなくなり、講和への動きが出てきます。

1763年、プロイセンとオーストリアの間でフベルトゥスブルク条約が結ばれ、プロイセンはシュレジエンをかろうじて守りきりました。マリア・テレジアの悲願は実現されなかったのです。またイギリス・フランス間ではパリ条約が結ばれ、インドや新大陸でのフランス領はほぼ失われることになります。

ただし、イギリスも戦費には苦しんでおり、その負担を新大陸植民地に転嫁しようとしたため、83年にアメリカ独立戦争が起こりました。戦争の連鎖は終わるところがありません。

継承戦争の裏で行われていた、植民地百年戦争

ファルツ継承戦争から始まって、スペイン継承戦争、七年戦争、さらにナポレオン戦争とヨーロッパ各国の戦いは続きますが、これらの戦争をまとめてみた時、**イギリスとフランスは常に敵対関係にあり、植民地をめぐって激しく戦っています。**そのため、これらヨーロッパでの戦争と対応して行われた、英仏間のウィリアム王戦争、アン女王戦争、ジョージ王戦争、フレンチ・アンド・インディアン戦争、それにアメリカ独立革命戦争、ナポレオン戦争をまとめて「**英仏植民地百年戦争**」といういい方をします。

戦闘は諸国が関係する、こんな所にも飛び火しているのかという場所でも行われますが、その中で重大な意味を持ったのが、1755年、新大陸で起きたフレンチ・アンド・インディアン戦争です。この結果、**フランスは新大陸の植民地をすべて失う**ことになりました。

同時期、インドをめぐって起こっていたのは「プラッシーの戦い」です。この戦争そのものは実に簡単に勝負はついてしまいましたが、フランスに勝利したイギリスは、この戦争から100年かけて着実にインドを植民地化していったのです（下巻「ボーア戦争」参照）。

王権神授説から近代政治思想へ

この章ではルイ14世が絡んだ諸戦争から始めて七年戦争まで、17〜18世紀の戦争をみてきました。

絶対王政は、これらの戦争を通じて確立されてきました。いいえ、市民の手によって独立を果たしたオランダ、早くから議会王政の原則を確立したイギリスのような国家から、農奴制を強化しながらツァーリ専制体制を完成させてきたロシアまで、各国のあり方は一様ではありませんから、絶対王政とひとくくりにするより、**主権国家**という言葉の方が当たっているかもしれません。中世の分権的な体制から、中央集権化が大きく進められてきたのです。

その過程で、教会が世俗権力に支配されるようになり、逆に、世俗権力は自分自身のあり方を正当化するため、**王権神授説**（王の支配権は神によって与えられたものだとする説）などの政治理論を作りあげていきました。

イングランドのジェームズ1世は『自由なる君主国の真の法』という論文で、議会に規制されない王権を、同じイングランドのフィルマーは『家父長権論《かふちょうけんろん》』で、聖書のアダムに由来する家父長権を国王に対応させ、その絶対性を説いています。

フランスのボシュエはフランス教会の独立や専制体制を擁護しながら「神聖なる国王への反抗は神への冒瀆《ぼうとく》」とする王権神授説を展開させました。

一方、イギリスに出る**ホッブズ**は『**リヴァイアサン**』で「万人の万人に対する戦い」（人間は、自然状態ではお互いに憎み、戦いあう）という論を展開し、そのために社会契約が行われ、人間は国王にすべての権力を移譲すると絶対王政を擁護します。この立場は、やがて、国王目線から市民目線へと代わり、ルソーなどが近代市民社会の基本理念を作りあげていきました。

17〜18世紀の戦争は、のちの産業革命を準備した

絶対王政時代の経済政策を**重商主義**《じゅうしょうしゅぎ》といいます。絶対王権は官僚や常備軍を維持するために莫大な財貨を必要としました。これを市民からの税や新大陸からの収奪によってまかなったわけですが、このための政策が重商主義です。

大航海時代以降、ヨーロッパ諸国は世界各地に植民地を持つようになり、**重商主義政策を推進するためにも、植民地は不可欠な存在**になりました。この章でみてきたものも、それをめぐる各地での争いのほんの一部です。この時代はまだまだささやかなものなのですが、19世紀の後半、帝国主義時代になると、戦いはますます熾烈《しれつ》なものになります。

重商主義時代にも、富を得るための経済理論が出てきます。初期が「重金主義」といい、「富とは金や銀であり、国力の源泉はそれらを蓄積することにある」という考え方です。とくに新大陸に植民地を開いたスペインやポルトガルの経済政策でいわれますが、事実、両国は新大陸で盛んに鉱山を開発し、そこから得た金や銀を本国にも

たらしました。

時代がくだると、その金・銀を得るために輸出が振興されるようになります。そのためには国内産業の育成が必要になり、さらに輸入を抑えるための貿易保護政策も行われます。これを貿易差額主義とか保護貿易主義といいますが、ここにおいて、**植民地を確保することは、製品の輸出先として、あるいは原料の獲得地のため、非常に重要な意味を持ってきます。**植民地戦争はこのような事情を背景に行われます。

時代がすこし前倒しになりますが、やがて絶対王政を打倒してできる近代市民社会の経済システムを**資本主義**といいます。この資本主義を説明する時、資本・土地・労働の三要素がしばしば引きあいに出されます。

資本は、企業を起こすための資金であり、これは重商主義時代の貿易活動（三角貿易など）によって各国に蓄積されます。その活動を円滑にするため、近代の銀行業が勃興してくることになります。

土地は単純にいって、原料の獲得地であり市場になりますが、これをめぐって、帝国主義時代まで先進国の対立は続きます。

そしてもうひとつの労働ですが、これはすこし複雑です。市民革命のところでも紹介しますが、労働力となる人々は、古代社会なら奴隷であり、中世では農奴や都市の住民などが考えられますが、彼らは大きな問題を抱えています。彼らを所有している主人がいたり、自由な行動を許さないギルドなど、組合の規制があるのです。資本主義社会での労働者は、体ひとつで自由に労働力だけを提供してくれる人間でなければ、工場経営者など資本家は雇用できません。**ここで、フランス革命などの「市民革命」が大きな役割を果たす**のです。

市民革命といいますと「自由」とか「平等」という言葉が出てきますが、これを具体的にすると、奴隷や農奴などを縛りつけている社会的束縛から彼らを自由にすることであり、それは、彼らが自由にどこにでも行ける権利を保障することを意味します。

それまで、奴隷は主人の財産であり、食料は主人が提供していました。農奴も半分は領主の財産であり、主人は彼らが逃亡しないように見守り、また外敵から保護しなければなりませんでした。

しかし近代の労働者は自分で自分自身、家族を養育していかなければならない、厳しく苦しい立場に追い込まれてしまったことになります。今日問題になっている「派遣労働者」は資本主義社会の典型的存在と考えることもできます。その是非はともかく、重商主義時代は資本主義社会に向けてゆっくりと歩みを始めた時代になるのです。

下巻で、イギリスの産業革命を紹介しますが、この産業革命が、資本主義社会に向けて世界を大きく変えていくことになるのです。

（下巻へ続く）

本書は書き下ろしです。

日経ビジネス人文庫

30の戦《たたか》いからよむ世界史《せかいし》 上《じょう》

2013年 9月 2日 第1刷発行
2024年12月19日 第8刷(新装版1刷)

著者
関 眞興
せき・しんこう

発行者
中川ヒロミ

発行
株式会社日経BP
日本経済新聞出版

発売
株式会社日経BPマーケティング
〒105-8308 東京都港区虎ノ門4-3-12

ブックデザイン
鈴木成一デザイン室

印刷・製本
大日本印刷株式会社

Printed in Japan ISBN978-4-296-12401-5